안녕?
중국!

중국학자 아빠가 딸에게 들려주는 중국 이야기

안녕?
중국!

김희교 글

보리

이성애적 사랑의 진정성으로

조정래 | 소설가

두 번째 대하소설 〈아리랑〉을 쓰기 위해 중국에 취재를 간 것이 1990년
이다. 그때 소련은 이미 몰락했는데, 중국은 건재하고 있었다. '백성을 굶주
리게 하는 모든 권력은 망한다.' 인류사 수천 년을 지배해 온 이 명제를 20
세기 막장에서 소련과 중국은 실감나게 입증해 주고 있었다. 덩샤오핑이
깃발을 올린 개혁·개방 10년 세월이 중국을 구한 것이었다. 먹을 것 넘쳐
나는 그 풍요를 만끽하며 중국 인민 12억은 더욱 잘살 수 있다는 자신감
으로 활력이 넘쳤다.

그리고 20년이 지난 2010년 중국은 느닷없이 일본을 물리치고 G2의 자
리를 차지했다. 그 '느닷없는 이변'에 전 세계는 깜짝 놀랐다. 중국 스스로
도 소스라친 것이 그 사건이다. 왜냐하면 세계 경제학자들의 예상을 40년
이나 앞당겼기 때문이다. 그건 기적도, 어느 특정 집단이나 계층의 공도 아
니었다. 우리가 그랬듯, 중국 전 인민의 피와 땀의 결실이었다.

이제 세계는 중국이 머잖아 G1이 되리라는 것을 전혀 의심하지 않는다.

우리가 5만 불을 향해 배가 고프듯이 중국의 14억 인구도 그 꿈을 향해 맹렬하게 돌진하고 있는 것이다. 중국은 갈수록 강대해지고, 우리의 최대 교역국으로 바뀐 중국과 우리는 어떤 관계를 유지해야 할까. 이제 그 문제는 가장 중대한 국가적 화두로 떠올랐다. 그 길을 밝힐 미약한 등불 하나를 켜는 심정으로 쓴 것이 〈정글만리〉다.

그런데 역사학자이자 중국학자로서 김희교 교수께서 그 문제에 대해 보다 구체적이고 명쾌하게 답을 제시하는 책을 꾸렸다. 《안녕? 중국!》이 그것이다. '14억 인구에 14억 가지 일이 일어나는 나라' 중국을 우리는 어떻게 보아야 하는가? 우리는 중국과 어떻게 미래를 설계해 나가야 하는가? 이 어려운 문제에 대하여 김희교 교수는 오늘의 중국을 친절하고 자상하게 안내하면서 자연스럽게 그 길을 열어 준다.

나는 〈정글만리〉에서 한국과 중국의 20대 남녀가 반대하는 결혼을 끝끝내 이해시키고 허락받는 것으로 소설을 끝내면서 두 나라의 미래를 상징했다. 김희교 교수도 그런 이성애적 사랑의 진정성으로 두 나라 사람들이 서로 이해하고, 믿고, 존중하고, 우정을 나눈다면 한국과 중국은 튼실한 미래의 동반자가 되리라는 것을 보여 준다. 역사의 빚과 적대감이 없는 젊은 세대들에게 이 책은 좋은 길벗이 될 것이다.

차례

주인님들의 눈에 비친 중국

你好, 中國!

색안경 벗어던지기

봄이와 하주에게

평화와 공생을 꿈꾸는 모든 이들에게

새로운 방법을 찾아서
호랑이를 대하는

你好の
中國！

첫 번째 편지 / 아빠는 왜 너에게 중국 이야기를 하려고 할까?

봄아. 아빠는 지금부터 너에게 중국 이야기를 할 작정이다. 중국 이야기가 미술을 공부하는 너한테 무슨 도움이 될까 의아해할지도 모르겠다. 그런데 봄아. 결국 공부라는 것은 어떤 형식이나 영역을 넘어서는 본질이 있는 것이라 아빠는 생각한다. 나 또한 중국을 공부하면서 세상을 이해했고, 어떻게 살아야 하는지를 배웠고, 내가 행복할 수 있는 방법을 알았다. 너 또한 네가 택한 그 길 위에서 인생을 배우고, 네 삶을 풍요롭게 채우고, 누군가를 행복하게 해 줄 수 있는 세계관을 만들고 있으리라 믿는다. 그게 공부인 게다.

미술이든 역사든, 한국이든 중국이든 그 공부를 제대로 한다면 거기서 세계를 제대로 볼 수 있는 눈과 세상을 제대로 살아갈 지혜를 얻을 수 있을 거다. 아빠는 공부 중에서도 중국에 관한 공부를 했다. 이제부터 내 30년 공부가 담긴 중국 이야기를 통해 봄이 너한테 물려주고 싶은 이야기를 하고자 한다. 아빠가 너를 낳고 지금까지 한 일 가운데 너에게 남길 수 있는 것이라고는 어설펐지만 30년 넘게 한 공부뿐이다.

남보다 내세울 것은 없지만 다행히도 지금껏 공부를 해 오면서 아빠는 많은 것을 얻었다. 어릴 적 너희 할머니가 "커서 뭐 될래?" 하고 물으시면 늘 "검사!"라고 대답했었다. 돌아보면, 시골에서 가난한 홀어머니 아래 자란 나는 어머니를 누구보다도 번듯하게 해 줄 권력과 편하게 모실 수 있는 돈이 부러웠던 거다. 어릴 적 꿈꾸던 직업은 대입 시험을 재수하면서 바뀌었다. 법학에서 역사학으로 말이다. 그 선택이 권력과 돈을 포기한다는 뜻이라는 걸 그때도 어렴풋이 알았지.

그러고 보면 풍수지리라는 것이 얼마쯤 들어맞는 것도 같다. 변화는 재수 학원을 오가는 길에서 시작되었다. 재수할 때 아빠가 살던 집이 홍은동이었거든. 학원을 오가는 길은 대학가였고, 1980년 봄, 민주화의 꽃이 피어나던 시기였다. 영어 단어장보다 시위대를 볼 일이 더 많았다. 그 길을 오가면서 원하지 않아도 여기저기서 터지는 최루탄이며 온 천지에 밴 최루가스 덕분에 매일 눈물을 흘려야 했고, 독재 타도를 외치는 학생들과 전투경찰 사이의 피 흘리는 전장을 바라보아야 했다. 자연스럽게 왜 저래야 하나 물을 수밖에 없었다.

풍수지리보다 더 나쁜 것은 나쁜 친구들이었다. 먼저 대학에 들어간 친구들이 가깝다는 이유로 시도 때도 없이 우리 집에 드나들었는데, 그 무리들이 풀어 놓던 전투 경험과 사회 부조리 비판을 아빠는 날마다 들어야 했다. 그 이야기들은 부러워하던 권력과 돈의 뒷면을 알게 했다. 내가 꿈꾸던 권력의 또 다른 실체를 어쩔 수 없이 접해야 했던 것이다. 친구가 아니라 '웬수'였던 셈이다. 아마 그 녀석들이 없었다면 지금쯤 나도 빌딩 몇 개를 굴리고 있을지도 모른다. 네가 떵떵거릴 수 있는 유산을 못 물려받는 건 순전히 그놈들 탓이니 이제부터 그 무리들을 원망하거라. 하하하.

비록 직업은 방향을 틀었지만 꿈이 바뀐 것은 아니었다. 아버지 얼굴도 제대로 못 보고 자란 아이가 홀어머니의 온갖 고생을 보면서 그분이 단 하루라도 편하게 사는 모습을 보고 싶다는 꿈을 어찌 접을 수 있었겠니. 그저 1980년대 초반 한국 사회에서 부당한 권력과 돈을 좇으며 사는 것은 어머니도 바라지 않으시리라 막연히 믿었다. 사실 지금도 법학도에서 역사학도로 방향을 튼 나를 네 할머니가 어떻게 생각하셨는지 알 길은 없다. 다만 마지막 원서를 멋대로 법학과에서 역사학과로 바꾸어 내고 돌아온 나를 네 할머니는 한마디도 나무라지 않으셨다. 그저 고생했다고 다독이기만 하셨다.

검사가 되어 권력을 쥐고 출세하는 것이 꿈이었던 내가, 강단에 서서 학생들을 가르치며 월급쟁이로 대단히 만족스럽게 지금껏 잘 살게 해 준 것이 바로 공부였다. 대물림된 가난이 너무도 부끄러웠던 아빠가, 죄짓지 않고 평범하게 살아온 내 어머니를 자랑스럽게 여길 수 있도록 만들어 준 것도 공부였다. 죄짓지 않고 산 나한테 주어진 가난은 내 죄가 아니라 사회의 죄라는 걸 깨우쳐 주고, 당당하게 내 삶을 받아들일 수 있게 해 준 것도 공부였다. 오래 걸렸고, 늘 어설펐지만 지난 30년에 걸친 공부가 아빠에게 그런 깨달음을 가져다주었다. 나는 이제 그것을 너에게 물려주고자 한다.

봄아. 아빠는 교수가 된 뒤로 지금껏 〈나의 역사〉라는 교양 과목을 꾸준히 가르쳐 왔다. 교양 수업이라는 게 배경지식이 전혀 없는 일반인들 앞에서 강연하는 것이나 별반 차이가 없는 일이라 우리 과 학생들을 가르치는 일보다 훨씬 힘들다. 그럼에도 전공도 아닌 교양 강의에 그렇게 열심을 낸 건 내가 개고생을 하며 찾은 꿈을 한 사람이라도 더 꿀 수 있도록 도와주고 싶었기 때문이다. 꿈을 꾸는 일이 자신과 세계를 위해 얼마나 중요한 일인지 누구보다 잘 알고 있으니까 말이다.

대개 〈나의 역사〉 첫 수업은 학생들에게 꿈을 묻는 것으로 시작한다.

"여러분, 여러분들의 꿈이 무엇인지 한번 말씀해 보세요."

봄아. 그 질문에 대한 대답들이 보통 어떨 것 같니? 얼추 10년을 넘나들며 세대가 다른 학생들에게 같은 질문을 던져 왔는데 몇 가지 재미있는 공통점이 있더구나. 우선은 대부분 직업을 꿈이라고 말한다. 두 번째는 그 직업들이 매우 비슷하다는 점이지. 세 번째는 왜 그런 직업을 구하고자 하는지 설득력 있게 대답할 수 있는 아이들이 의외로 적다는 거고.

봄아. 왜 이 시대는 갖고 싶은 직업이 꿈이 되어 버렸을까? 꿈이라는 것은 자신이 사는 사회 안에서 대물림되고 학습되는 것이라 생각한다. 티베트 지역에 사는 사람들이나 이미 사라진 아메리카 원주민들의 삶을 따라가다 보면 고개가 갸웃해질 때가 많지. 우리로서는 이해할 수 없는 꿈들을 꾸거든. 어떻게 그런 꿈을 꿀 수 있는 걸까? 아마도 부모한테서 그렇게 물려받았고, 자신이 속한 세계 속에서 그렇게 배워 온 거겠지. 아메리카 원주민들은 다른 사람과 다른 생물과 다른 영혼들과 더불어 사는 삶 속에 자신의 꿈을 위치 지운다. 참 멋지지 않니?

우리 학생들의 꿈은 대개 성공하는 것이다. 그러니까 그런 직업을 얻는 것이 꿈이다. 바라는 직업은 자신이 전공하는 분야의 직업 중에 월급을 가장 많이 주는 직장일 때가 많다. 예를 들면 중국학과 학생들은 중국과 관련된 일을 하고 싶어 한다. 그런 일을 할 수 있는 곳 중에서 가장 돈을 많이 주는 직장을 원하지. 어떻게 보면 바람직한 결과이기도 하다. 대학을 들어오기 이전에 받은 가정교육과 초중등 과정이 제대로 되었고, 돈을 많이 주는 직장이 그만큼 우리 사회에 더 기여하는 거라면 말이다.

그런데 지금 우리 학생들의 선택은 그렇지 못하다. 왜 그 전공을 선택했느냐고 물으면 취업이 잘될 것 같아서라거나, 부모가 바라는 대로 온 경우가 대부분이지. 더 나쁜 경우는 성적에 맞춰 들어온 아이들이다. 이런 학생들은 취업 준비를 하는 동안 이른바 '멘붕'을 겪기 쉽다. 미래를 준비하는 일이 하나도 재미가 없다. 그저 하루하루를 남들 시선에 맞추어 산다. 토익이 필요하다고 하니 영어 학원에 다니고, 사회봉사가 필요하다고 하니 장애인 센터를 찾아간다. 하지만 그것이 자기 삶 안에서 어떤 의미를 지니는지 찾지 못하고 허우적거리다가 무기력증에 빠지거나 우울증에 시달린다.

그렇더라도 이런 학생들조차 아직 희망이 있지. 아직 길을 나서지 않았으니 대학에서 어떻게 가르치느냐에 따라 꿈을 찾을 수도 있거든. 이웃과 '더불어' 사는 것이 옳은 길이라는 것을, 관계 속에서 꿈을 꾸어야 두루 행복할 수 있다는 것을 알게 되기도 한다.

가장 심각한 경우는 경쟁력 있는 학과를 나와 월급 많이 주는 재벌 회사에 들어가거나 전문직 종사자가 되고 싶어 하는 녀석들이다. 취업 교육 말고는 교육 자체가 거의 불가능한 부류지.

이런 아이들 중에 일부는 다시 수능을 봐서 더 나은 대학에 가고 싶어 한다. 그것이 여의치 않아 주저앉게 된다면 최고의 학점과 '스펙'을 마련하는 데 온 힘을 쏟지. 술이라도 한잔 들어가거나, 어쩌다가 자신의 이력을 설명해야 하는 자리가 오면 십중팔구 내가 수능만 망치지 않았으면 여기에 있지 않았을 거라는 얘기를 끊임없이 풀어 놓는다. '난 원래 이런 사람이 아니야.' 어쩌면 자기최면이겠지. 이런 학생들은 졸업하고 대기업에 들어가더라도 더 큰 것을 갈구하며 상대적인 열등감에 사로잡힌 채 끝도 없이 실패자의 삶을 살아가는 경우가 많다.

어떤 학생은 따져 묻기도 한다. 자본주의 사회에서 더 큰 돈을 벌 수 있는 직업을 골라 갖는 것이 뭐가 나쁘냐고. 그것으로 자신과 사랑하는 부모가 잘 먹고 잘사는 것이 당연하지 않느냐는 거다. 물론 그 자체를 문제라고 할 수는 없다. 다만 그런 학생들한테는 하나같이 비슷한 문제가 있더구나. 대개 경쟁 체제 속에서 거머쥔 돈과 권력이 곧바로 행복으로 연결되지는 않는다는 점을 놓치고 있다는 것. 대부분 그걸로 무엇을 할 것인가를 고민해 본 적이 별로 없는 거다. 그러니 그것을 성취하고 나면 그렇게 손에 쥔 돈은 더 큰 돈을 벌기 위해 쓰고, 권력은 더 큰 권력을 얻기 위해 휘두르기 일쑤다.

특히 자신이 차지한 돈과 명예가 그것을 얻지 못한 사람들이 희생하고 덜 가진 대가라는 걸 모르는 경우가 많다. 세계는 이제 성장의 시대를 마감해 가고 있다. 우리에게 주어진 과제는 파이를 어떻게 나누어 가지느냐 하는 것이지. 한 사람이 여러 조각 차지하면 다른 사람은 굶어야 한다. 성찰 없이 한국 사회를 사는 사람들더러, 원하는 직업을 얻지 못한 사람들 삶에 관심을 가지라 하는 것은 너무 어려운 일일지도 모르겠다. 그런데 그것이 도덕이 아니라 주체의 문제라면 얘기가 달라지지. 남의 행복을 위해서가 아니라 내가 행복해지기 위해서 남과의 관계 속에서 나를 바라보아야 하는 거다.

봄아. 꿈이란 어떤 직업이 될 수 없다고 아빠는 생각한다. 직업은 수단일 뿐이다. 꿈을 직업이라 생각하는 많은 사람들은 그렇게 번 돈으로 무엇을 할 것이냐 물으면 머뭇거린다. 집 사고 차 사고 부모님 드리고 뭐 그 정도에서 그친다. 많은 이들이 선망하는 대기업에 들어간 졸업생들이 자주 찾아와 묻곤 한다.

"선생님, 여기에 오면 행복할 줄 알았는데 아니에요. 어떡하죠?"

이건 대학 신입생들이 자주 하는 말이기도 하다.

"선생님, 대학에 들어오면 행복할 줄 알았는데 아니에요. 어떡하죠?"

왜 그럴까. 그런 졸업생들은 대개 술과 '맛집'과 더 나은 애인을 찾기 위해 끝도 없이 몸부림친다. 그런 자극적인 것마저 누리지 못한다면 삶이 통째로 우울해지기 십상이지. 그래 본들, 미래에 대한 불안감에 시달리면서 또 다른 경쟁에서 지지 않으려고 사생결단해야 하는 현실이 바뀌진 않는다. 경쟁이 계속되는 한, 결국 낭패감을 피할 수는 없겠지.

꿈은 직업을 통해서 얻은 수단으로 무엇을 하느냐 하는 것과 관련이 있다. 보통은 꿈일 수 없는 것을 꿈이라 생각하고 살다 보니 그 자리에 이르면 허탈감과 무력감에 빠진다. 무지개는 다시 저만큼 멀어져 있으니까 말이다. 꿈은 욕망과 다르다. 꿈은 희망이어야 한다. 희망이란 다른 사람을 해치면서 얻을 수 있는 것이 아니다. 남의 것을 더 가져와서 내가 더 편해지는 것도 아니다. 희망이란 더불어 사는 삶에서만 필 수 있는 '어울림의 꽃'이다. 꿈이 희망이어야 한다면 한국의 청소년들이 꾸는 대부분의 꿈은 욕망이다. 남보다 내가 돈을 더 많이 벌고 좀 더 편안하게 살기를 바라는 데 머물러 있다.

물론 누구나 평안하고 안락한 삶을 살고 싶어 하겠지만, 그건 다른 사람보다 더 벌고 더 잘살기를 바라는 것하고는 차원이 다른 문제다. 하나는 희망이고 하나는 욕망이기 때문이다. 욕망은 다른 사람의 삶에 무관심한 것이라 희망일 수 없다. 내가 평온하고 안락한 삶을 사는 것을 바라는 것만큼이나 내 옆의 봉식이도, 아프리카에 사는 쿤타킨테도, 중국에 사는 왕 서방도 같은 것을 원한다는 걸 인정해야 한다. 그들도 나와 같은 '사람'이거든.

희망을 품은 이들이 자기 삶뿐만 아니라 자신이 살고 있는 사회에 관심을 갖는 이유가 이 때문이다. 내 이웃 봉식이는 어떤 삶을 살고 있는지, 아프리카에 사는 쿤타킨테가 어떤 아픔을 지니고 있는지, 중국에 사는 왕 서방은 어떤 꿈을 꾸는지를 알아야 내가 되도록 죄를 덜 짓고 살아갈 수 있지 않겠니.

봄아. 부끄럽게도 아빠는 나이 서른 즈음에야 비로소 꿈이라는 것을 꾸기 시작했다. 다니던 직장을 버리고 새로운 인생을 시작한답시고 늦깎이 공부를 시작하던 때에도 희망이라는 것, 꿈이라는 것이 없었다. 체제의 중압감을 하루하루 견디는 것만으로도 벅차 하는 내 학생들과

한 치도 다르지 않았던 셈이다.

가난한 집 똑똑한 아이들이 출세의 지름길로 여기던 법관이 되고자 했던 내가 희망이라는 것을 접하게 된 것은 대학에 들어간 뒤부터였다. 아빠가 대학에 입학한 1981년은 박정희 독재 정권이 무너지고 전두환 군부 정권이 들어선 직후였다. 많은 학생들이 우리 사회가 좀 더 민주적인 국가로 나아갈 수 있기를 바라며 거리로 뛰쳐나갔다.

봄아. 이 대목에서 나도 멋있게 "아빠도 그때 참으로 열심히 군부독재 정권과 맞서 싸웠다."라고 말하고 싶은데, 아 실은, 아니다. 부끄럽게도 그 무렵 아빠는 한 친구 말처럼 "쁘띠 부르주아의 때를 못 벗은 회색분자"였다. 군사정권이 들어서는 것을 막아야 한다는 소신은 강했지만, 짱돌을 들고 교문 앞에 나서기에는 심약하고 비겁했다. 그렇다고 잔디밭에서 포커를 치거나 고고장에 드나들기에는 알량한 정의감이 조금 있었다. 결국 짱돌 한 번 제대로 들어 보지도, 그 유명한 신촌 로터리 고고장에서 멋들어진 춤사위 하나 제대로 익히지도 못한 채로 대학을 그렇게 졸업했다.

맞다. 그건 회색의 시간들이었다. 어떻게 살아야 하는지 도대체 알 수 없었던 뿌연 회색의 시대. 선배들과 밤새 미친 듯이 격렬한 토론을 벌이며 숱한 밤을 지새워도 도무지 찾을 수 없었던 대답. 도대체 어떻게 살아야 하는가. 그걸 찾지도 못했는데 시간은 날 기다려 주지 않았다. 그런 상태로 대학에서 밀려 나왔다.

호구지책으로 재벌 회사에 들어갔지. 새벽에 나가 밤늦게까지 일이라는 것을 했다. 일은 신나지 않았다. 지금 생각해 보면 내 속에 이미 대기업이 주는 돈으로 이룰 수 있는 욕망으로는 채워지지 않는, 희망이라는 놈이 싹트고 있었기 때문이다. 대학에서 고통스러운 회색의 시간들을 보내면서 품었던, 적어도 나 혼자 잘 먹고 잘살지는 않겠다는 다짐들이 문득문득 고개를 쳐들고 꿈틀거리기 시작했던 거다.

어쩌면 일종의 죄책감이었는지도 모르겠다. 짱돌을 든 친구들이 감옥을 가고, 진실을 알리려고 전단을 뿌리던 동기가 하루아침에 군대에 끌려갔다. 그때 나는 그 녀석들과 같이 있어 주지 못했던 내가 참으로 부끄러웠다.

'이렇게 살아서는 안 되겠다. 조금이라도 내가 비판했던 한국 사회에 보탬이 되고, 다른 사람 생각도 좀 해 가며 살자.'

그런 꿈을 꾸기 시작하면서 재벌 회사를 그만두었다.

봄아. 이 대목은 참으로 아빠 인생에서 몇 안 되는 멋진 장면이다. 마치 중국 현대사의 영웅 루쉰이 의사로 성공하기 위해 일본에서 유학하다가 우연히 일본 군인들이 대검으로 중국인들의 목을 자르는 영상을 보고는 의사 되기를 포기하고 글을 쓰기 시작한 대목처럼 말이다.

루쉰은 일본 군인들이 중국인들 목을 자르는 것에 충격을 받은 것이 아니었다. 그 영상을 아무렇지도 않게 보고 있는 중국인들에게 충격을 받은 거지. 아빠도 군인들이 총 들고나와 집권하게 된 것보다, 그런 군부독재 체제가 별 탈 없이 굴러가는 것에 무척 충격을 받았다. 이 이상한 체제가 어떻게 돌아갈까. 좀 연구해 보면 어떨까. 그렇게 재벌 회사를 박차고 나왔던 거다.

아, 내가 생각해도 멋있다. 이런 장면이 루쉰의 백분의 일만 더 있었어도 아빠도 굉장히 멋진 사람이 되었을 텐데. 참 아쉽게도 내 인생에 몇 번 안 된다. 슬픈 일이다.

어쨌거나 구체적인 길을 찾고자 대학원에 들어갔다. 그렇다고 공부라는 게 돈벌이보다 쉬운 것도 아니었다. 서른이 되도록 제대로 공부라는 것을 해 본 적이 없는 내가 공부를 전문적으로 한다는 것은 거의 사투에 가까웠다. 대학 때 아빠는 '공부 빼놓고는 다 잘하는 아이'로 통했다. 그만큼 잡기에만 관심이 많았다. 교수 임용 때 최종 면접에서 총장님이 한 마지막 지적이 "근데, 김 선생님은 대학교 때 성적이 왜 이래요?"였으니 오죽했겠니.

하지만 그런 험난한 길에 들어서면서부터 아빠는 비로소 제대로 꿈을 꾸기 시작했다. 나한테 사람이 보이기 시작한 것이다. 나와 똑같은 것을 욕망하고 희망하는 다른 사람들. 그러자 그들의 아픔이 보이기 시작했다. 내 삶 속에 다른 사람들이 들어오기 시작하면서, 사회가 구조로 보이기 시작했고, 살고 싶은 세상을 그리기 시작했고, 어떻게 하면 그런 세상을 만들 수 있을까 고민하기 시작했다. 꿈이 용기를 만들었다. 서른 즈음에야 나약함을 딛고 나를 짓누르던 세상에 도전할 용기를 얻은 것이다.

그런데 왜 하필 중국이었을까? 나이 서른에 공부를 처음으로 시작하는 주제에 영어뿐만 아니라 중국 고문과 현대문을 다 할 수 있어야 하는 중국 근현대사를 전공으로 삼은 건 지금 생각해도 아빠 일생에서 가장 무모한 도전이었다.

왜 그런 선택을 했냐고? 하나는 스승을 만났기 때문이다. 어쩌면 아빠는 중국을 택하기 이전에 스승을 택했던 건지도 모른다. 내 석사 과정을 지도해 주신 선생님이라면 꿈을 찾는 일이 가능할 것 같았다. 어떻게 살아야 하는지에 대한 대답을 얻을 수 있을 것 같았거든.

또 하나는 최루탄 마셔 가며 사람이 살 만한 새로운 사회를 그리면서, 권력을 쥔 자들이 벌이는 말도 안 되는 일들을 목격하면서, 한국 사회가 처한 문제들이 보이기 시작한 것이다. 이래서는 결코 사람다운 삶이나 자유롭고 평온한 일상은 보장되기 어렵겠다는 걸 절감했다.

그것은 나한테만 국한된 문제가 아니더구나. 사람이 사람답게 살 수 있는 길을 찾는 이들 사이에서 내가 할 수 있는 일이 뭐 없을까? 그런 고민 끝에 찾아낸 것이 '중국'이었다.

그 무렵 내가 가장 관심을 둔 문제는 한반도 분단이었다. 군부독재 정권이 수많은 사람을 학살하면서 사람들에게 팔아먹은 최면제가 바로 국가 안보였고, 분단이야말로 그 원흉이었으니 말이다. '광주의 빨갱이들이 북한의 사주를 받고 국가를 전복하려고 한다.' 그런 터무니없는 이유로 셀 수 없는 사람들을 총칼로 죽였다. 더 섬뜩한 건 그런 논리가 한국 사회에서 버젓이 먹혀들어 간다는 점이다. 광주 시민을 빨갱이로 몰아 총칼을 휘두른 지휘자 전두환은 대통령이 되었다. 그의 오른팔 노태우도 대통령을 해 먹었다. 그들의 뒤를 잇는 새누리당은 지금도 종북 놀이에 빠져 있다. 그 세력들이 내도록 팔아 온 국가 안보 타령은 지금도 제법 약발이 먹히는 특효약이다.

아빠는 그런 타령을 아예 못 하게 만들 방법, 그러니까 이런 사람들이 무슨 가문의 보검이라도 되는 양 휘두르는 분단이라는 놈을 하루라도 빨리 없애는 방법을 좀 연구해 보고 싶었다. 왜 이 나라는 둘로 쪼개졌을까?

우리가 분단된 가장 중요한 이유는 일본의 식민 지배를 우리 힘으로 이겨 내지 못했기 때문이다. 제이차 세계대전을 끝낸 승전국들이 모여 앉아 멋대로 식민지 조선을 해방시켰고 삼팔선을 그었다. 우리 겨레는 우리가 바라는 나라를 세우지 못했다. 지금도 땅덩이가 반동강이 난 채 전쟁 위기 앞에 놓여 있고, 그 위기를 팔아먹는 자들은 여전히 활개를 친다.

그래서 자연스럽게 중국에 관심이 갔다. 반식민지 상황에서 제힘으로 해방을 이뤄 내고, 이전의 주권과 영토를 되찾고 지켜 낸 중국. 그래, 중국이 반식민지를 스스로 극복해 낸 힘이 무엇인지 한번 연구해 보자. 그렇게 중국 연구에 달려들기 시작했다.

두 번째 편지 / 미술을 하는 너도 알아야 하는 중국

봄아. 아빠가 왜 이렇게 장황하게 내가 중국을 연구하게 된 동기를 말하는지 아니? 아, 물론 아빠가 책을 한 권이라도 더 팔자면 너한테 편지를 쓰는 까닭을 조금이라도 더 그럴듯하게 둘러 대야 하겠지. 한데 요즘 청소년들이 책을 얼마나 안 읽는지는 아빠가 너보다 잘 안다. 학점 따자고 읽는 책을 빼고 나면, 한국 대학생들이 한 해에 읽는 책이 아마 류현진 방어율보다도 낮을 게다.

아빠는 언제부턴가 중국으로 밥 벌어먹고 살기 위해 중국을 공부하고 이야기하는 사람들 말고, 한국 사회에서 평범하게 살아가는 너 같은 사람들한테 꼭 해 주고 싶은 중국 이야기가 가슴속에 참 많이 쌓였다. 사실 한동안 중국에 관한 글들은 중국 이야기로 밥 벌어먹고 사는 사람들을 위한 글이 대부분이었다. 다른 사람들은 읽을 수도 없이 어렵고 딱딱하거나, 읽어도 안 읽어도 삶에 별 영향이 없는 그런 글투성이였지. '그들만의 리그'랄까? 읽다 보면 고등학교 때 왜 그렇게 숱한 아이들이 머리통이 터져라 '삼각함수'를 공부해야 했을까 하는 그 비슷한 심정이 된단다.

당연히 그런 글들도 필요하겠지. 그런데 거의 모든 중국에 관한 글들이 그렇다면? 중국의 현실은 시시각각 변하고 세계는 요동치는데 한국에서 중국을 다루는 글들은 〈삼국지〉 시대에 머물러 있었다. 대부분 읽고 나면 '그래서?'라는 의문이 자연스럽게 드는, 결론 없는 글들이 지금도 넘친다. 글이란 주장인데 주장이 없는 글이 판을 친다. 사실 그런 글들은 그 글 자체에는 딱히 주장하는 바가 없지만 한발 물러서서 보면 실제로는 '현재 주류의 주장에 동의합니다.'라는 뜻이다.

한국의 전문가들이 쓰는 글들이 주장이 없고 우리 삶과는 동떨어진 문제를 주로 다루다 보니 '한국 사람이 보는 중국'이라는 것이 존재하기 힘들었다. 미국에서 출판되는 전문가들의 글을 보면 참 '미국 사람이 보는 중국'이 도드라진다. 미국을 위해 중국을 잘도 편집해서 말하거든. 중국이 사회주의혁명에 성공하니 곧 중국은 무너질 거라고 한목소리를 내다가 중국이 강대해지니 곧바로 이제는 중국이 무섭다는 중국 위협론을 차근차근 퍼뜨린다. 일본에서 나온 글들도 별다를 것 없다. 철저히 일본 처지에 서 있지. 그런데 여기서 나온 글들은 그런 것이 없다. 한국의 관점이라는 것이 없다는 얘기다. 많은 글들이 그저 미국과 일본의 관점을 판박이 하는 수준에 머물러 있다.

전문가들은 대중이나 현실과는 동떨어진 채 상아탑에서 그들만의 리그에 빠져 있는 동안 갑자기 시대가 변해 버렸다. 중국이 몇몇 전문가들의 영역을 넘어 우리 일상에까지 들어와 버린 것이다. 중국 물건과 먹을 거리와 중국인들이 우리 삶에 급속하게 들어왔고, 지대한 영향을 미치기 시작했다. 중국에 대한 정보는 홍수처럼 밀려왔고, 중국을 직접 겪은 사람도 쏟아졌다. 그 와중에 중국은 누구라도 말할 수 있는 나라가 되어 버렸다. 갑자기 너도나도 자기 눈에 비친 중국을 중국이라고 외치기 시작했다.

그 속에는 봄이 네가 한번 만나 보고 싶어 안달을 냈던 유명한 엔지오 활동가도 있고, 온 국민에게 존경받는 소설가도 있었다. 기자들도 체류가 끝나면 마치 하루 만에 이해할 수 있는 중국이라도 있다는 듯 장막에 가렸던 중국을 글로 풀어 놓기 시작했다. 한 번의 여행, 일 년짜리 연수, 몇 년 치 사업 경험에 기대어 너도나도 중국을 이야기했다. 그렇게 쉽게 말하기에는 중국이라는 나라가 참 복잡한 역사와 정치 체제를 지닌 채, 세계 자본주의 체제 속에서 독특한 위상을 차지하고 있다는 건 아랑곳하지 않고 말이다.

이런 '대중들의 중국' 시대에는 눈여겨봐야 할 특징이 하나 있다. 너처럼 평범한 사람들의 중국 인식이 매우 중요해졌다는 거다. 동북공정 사태만 따라가 보아도 잘 알 수 있지. 2002년 중국이 둥베이 지방의 역사, 지리, 민족문제 따위를 연구하는 국책 사업을 벌이자, 고구려사를 뺏기게 생겼다고 한바탕 온 나라가 떠들썩했지 않니. 우리 정부는 이 동북공정에 대응하면서 전문가들의 의견보다는 대중들의 정서와 반응을 꽤 즉각적으로 정책에 반영했다. 물론 정부의 정책을 이끌어 내기 위해 대중들을 부추긴 전문가들의 영향력도 무시할 수는 없겠지만, 더 강력한 영향을 미친 것은 '국민 정서'라고 하는 한국인 다수의 감성과 인식이었다.

중국 전문가가 없는 시대가 열린 것은 전문가의 독단이나 그릇된 판단을 막을 수 있다는 측면에서는 긍정적이다. 그런데 문제는 평범한 사람들의 중국관이 제대로 서 있지 못할 때다. 생각해 보거라, 봄아. 이럴 때는 반드시 자기 입맛대로 정책을 짜야 하는 자들이나 입김 센 선동가들의 입지가 더 탄탄해진단다.

요즘 서점에 가 보면 누구의 중국 이야기를 믿어야 할지 난감해진다. 중국이 붕괴될 거라고 믿는 사람이 있는 반면에 중국이 미국을 누르고 우뚝 설 거라고 믿는 사람도 있다. 중국 경제가 꾸준히 성장할 거라고 믿는 사람이 있고 이제 꼬꾸라질 일만 남았다고 보는 사람이 있다. 중국 공산당이 한계에 다다랐다고 보는 사람이 있는가 하면 반대로 계속 중국을 끌고 가 그 나름으로 새로운 나라를 만들어 낼 것이라고 믿는 사람도 있다. 북한과 이제 결별할 것이라 예측하는 사람이 있는 한편 여전히 혈맹 관계를 유지할 것이라 보는 사람도 있다.

사공이 많으면 배는 어디로 갈까? 가장 힘 있고 가장 강하게 주장하는 사람 말대로 가겠지. 인터넷 시대에 '일베'라는 집단이 활개 치고, 다채널 방송 시대에 종편이 유독 독하고 세게 말하는 것도 그래야만 대중의 시대에 살아남을 수 있음을 간파하고 있기 때문이다.

이런 중구난방의 중국 시대가 열린 데에는 중국 전문가들의 책임이 가장 크다. 대중들에게 먹혀들 만한 말발을 여태 못 세워 놓은 거지. 그들만의 리그에 몰두하느라 대중들을 철저히 외면하고 있었으니까.

이 땅의 중국 전문가들은 냉전 시대를 휩쓸던 낡고 비뚤어진 이념조차 온전히 바로잡고자 하지 않았다. 그러다 보니 이 땅에는 자본주의와 공산주의로 나뉘어 한껏 날을 세운 채 두 진영이 맞서던 그 시기에 중국 공산당을 보던 눈으로 지금도 중국을 보는 사람들이 많다. 육이오 때 인해전술로 밀고 내려온 중공군이라는 인식에서 벗어나지 못한 채, 중국을 적성국으로 대하고 있다.

그뿐 아니지. 같은 동아시아 국가이면서도, 서구가 아시아 나라들을 바라보는 편견 가득한 그 눈으로 중국을 바라보고 있다. 성장으로만 내달린 자본주의의 폐해를 우리가 먼저 겪어 놓고도 새롭게 자본주의로 편입되는 중국을 그 가치로 재고 있다. 우리와 비슷한 식민지 경험을 지닌 중국의 역사와 체제에는 눈을 감은 채, 세계적인 강대국으로 떠오르는 중국에 대한 두려움만 키우고 있다.

언제부터인가 우리는 '세계적인 시각을 가진 일상인'이 나타나길 기다려 왔지. 그런 시대가 열렸거든. 세계는 이제 지구촌이라 불릴 만큼 서로 가까워졌고, 권력은 대중의 힘을 얼마쯤 빌려야 하는 시대가 왔다. 한반도는 더구나 지난 백여 년 사이 온갖 문제들이 켜켜이 쌓여 온 곳이다. 세로운 세기를 맞았지만 풀어야 할 과제를 잔뜩 짊어진 채 새로운 시대 한복판에 놓여 있다. 이 지구 상 어느 나라보다도 드넓은 시야와, 건강한 세계관을 지닌 이들이 많이 필요한 곳이라는 이야기다. 이제 너처럼 평범한 사람들이 '세계'라는 큰 틀에서 한반도 정세를 이해하고 바라볼 수 있어야 한다. 그래야 우리가 더 나은 미래를 꿈꿀 수 있거든. 그러자면 중국을 모르고서는 불가능하단다.

한동안 나는 봄이 네가 도무지 팔릴 리 없는 작업에 힘을 쏟는 걸 보고 속으로 걱정을 좀 했다. 세상 모든 부모들이 하는 그 걱정. 최소한 밥벌이는 해야 될 텐데. 지금 하는 꼴을 보면 평생 돈 안 되는 작업을 하면서 살아갈 듯한데 저것이 밥벌이가 될까. 그러면서도 나는 네 작품을 열렬히 지지하는 팬이기도 했다. 지치고 외로운 사람들에게 조금이라도 편안함과 안식을 줄 수 있는 주제를 찾고 구상을 해 나가는 네 그 작업 철학이 아빠는 너무 좋았거든.

나 또한 내 삶에서 가장 잘한 일을 꼽으라면 너처럼 나름대로 공부 철학을 가지고 중국과 중국 역사를 공부하기 시작했다는 거다. 다만 아빠는 미술이 너무 좋아 미술을 시작한 너와 달리, 중국이 너무 좋아 중국을 연구한 것도, 공부가 너무 좋아 공부를 시작한 것도 아니다. 부끄럽지만 사실이다. 대학원 공부를 시작할 때 내가 품었던 중국에 대한 무지와 편견은 요즘 일반 대중들이나 다를 바 하나 없었다. 무지와 편견은 좀 줄었겠지만 공부가 싫은 것은 예나 지금이나 별반 다르지 않다. 지금도 틈만 있으면 공부 말고 딴 일에 자꾸 관심이 간다.

요사이는 제주도에 가서 살고 싶은 꿈을 어떻게 현실로 만들 수 있을까 고민이지. 이 글을 마무리하는 여기도 제주도란다. 사람한테 지친 마음이 다스려지면 또 밥값을 하러 올라가야겠지만, 태평양이 바라보이는 이 자리는 며칠이고 몇 달이고 세상을 잊고 파묻히고 싶게 한다. 자연과 평화의 힘이겠지. 아빠 같은 사람을 쉴 수 있게 하는 제주처럼 치유의 힘을 지닌 그런 작품을 봄이 네가 만들었으면 좋겠구나.

세 번째
편지 /

호랑이와
맞닥뜨린
소년의 지혜가
필요한 시간

　자. 봄아. 이제 본격적으로 중국 이야기로 들어가 볼까 한다. 지금부터 내가 하는 이야기는 네가 지금까지 접해 오던 중국 이야기와 많이 다를 거다. 왜냐하면 아빠가 보는 중국은 한국의 많은 중국 전문가들이나 보통 사람들이 생각하고 판단하는 중국이랑은 꽤 다른 모습이거든. 내 말이 정답이라 생각할 필요는 없다. 그냥 우리 아빠는 이런 생각을 하는구나 정도로 받아 주렴. 좀 더 봐주려면 한국 사회에서 중국에 대해 이런 이야기를 하는 사람도 필요하겠구나 정도로만 여겨다오.

　봄아. 내가 가장 존경하는 중국 전문가는 돌아가신 리영희 선생님이시란다. 냉전 시기 한쪽 눈으로만 중국을 보는 우리 사회에 "새는 좌우의 날개로 난다."는 상식을 일깨워 주신 분이지. 많은 이들이 좌파에다가 과격한 양반이라 여긴다만. 아니다. 한국 사회를 좀 더 상식적인 사회로 만들고자 하신 분이니 좌파라기보다는 합리적 자유주의자로 보는 것이 옳겠지.

내가 그분을 좋아하는 건 한쪽 날개보다는 양쪽 날개로 날 때 하늘을 바로 날 수 있다는 당연한 진실을 일깨워 주셨기 때문만은 아니다. 중국도 우리와 같이 숨 쉬고, 생각하고, 행복해지고 싶어 하는 '사람'들이 사는 곳이라는 것을, 그러니 사람과 사람으로 그들과 '더불어' 살아야 한다는 것을 깨우쳐 주셨기 때문이다.

선생이 중국을 절름발이식 냉전 이데올로기로만 보지 말자고 하신 지도 몇십 년이 흘렀다. 하지만 지금도 우리는 중국을 바라볼 때 냉전이 남긴 유산에서 완전히 자유롭지 못하다. 중국을 보는 미국의 시각에서 훌훌 벗어난 것도 아니다. 수교가 되고, 교류가 늘었다고 우리 눈길이 바뀐 게 아니다. 오히려 중국을 물건 사고파는 시장으로만 여기는 시선까지 더해져 더욱 더 중국을 제대로 바라보는 일이 쉽지 않다. 아빠가 지금부터 하려는 이야기는 어떻게 하면 앞으로 우리가 중국과 더불어 살 수 있을까 고민한 결과다. 어떻든 리영희 선생님 같은 분 덕분에 이제 우리는 감옥에 가지 않고도 이런 이야기를 할 수 있게 되었으니 감사할밖에.

물론 그렇다고 좋은 게 좋다는 식으로 중국의 모든 것을 이해하고 받아들이자는 것은 아니다. 더불어 산다는 것이 중국을 깡그리 미화한다고 이루어질 수 있는 그런 일이 아니잖니. 때로는 루쉰이 설파한 것처럼 "미친개는 몽둥이로 때려잡아야" 한다. 그런데 그 전에 스스로 물어봐야 할 일이 있다. 지금까지 우리는 중국의 모든 것을 미친개로 몰아 왔고, 두들겨 패는 것만이 능사라고 생각해 온 것은 아닐까? 이제는 심지어 중국인들을 사람으로 보기보다 돈벌이 수단으로만 보려 든다. 우리가 조선족을 여태 그렇게 대해 왔다. 다시 생각해 봐야 한다. 이것이 과연 이 땅에 사는 많은 사람들을 행복하게 만드는 일일까? 중국과 다시 적대 관계로 돌아가고, 중국인들을 우리 편할 대로 이용만 해 먹으면서 우리가 정말 행복할 수 있을까?

봄아. 최근에 나온 〈라이프 오브 파이〉라는 영화를 보았니? 아직 보지 않았다면 꼭 한번 보거라. 어른들에게 주는 우화 같은 영화인데 상당히 재미있다. 어떤 사람은 화려한 입체 영상 때문에 보기도 하더구나. 나는 이 영화를 보면서 시종일관 중국과 우리의 관계를 떠올렸다. 특히 주인공 소년이 폭풍우가 몰아치는 바다 한복판에 위태롭게 떠 있는 조각배 위에서 굶주린 호랑이와 대면하는 장면은 아주 인상 깊었다. 마치 중국과 우리의 관계처럼 운명적으로 보였거든.

폭풍우 치는 바다는 꼭 미국이 이끄는 자본주의 체제 같았다. 이익이 된다면 사람도 자연도 송두리째 삼켜 나가는 '악마의 맷돌'과도 같은 자본주의. 그 중심에는 미국이라는 우리의 '혈맹국'이 있다. 호랑이는 마치 중국 같았지. 19세기 말부터 서구인들에게 잠자는 호랑이로 비유되었던 그 중국. 드디어 깨어서 어디로 갈지 무슨 짓을 할지 알 수 없는 그 중국. 주인공과 호랑이 사이는 한국과 중국의 관계로 비쳐졌다. 떼려야 뗄 수 없이 한 배를 탄 운명 공동체. 폭풍우에 대비하지 못해 수많은 가족들이 휩쓸려 가고, 살아남기 위한 몸부림으로 20세기를 온전히 바친 뒤, 이제야 겨우 주위를 돌아볼 수 있는 여유를 찾은 비련의 주인공들. 한국, 그리고 중국.

사실 소년이 미처 깨닫지 못했을 뿐 호랑이는 이미 배가 바다로 나설 때부터 같은 배에 타고 있었다. 갑판 밑에 조용히 누워 힘을 비축하고 있었을 뿐, 드러나지 않는다고 그 녀석이 고양이였던 건 아니지. 냉전 시기, 우리의 관심 밖에 있었다고 해서 중국이 종이 호랑이였던 게 아닌 것처럼. 중국은 그때나 지금이나 우리가 힘으로 맞서기에는 버거운 강대국이다. 그때는 우리 대신 미국이 중국을 상대해 주었을 뿐이다. 미국을 상대하기도 벅차 우리와는 마주 대할 일이 거의 없었을 뿐이다.

느닷없이 갑판으로 올라온 호랑이는, 뽕밭이 하루아침에 푸른 바다로 변하듯 개혁·개방을 이뤄 낸 오늘날 중국의 모습으로 보이더구나. 이제 미국마저 어쩌기 힘든 존재가 되어 버린 중국. 소년은 피하려야 피할 수도 없이 강력한 호랑이와 마주쳤다. 어떻게 해야 할까. 맨몸으로 맞서 싸울까? 바다로 뛰어들까? 아니면 다시 누군가의 품에 안기는 게 좋을까?

봄아. 한국의 많은 중국 전문가들은 이런 문제를 고민할 때 한국과 중국만 따로 떼어 놓고 생각하는 경향이 있단다. 우리가 중국이라는 호랑이와 맞서게 된 것만 부각시켜 강조하곤 하지. 그런데 이런 식이면 눈 가리고 아웅 하는 꼴이 나기 십상이다.

지금 우리 앞에 놓인 문제들은 중국만 경계한다고 해결될 수 있는 게 아니다. 우리 옆에는 막 깨어난 호랑이 중국만 있는 것이 아니라, 폭풍우 같은 미국도 있고, 미국 앞잡이 노릇에 바쁜 일본도 있다는 사실을 알아야 한다. 아, 물론 신나 뿌리고 성냥 통 들고 사생결단하자는 북한도 있지. 대체로 일본이 미국과, 북한이 중국과 한 배를 타기 쉬울 거다. 그러니 앞으로 네가 중국을 볼 때는 반드시 중미 관계라는 틀을 놓쳐서는 안 된다. 자칫 잘못하다가는 중국의 대국주의를 견제한답시고 미국의 패권주의를 간과하기 십상이거든.

자, 그럼 소년은 어떤 방법을 택했을까? 소년은 지혜로웠다. 동물원집 아들이었거든. 소년은 힘으로 결코 호랑이를 이길 수 없다는 사실을 잘 알고 있었다. 폭풍이 몰아치는 바다는 더욱 믿을 수 없었지. 그 바다는 부모마저 집어삼켰으니까. 호랑이를 피해 바다의 품으로 도망가는 것은 더 위험천만한 일이라는 것을 알고 있었다.

지금 우리가 처한 형편도 별다르지 않다. 최근에 중국이 방공식별구역을 선포했다. 우리 정부는 중국에 보복이라도 하려는 듯 TPP라고 불리는 환태평양 경제 동반자 협정에 들고 싶다고 설레발을 쳤지. 미국이 우리를 언제든지 품어 줄 거라고 굳게 믿었던 거다. 한데 미국은 우리의 기대를 무참히 짓밟았다. 기다리란다, 다른 나라들 다 끝내고 그래도 필요하면 불러 준다고.

중국이 방공식별구역을 선언한 다음 날, 미국은 핵무기를 실을 수 있는 전략폭격기 B−52를 띄우면서 한국과 미국, 일본이 함께 대응하자고 외쳤다. 우리 정부는 예상대로 강경하게 대응했다. 잠수함을 파견했고, 구역 안으로 초계기를 띄웠지. 자국기도 비행 계획을 못 내어 놓게 했다. 그런데 미국은 그 다음 날부터 우리와는 전혀 다른 행보를 보였다. 미국 비행기들은 비행 계획을 제출했고, 미국 정부는 중국더러 대화를 하자고 나섰거든. 미국은 그게 더 이익이라면 언제든 중국과 타협한다. 미국은 이번에도 중국이 선포한 방공식별구역을 은근슬쩍 인정해 주었다. 우리하고 눈 맞춘 건 아무렇지 않게 무시하고서 말이다.

형편이 이런데 떠오르는 중국이 무서워 우리가 미국의 미사일 방어 Missile Defense, MD 체제 아래로 숨어들어 간다면 글쎄, 소년이 바다로 뛰어드는 일이나 매한가지 선택이 되지 않을까?

소년은 호랑이와 더불어 살아갈 방법을 찾았다. 바다에서 물고기를 잡아 호랑이한테 준 것이다. 소년은 호랑이보다 헤엄을 잘 쳤고, 물고기도 더 잘 잡을 수 있었다. 호랑이는 소년을 잡아먹어 당장 굶주린 배를 채우는 대신 소년과 같이 험난한 바다를 헤쳐 나가는 길을 선택했다. 둘이 목숨을 걸고 싸우는 일은 결국 둘 다 공멸하는 길임을 소년도 호랑이도 잘 알았다.

봄아. 나는 호랑이와 맞닥뜨린 소년의 지혜가 우리한테 필요한 시점이라고 생각한다. 사실 우리도 동물원 집 아들 못지않은 지혜가 있는 민족이다. 5천 년을 강대국 중국과 더불어 살아왔지 않니.

지금 우리는 긴 잠에서 깬 호랑이, 중국과 마주쳤다. 중국을 피하기 위해 미국의 우산 아래로 다시 파고드는 것은 그 대가가 만만치 않다. 미국은 냉전 시대 우리의 우산이 되어 주었던 그런 나라가 더는 아니다. 그네들한테는 이제 우리보다 중국이 더 중요해졌지.

사실 이것도 어제오늘 일이 아니다. 역사를 더듬어 보면 미국은 늘 한국을 중국으로 가는 중간 다리쯤으로 여겼다. 중국과 어떤 관계를 맺느냐에 따라 한미 관계가 달라졌다. 미국이 태평양으로 나서면서부터 그랬다. 한국과 일본은 중국을 장악하기 위한 전초기지 같은 거였으니까. 냉전 시기 미국이 우리 편이었던 건 미국이 중국과 적대 관계였기 때문이다.

이제 미국은 더 이상 중국과 맞서고만 살 수는 없다. 미국 정부가 그러고 싶어도 그 나라 소비자들이 가만 안 참는다. 미국에서 팔리는 저가 상품은 대부분 중국제다. 그걸 막는다면 미국 소비자들이 제일 큰 피해를 입겠지. 뜻하지 않았겠지만 미국이 금융 위기를 극복하는 데 일등공신이 되어 준 것도 중국이었다. 미국이 그때 찍어 낸 국채를 중국이 가장 많이 사들였거든. 2013년 말 중국이 보유하고 있는 미국 국채가 1조 3천억 달러를 넘어섰다고 한다. 만약 중국이 이 채권을 팔아 대면 미국 금융시장도 큰 타격을 받는다. 미국이 만드는 상품들도 대부분 중국 시장을 겨냥해 내놓는 것들이다. 그러니 중국과 극단적인 대결로 가면 대부분 미국이 먼저 손을 들 수밖에. 중국이 무서워서가 아니라 중국 없이는 안 돌아가는 미국 경제 탓이다.

그뿐 아니지. 무기를 옛날처럼 팔기 위해서도 중국이 꼭 필요하다. 중국이 위험하다는 얘기를 퍼뜨리고 그 주변 나라들이 무기를 사도록 부추긴다. 그게 미국한테 남은 몇 안 되는 경쟁력 있는 상품이거든. 그러니 미국은 절대 중국을 상대로 결사항전에 나서지는 않을 거다. 자기네 국익에 보탬이 안 되니까. 미국은 중국과 지금 시쳇말로 '밀당'을 하고 있는 셈이다.

그런데 봄아. 한국은 어떨까? 중국과 '밀당'은커녕 늘 극단적인 대결로 치닫는다. 때로는 전쟁도 불사하겠다는 식이지. 미국이 벌이는 '밀당'에 희생양이 되기도 한다. 미국은 호랑이가 바다보다 더 무섭다고 소문을 퍼뜨리기도 하고, 호랑이와 한편이 되면 더 큰 파도가 덮쳐 올 거라고 협박하기도 한다. 우리는 그 말을 다 믿고 받아들인다. 아직 이 땅에서는 미국이 가는 길이 진리라 믿고 냉전을 지속시키려는 사람들이 주도권을 잡고 있으니까 말이다.

하지만 호랑이를 피하기 위해 다시 바다로 뛰어들 수는 없지 않겠니? 전쟁과 폭력으로 얼룩진 20세기를 지나 왔지만, 그 바다는 평화의 바다가 되기는커녕 점점 더 위태로워져 다시 전쟁과 폭력의 시대로 가자고 유혹하고 있다. 20세기 내내 우리는 바다의 수호신을 믿었다. 그들이 우리를 지켜 줄 거라고 확신했다. 이제 그 수호신은 우리를 언제든 저버릴 태세이다. 엎친 데 덮친 격으로 바다 위 돛단배에 호랑이까지 나타났다. 자, 그럼 이 호랑이와 우리는 어떻게 지내야 할까?

봄아. 나는 지금부터 소년의 지혜를 빌려 호랑이와 공존할 방법을 찾아볼 작정이다. 별로들 시도하지 않은 방법이라 제정신이 아니라고 욕도 먹을 거고, 바다도 무섭지만 호랑이는 더한데 무슨 쓸데없는 소리냐, 가만히 숨죽이고 기도나 하라고 말하는 사람도 있을 것이다. 그래도 바다를 한 번 더 믿어 보는 게 안전하다는 사람도 있을 거다. 여태껏 먹이고 살려 준 바다를 배신하는 건 배은망덕이라고 나한테 가스통 메고 달려올 사람도 있을지 모른다. 나더러 호랑이 피를 받아 호랑이 편을 든다고 빈정거리는 사람도 있겠지.

하지만 아빠는 호랑이와 서로 도와 가며 험한 바다를 헤치고 공생할 수 있는 길을 너와 같이 찾아보려고 한다. 때로는 우리같이 엉뚱한 생각을 해 보는 사람도 필요하지 않겠니. 리영희 선생님한테 배운 방법이라고 하면 선생님이 비웃으시려나? 그래도 나는 그리 믿고 한번 해 볼 생각이다.

호랑이와 함께 살아가려면 우선 선입견과 두려움을 버리고 호랑이를 제대로 알아야 한다. 소년이 동물원에서 호랑이의 삶을 보았듯이, 우리도 호랑이를 있는 그대로 파악해야 한다. 그동안 우리는 중국을 제대로 보려는 노력이 턱없이 부족했다. 아빠는 이 책에서 중국이라는 호랑이에 대해 우리가 잘못 알고 있는 건 무엇인지, 제대로 알기 위해서는 뭘 해야 하는지, 그런 이야기를 할 거다.

나는 중국이라는 호랑이가 아직 사람을 잡아먹는 무시무시한 녀석이라고 여기지는 않는다. 미국이냐 중국이냐를 놓고 한쪽을 고르기 전에, 우리는 우선 중국을 제대로 보아야 한다. 바다보다 더 무서운지 아닌지 냉정히 판단해 보아야 한다. 중국을 제대로 보면 양자택일 말고 더 뾰족한 수가 있을지도 모르거든. 중국이라는 호랑이를 피할 수 없다면 함께 춤추고 즐길 수 있는 방법을 찾아야 한다.

아빠가 호랑이의 모습을 그려 내면서 쓰려고 하는 방법은 두 가지이다. 하나는 우리가 지닌 편견을 다시 한 번 따져 보면서 여태 우리가 제대로 보지 못했던 호랑이의 참모습을 보여 주는 거다. 그러다 보면 기울어져 있던 균형추가 조금은 되돌아올 수 있지 않겠니. 두 번째는 이 땅에 사는 평범한 사람들의 눈높이에서 호랑이를 바라보려고 한다.

냉전 이데올로기에 빠진 사람이나 돈벌이에 목을 맨 사람, 미국이 그리는 세계만이 참세상이라 주장하는 사람의 눈이 아니라 이 땅에서 평화롭고 행복하게 살고자 하는 보통 사람의 눈으로 보는 호랑이. 기대해라.

네 번째 편지 / 삼색 렌즈 속에 갇힌 중국

　봄아. 너한테 중국이라는 곳은 어떤 나라니? 아마 너도 좋든 싫든 중국에 대해 듣고 판단하고 행동해 왔을 게다. 이제는 한국인이라면 누구도 거기서 자유로울 수 없다. 네가 아침에 일어나 처음 마주치는 세면대부터 잠자리에 드는 이부자리까지 중국 제품이 아닌 게 과연 몇 개나 될까? 밥상에 조금 억센 채소가 놓인 걸 보고 중국산이라 의심했을지 모르고, 화사한 봄날 불어닥친 황사에 중국을 마구 욕했을 수도 있다. 교정을 울리는 중국말에 알 수 없는 짜증이 확 솟구쳤을 수도 있고, 백화점을 휘젓고 다니는 중국인 관광객이 때로는 부럽기도 했을 거다. 뉴스를 보다가 핵 위협을 일으키는 북한을 결국은 돕고 마는 중국을 보며 고개를 내저었을 수도 있고, 미국에 마주 대드는 중국이 턱없이 위험해 보였을 수도 있겠지. 어쨌거나 중국은 이제 우리에게 한시도 떼어 놓을 수 없는 그런 나라가 되었다.

　아마도 네가 그런 중국을 조금 자세히 들여다보게 된 것은 두 번에 걸친 중국 여행 덕분일 게다. 첫 여행 때 초등학생이었던 네가 가장 많이 한 말이 뭐였는지 아니? 내가 기억하기로는 중국은 "더럽고 시끄럽고 거칠다."였던 것 같다. 하기는, 막 개혁·개방을 시작하던 중국의 겉모습은 누가 보아도 더럽고, 시끄럽고, 거칠었을 거다. 2007년 다시 중국을 다녀 온 네 소감에는 한마디가 더 붙었더구나. 여전히 더럽고 시끄럽고 거칠지만 "몰라보게 많이 발전했"더라는 것이었다. 그러면서 너는 "무섭다."고 덧붙였다. 실제로 그 무렵은 중국이 서구를 본 따 엄청난 개발을 감행한 시기였으니 네 느낌이 그리 틀리지는 않았을 테지.

재미있는 건, 중국에 대한 네 소감이 다른 한국인들 소감이나 매한가지라는 거다. 중국을 조금 더 안다는 중국학과 학생들조차 별다르지 않다. 1990년대 후반부터 2000년대 초반까지 학생들을 데리고 중국에 가면, 열에 아홉은 '더럽고 시끄럽고 거친' 중국에 대해 과민하다 싶을 만큼 거부감을 드러내곤 했다. 그 시기 내가 그 녀석들한테 가장 자주 타이른 주의 사항이 절대로 중국인을 무시하는 발언이나 행동을 하지 말라는 거였으니까.

그런데 2000년대 후반부터는 학생들이 거기에 더해 조금씩 다른 반응을 보이기 시작하더구나. 언론에서 대문짝만하게 써 대는 중국의 발전상을 상하이나 베이징 같은 곳에서 직접 목격하게 됐으니까 말이다. 그것이 바로 '무섭다'는 것이다. 19세기 말 중국에 머물던 선교사들이 예언했던 '무서운 중국'의 등장, 즉 '잠에서 깨어난' 호랑이 중국을 한국인들이 제 눈으로 직접 목격한 것이다. 딱 한 세기 전 서양 선교사들이 받았던 바로 그 느낌. 살아 있는 호랑이와 마주쳤을 때 덮쳐 오는 그 느낌. 무섭다!

봄아. 아빠는 오늘 더럽고 시끄럽고 거친 이미지로 뭉뚱그려지는 중국, 그리고 중국이 발전하면서 등장하기 시작한 무서운 중국이라는 이미지가 과연 무얼 의미하는지 너한테 이야기해 볼 작정이다. 재미있어야 할 텐데. 하기야 이제 중국 이야기는 재미없어도 들어 두어야 하는 이야기가 되어 버렸다. 선택에서 필수로. 미술을 하는 너조차 말이다.

봄이 너도 좋아하는 작가이자 여행가이지. 파울로 코엘료는 여행을 할 때 반드시 지녀야 할 자세를 들면서 이런 멋진 말을 했지. "비교하지 말라. 어떤 것도 비교하지 말라. 가격, 위생, 삶의 질, 교통수단 등 그 어떤 것도! …… 우리는 다른 사람보다 더 나은 삶을 살고 있다는 걸 증명하려고 여행을 다니는 것이 아니기 때문"이다. 코엘료는 틀림없이 행복하게 사는 방법을 아는 사람일 게다. 비교만큼 불행과 내통하는 작자도 드물다. 봄아, 나는 이 말 한마디만으로도 그를 존경한단다. 문화의 상대성을 인정하라는 말을 이처럼 명확하게 하는 사람을 아빠는 본 적이 없다.

왜 우리는 문화의 상대성을 인정해야 할까. 우리는 남보다 더 나은 삶을 살고 있다는 걸 증명하기 위해 하루하루를 사는 것이 아니다. 중국인들한테 우리는 매일 샤워를 하고, 식당에서도 옆 탁자에 앉아 있는 사람을 배려해 조용하게 이야기하고, 거리에서 옆 사람을 툭툭 치고 다니지 않는다는 것을 보여 주기 위해 우리가 중국에 가는 것은 아니지 않니. 그들을 위해서가 아니라 우리를 위해서 여행하고, 우리를 위해서 그들과 더불어 사는 것이다. 그래야 곧 내 삶이 좀 더 풍요로워질 테니까. 우리는 우리가 더 나은 삶을 살기 위해 남에게 뭔가를 배우고자 하는 것이다.

문화의 상대성을 인정한다는 건 그들에게는 그들의 방식이 있고, 그렇게 사는 까닭이 있다는 것을 이해하고 받아들이는 일이다. 이해하고 받아들이면 비난은 힘들어지고 차별은 사라진다.

다른 문화나 민족을 이해하기 위한 가장 좋은 방법이 뭔지 아니? 그들이 그렇게 살 수밖에 없는 환경을 살펴보고 살아온 역사를 들여다보는 것이다. 환경과 역사를 이해하기 시작하면 그곳 사람들에 대한 상상이나, 신화에 가까운 편견과 오해는 자리 잡기 힘들다. 그것이 곧 있는 그대로를 보는 역사화이기 때문이다. 우리와는 다른 환경과 역사가 그곳 사람들의 태도와 관습에 깊숙이 배어 있다는 걸 안다면 민족성이라는 잣대로 멋대로 차별 짓고, 우리가 낫다며 뽐내기 전에 그들을 이해하고 인정하게 될 거다.

우리나라 사람들도 이제는 다른 문화를 받아들이는 힘이 꽤 커졌다. 너도 〈아마존의 눈물〉을 보았지. 그런 프로그램이 한국에서 만들어지고, 그 프로그램에 감동하는 수많은 한국인이 있다. 우리는 이제 아랫입술을 뚫어 '뽀뚜루'라는 나뭇조각을 끼우는 독특한 풍습에도 너그럽다. 원시 문명을 두고도 산업 발달이 뒤처졌다고 미개한 사람들이라 얕보지 않고 문화의 차이로 이해하고자 하는 시각이 훌쩍 늘었다.

그런데 봄아. 멀리 있는 아프리카 사람들에게는 관대한 이들이 가까이 붙어 있는 중국이라는 나라에 대해서는 엄격한 잣대를 들이댈 때가 많다. 더럽고, 시끄럽고, 거칠다. 그리고 무섭다. 우리는 참 중국에 대해

쉽게 평가하고 비난한다. 재미있는 현상이다. 심지어 중국에서 학위를 받고 중국학을 가르치는 교수들조차 그렇다. 네가 가장 존경하는 유명한 여행가도 그렇더구나. 그 양반 중국 여행기를 읽어 보니 문화의 차이를 이해하고 인정하기보다 한국 사람으로서, 시민운동가로서 중국을 평가하기에 급급한 대목이 많았다. 왜 그럴까. 중국이 정말 문화적 상대성조차 들이밀 수 없을 만큼 한없이 문제투성이이기 때문일까? 설령 그렇다고 하더라도 코엘료의 가르침처럼 문화는 상대적으로 인식하고 인정해야 하는 것임에도 왜 평가부터 하려 들까?

우리에게는 중국을 볼 때 쓰는 특수한 안경이 있다. 한국에 사는 사람들 대부분이 중국을 볼 때 그 안경을 낀다. 그 안경에는 대략 세 가지 렌즈가 있다.

하나는 노란색이다. 서양 사람들이 중국을 볼 때 써 온 그 안경이다. 중국인을 일종의 미개인으로 보는 시각. 19세기 미국에 널리 퍼졌던, 이른바 황화론이다. '미개한 중국인들이 우리나라를 더럽히고 있다. 박멸하자!' 그런 오리엔탈리즘이자 인종차별주의가 우리 안에도 있다.

다른 하나는 빨간색이다. 중국인을 붉은 마오쩌둥의 후예로 여기는 렌즈. 중국을 사회주의로만 바라보는 렌즈. 그 속에는 사회주의는 무조건 나쁘다, 없애야 한다는 생각이 숨어 있다. 냉전 시기부터 줄곧 써 왔고, 냉전이 무너진 지금까지도 여전히 끼고 있다. 그들은 여전히 빨갱이이다.

마지막 하나는 검은색이다. 중국이 부상하면서 등장했다. 중국이 힘을 쥐는 세상에 대한 공포가 바탕에 깔려 있다. '중국인들이 이런 추세로 소고기를 먹기 시작하면 세계는 곧 심각한 양식난에 빠진다. 그들은 메뚜기 떼와 같다. 중국이 이대로 자동차를 타면 세계는 곧 돌이킬 수 없는 환경 재앙에 빠진다. 오늘 부는 황사도 미세 먼지도 모두 중국 때문이다. 중국이 팽창한다. 남중국해를 중국이 모두 차지할 것이다. 중국에 맞서려면 힘센 미국의 우산 아래 모이자. 중국식 사회주의는 자본주의보다 더 추하다.' 하는 식이다. 한국에서 중국은 이런저런 이유로 이래저래 욕을 참 많이 먹는다.

우리가 쓰고 있는 이 세 가지 렌즈가 과연 옳은 것일까. 우선 오늘은 노란 렌즈부터 간단하게 살펴보자.

봄아. 중국이 정말 그렇게 더러운 걸까? 자, 이제 비난하기 이전에 이해해 보도록 노력해 보자. 정답은 '그런 곳도 있고 아닌 곳도 있다.'이다. 아빠가 몇 해 전에 항저우에 갔을 때 재미있는 실험을 해 봤단다. 소호 주변을 하루 반나절 맨발로 거닐었지. 아무렇지 않더구나. 나도 나름 잔머리가 발달해서 별일 없겠지 하고 맨발 바람을 한 거고, 결과도 예상대로였다. 세계 곳곳 꽤 많은 도시들을 여행해 보았다만, 그중에서도 항저우는 가장 깨끗한 도시 중에 하나였다. 지금은 베이징도 상하이도 세계 어느 도시보다도 청결한 도시가 되었다.

그럼 그런 데를 빼면 중국은 대체로 더러운 나라일까? 지금 이 시점에서 보자면 그렇다고도 볼 수 있다. 그런데 중요한 건 그것이 민족성이 아니라 서구화가 얼마나 됐나 하는 것과 관련이 있다는 거다. 토양이나 기후, 그리고 그 도시가 뭘로 먹고사는 도시냐 하는 것과도 얽혀 있지.

너도 기억하겠지만 1993년 우리가 같이 간 시안은 정말 더러웠다. 그

때 그 택시를 떠올리면 지금도 속이 거북할 정도니까. 석유가 아니라 석탄을 때고 있어 매캐한 냄새가 도시 전체를 감싸고 있었다. 개발이 막 시작되어 곳곳이 진흙탕투성이였다. 진시황릉의 화려한 유물, 유적은 난장으로 널려 있는 통에 제 빛을 발하지 못하고 있었다. 막 들어선 5성 호텔은 휘황찬란했지만 손님 접대 수준은 여전히 국영기업체와 다를 바 없었다. 전형적인, 개발이 막 시작된 도시 풍경이었다.

한데 그 다음 여행지였던 구이린은 어땠니? 마치 곧 신선이라도 내려올 듯한 풍광 속에 사람들이 살고 있지 않던. 선계인 줄 알았던 동양화 속의 산수가 거기 있었다. 먹어도 될 만한 물이 옆으로 흐르고 있었지.

시안은 땅이 구이린과 달라 깨끗한 물을 바로 얻을 수가 없다. 관광으로만 먹고사는 도시도 아니고. 그러니 너의 그 "중국은 더럽다."라는 표현은 틀렸다. "1993년 시안은 더럽다."가 좀 더 정확한 표현이 되겠다. 사람들은 누구나 자신이 본 것을 일반화시켜 평가하고 판단하려고들 한다만, 뭔가를 견줄 때는 자신이 그 위에 올라서고자 하는 속내가 숨어 있기 쉽다.

중국에는 아직도 아침에 세수를 하기보다는 물수건으로 얼굴을 닦고 마는 사람이 많다. 머리를 자주 감지 않아 머리가 떡이 져 다니기도 한다. 많은 한국인들은 이런 걸 보고는 후진적이라며 얕본다. 그런데 왜 많은 중국인들이 아침에 물수건으로 얼굴을 닦을까? 민족성이 본래 더러워서?

이건 중국의 자연환경과 아주 밀접하다. 중국은 토양 특성상 많은 지역이 물이 맑지 않은 데다가 부족하다. 수시로 가뭄과 기근에 시달려 수많은 사람이 죽어 간 역사가 있다. 늘 깨끗한 물이 풍부했던 우리나, 일찍이 상수도 시설을 갖추기 시작한 미국하고는 형편이 다르다. 그런 환경에서는 물수건으로 낯을 닦는다거나 머리를 자주 감지 않는 식으로 물을 아끼는 방법을 찾는 것은 자연스러운 일이다. 오히려 날이면 날마다 목욕을 하는 사람이 이상하거나, 나쁜 사람이지 않겠니.

요즘 들어 좀 줄기는 했지만, 우리나라에는 동네마다 굴뚝을 높이 세운 공중목욕탕이 있다. 서구인들은 그걸 그렇게 신기해했다. 마치 야만인의 상징처럼 여겼다. 몇십 년 전만 해도 많은 한국 사람들이 아주 가끔씩 심지어는 명절 때 한 번 목욕탕을 갔다.

너도 들어 보았는지 모르겠다만, 아빠가 중학교를 다닐 때까지도 학교에서 때 검사를 했다. 지금 생각하면 절로 웃음이 나오는 장면인데 그땐 참 진지했다. 모든 학생들이 손을 펴고 '앞으로 나란히'를 하고 있으면 담임 선생님이 검사를 하셨다. 통과율이 50%도 안 되는 경우가 수두룩했다. 어떻게든 통과해 보려고 침을 모아 손등을 불려서 밀어 보지만, 대부분 벼락치기가 그렇듯 그게 쉽지 않다. 결국 바둑이처럼 얼룩만 남는 부실 공사로 끝나는 바람에 잔꾀 부린다고 더 얻어맞기 십상이었다. 그렇게 보자면 중국인들이 더러운 것이 아니라 지금 중국의 어느 지역 어떤 사람들이 좀 목욕을 덜 하며 살고 있는 셈이다.

나는 행복한 고등학교 시절을 보냈다. 학교 생활도 신났고 좋은 친구들도 많이 만났다. 그때 학교가 좀 덜 재미있고, 친구들이 좀 덜 좋았더라면 아빠는 지금쯤 아마 아주 훌륭한 사람이 됐을 거라고 너한테도 백번쯤 말해 우려먹었구나. 아무튼 그때 교실에서 배운 것은 얼추 새까

많게 잊어버렸는데도 엉뚱한 곳에서 본 멋진 말 하나는 지금까지 기억하고 있다. 우리가 쓰던 교사 2층, 가운데 화장실 가운데 칸에 쓰여 있었던 낙서다.

"비오는 날 태어난 하루살이는 세상이 온통 비만 오는 줄 알다가 죽어 간다."

사람이 얼마나 자기중심적으로 사는지 이처럼 통쾌하게 비유할 수 있을까. 우리가 중국을 볼 때 한 번쯤은 되새겨야 할 말이다.

우리는 너무 쉽게 중국을 정의하고 평가한다. 베이징에서만 지내다 온 사람이 중국은 이렇다고 떠벌리기도 한다. 1년쯤 어학연수를 다녀와서도 중국은 이렇더라고 당당하게 책을 내는 사람이 부지기수다. 그들에게 중국은 참 쉬운 나라다.

하지만 봄아. 중국은 그렇게 쉽게 재단하기에는 참 크고 복잡하다. 아빠가 중국을 다녀오면 가끔씩 사람들이 묻는다.

"중국은 지금 얼마나 추운가요?"

어떻게 대답해야 할까. 맨 남쪽 하이난 섬이랑 북쪽 하얼빈은 겨울에 40도 넘게 차이가 난다. 하이난 섬에서는 반바지를 입고 다니는데 하얼빈에서는 아이스크림을 냉장고도 없이 과자처럼 좌판에서 팔고 있다. 그런데도 노란 렌즈 속에 비친 중국과 중국인은 한없이 단순하고 명쾌하다.

자, 그럼 비슷하지만 다음 질문. 중국인은 시끄러울까? 우리 지겹게 껴 온 노란 렌즈를 벗고 중국과 중국인을 다시 한 번 이해해 보자.

아빠가 안식년을 보내고 있는 이곳, 미국 캘리포니아에서도 식당에

가 보면 목소리 크기로는 한국 사람이 절대 중국 사람들에게 뒤지지 않는다. 돌아보면 내가 자란 광안리 바닷가의 횟집도, 깍쟁이 경훈이가 사는 서울 압구정동의 포장마차도, 돈 모아 가끔씩 가는 일류 호텔의 뷔페조차도 서양 나라들에 대면 조용했던 기억이 별로 없다. 우리는 먹고 마시는 자리는 흥겨워야 한다는 문화 속에서 자랐다. 지금도 밥 먹을 때마다 자주 듣는 소리 중에 하나가 "아이구, 이 양반아. 말 좀 해라, 말 좀! 밥만 처묵나."이고 보면 정말 그렇다. 심지어 장례식장에서조차 문상객들은 시끌벅적하게 자리를 지키는 것이 미덕이다.

봄아, 중국도 마찬가지란다. 먹고 마시는 자리에서는 무척이나 요란스럽게 즐기는 것이 그곳 사람들의 관습이다. 한 사람이 건배를 제안하면 다 같이 "간베이!"를 외친다. 좋으면 신 나라 박수를 치고 깔깔거리고 웃는다. 심지어 노래방에 가서는 우리처럼 끼리끼리 한방을 쓰는 것이 아니라 모든 손님이 한데 모여 마이크 하나를 놓고 노래를 부르고 다 같이 논다.

식당에서 조용히 밥을 먹는 건 말하자면 서구적 근대화의 산물이다. 서양 사람들은 공공장소에서 참 조용하고 상대방을 끔찍하게 배려한다. 몇 달 전 캘리포니아에 처음 왔을 때만 해도 한국에서 꽤 문화인으로 자처하는 나도 가끔씩 내 큰 목소리에 놀라 주위를 살피곤 했다. 뒷사람이 들어올 때까지 문을 잡아 주지 않아 경멸의 눈초리를 받은 건 또 얼만지 모른다. 사실 이런 교양과 예의는 훈련되는 것이지. 공공장소에서 담배를 못 피게 하는 문화가 우리 사회에서 어떻게 자리 잡았나 보면 잘 알 수 있다. 불과 얼마 전까지만 하더라도 공공장소에서 담배를 피우는 사람은 부지기수였다. 그런데 그것이 얼마 지나지 않아 죄악시되지 않았니.

중국 사람들은 아직 그런 문화를 받아들이지 않았거나 받아들이고 있는 중이다. 민족성이나 국가의 문제가 아니라는 얘기다. 한국에서 양변기가 집집이 퍼진 것이 불과 몇십 년 사이의 일이다. 중국의 가정에도 이제 양변기가 퍼지고 있다. 공공장소에서도 예전에 비하면 사람들이 많이 조용해지기 시작했다. 아마도 우리는 중국에서 서구적 산업화가 이뤄지는 속도만큼이나 공공장소에서도 조용한 중국인들을 자주 만나게 되겠지.

문화를 이해하는 데 자연환경이나 서구화가 얼마나 이뤄졌나 하는 것보다 더 중요한 것이 있다. 정치·경제 체제이다. 어떤 문화든 그 문화가 속해 있는 정치·경제 체제를 놓고 이해해야 한다.

중국은 얼마 전까지만 해도 자전거의 나라라 불리웠다. 많은 사람들이 중국인들이 자전거를 많이 타는 것은 민족의 기호나 국가적 문화 현상이라고 생각했다. 그런데 정말 그럴까. 봄아, 중국은 왜 자전거의 나라였을까. 자동차를 탈 능력이 없어서? 산악 지대가 아니라서? 중국인들이 자전거를 남달리 좋아해서?

아니다. 중국이 사회주의 사회였기 때문이다. 문화대혁명이라는 공동체 실험을 거치면서 대부분의 도시와 촌락이 자전거를 타고서도 잘 살아갈 수 있도록 설계됐기 때문이다. 그때 중국은 집과 직장 그리고 시장이 대부분 한 구역 안에 다 모여 있었다. 아무리 멀어도 자전거로 20분 안팎에서 의식주가 해결됐다. 아빠도 박사 과정 내내 학교 기숙사에서 지냈다. 학생들뿐만 아니라 교직원들도 학교 울타리 안에 살았다. 기숙사에서 강의실까지 자전거로 10분 거리였고, 시장도 그쯤 걸렸다. 기숙사 안에서 간단한 생활용품은 대부분 팔았고, 숙소 앞에는 생맥줏집부터 일본식 라면 가게, 조선족 식당까지 다 있었다. 한마디로 자동차가 필요 없는 체제였다.

한국이나 미국은 자전거의 나라가 되는 것이 아예 불가능하다. 아무리 위대한 정치가가 나와서 하소연하고 길가마다 자전거 도로를 닦아본들 어림없다. 지금과 같은 자본주의 체제를 뒤엎지 않고는 턱도 없는 일이기 때문이다.

미국은 하다못해 슈퍼를 가더라도 자동차를 타야 한다. 애초에 도시계획을 그렇게 세운 거다. 작정하고 나서면 슈퍼 정도는 자전거로 다닐 수 있을지 모르겠다만 일터를 오가는 건 불가능하다. 설령 지형이 허용한다고 하더라도 자전거를 타고서는 한두 시간은 우습게 걸리는 거리에 직장이 있다. 그러니 자전거로는 미국 자본주의가 돌아가지 못한다. 출퇴근 시간을 서너 배 늘일 때 미국 자본주의가 버텨 줄까? 그건 한국도 마찬가지겠지. 자본주의는 효율성이 생명인 체제거든.

자본주의의 물결이 휩쓸고 있는 베이징이나 상하이를 가 보거라. 1993년 그때 그 장관을 이루던 자전거 행렬은 이제 옛말이다. 아쉽다. "응답하라. 1993."

문화라는 것은 이렇게 많은 것이 두루 얽혀 이루어지는 거다. 따라서 평가하기 이전에 이해해야 한다. 이해하기 위해서는 그 나라와 고장에서 살아온 사람들이 어떤 환경 속에서 어떤 역사를 겪어 왔는지를 파악해야 한다. 특히 중국은 다채로운 역사를 지니고 있다. 한 가지 잣대와 렌즈 앞에 단순하게 한 줄로 죽 세워 놓고 우리보다 뒤처졌다, 앞섰다 하며 평가하는 것 자체가 불가능한 나라라는 얘기다. 이제는 쓸데없이 견주느라 힘을 뺄 것이 아니라, 더럽고 시끄럽고 거칠다고 막무가내로 무시하기 이전에 그 속에 무슨 형편과 지혜가 있는지 그들의 삶을 찬찬히 들여다보아야 할 때가 아닐까?

아일랜드에서 태어난 작가 오스카 와일드는 이렇게 말했다. "국민적 증오심은 문화 수준이 낮을수록 강하다."고. 봄이 너도 아마존에 사는 사람들의 삶을 볼 때 지니는 너그러움을 중국인들한테도 보여 주면 좋겠다. 그렇게 된다면 무서운 중국도 얼마쯤 다른 이미지로 다가오겠지. 빨간 렌즈, 검은 렌즈 이야기는 다음에 더 해야겠구나.

다섯 번째 편지 /   네 중국 인식의 주인님들

중국을 바라보는 눈길은 왜 이렇게 편견투성이일까? 머나먼 아프리카에서 잇몸을 뚫어 동물 뼈를 꽂고 다니는 조에 족조차 자비로운 문화 감성으로 포용하는 우리가 왜 이웃 나라 중국에 대해서는 이렇게 너그럽지 못할까? 사실 나는 중국학을 전공한 사람이라 20년이 넘게 수많은 사람들이 중국에 대해 말하는 것을 들어 왔다. 그런데 중국인과 중국을 따뜻하게 바라보는 한국 사람은 참으로 만나기 어렵더구나. 왜 그럴까?

봄아. 그 까닭을 알아보자면 우리 생각이라는 것이 어떻게 만들어지는지를 살펴야 한단다. 홍세화 선생이 쓴 《생각의 조건》이라는 책에도 잘 나와 있지만 너의 생각이라는 것이 단순히 네 것이 아니라 누군가가 만들어 놓은 결과물일 수 있다. 특히 중국에 대한 인식은 몇몇이 정보를 독점하던 시기에 큰 틀이 짜여졌다. 그렇다면 더더욱 누군가 어떤 목적을 가지고 만든 다음 주입시켰을 가능성이 크지.

물론 너는 네가 직접 본 중국이 실제로 더럽고, 시끄럽고, 거칠었다고 말할 수도 있을 거다. 그런데 봄아. 다시 한 번 생각해 보거라. 그것이 아는 것만큼 보인 것은 아닌지. 네가 가진 선입견대로 중국이 보였던 것은 아닌지.

중국을 여행할 때 우리, 차를 참 많이도 마셨다. 기억하니? 어디를 가도 물 대신 차를 마셔야 했지. 그곳 사람들이 그렇게 생활하고 있었다. 택시 운전사들도 말 그대로 찻잎 반 물 반인 유리병 하나를 꼭 가지고 다니지 않았니. 마치 누룩덩어리처럼 생긴 보이 차를 아주 싼값에 살 기회도 여러 번 있었다. 그런데 차 맛이 지나치게 강해서이기도 했지만 너무 더러워 보여서도 우리는 그 차를 사지 않았다. 거리가 이렇게 더러운데 저 차는 도대체 얼마나 더러울까. 머리를 내저었지.

봄아. 아빠는 이번 여름에 제주도에서 한 20여 일을 지냈다. 제주도만큼이나 품위 있고 멋진 주인 어르신이 지키는 숙소에서 머물렀는데, 그 양반은 그 품위에 어울리는 다양한 차를 제주도 야산에서 따고 캐서 만든 다음 아침마다 나그네들에게 내어 놓으신다. 아빠가 떠날 때쯤에는 아주 귀한 손님들에게만 내는 거라며 보이 차를 대접해 주셨지. 따져 보니 우리가 중국을 여행했던 무렵에 그 차를 사신 듯하더구나. 지금 그 보이 차는 거의 금값으로 팔리고 있다 하셨다. 어쩌면 그때 우리는 우리가 아는 중국만 보았던 거다. 더럽다는 선입견에 갇혀 그 보이 차의 진정한 가치를 볼 수 없었던 거니까.

기억날지 모르겠지만 중국 곳곳에서 우리는 거의 귀향한 아들딸 대접을 받았다. 마치 어릴 적 살던 시골 동네에 온 기분이 들 만큼, 가는 곳마다 낯선 나라에서 온 우리를 환대해 주었지.

사실 아빠는 중국에서 공부하던 내내 중국 사람들에게 그런 대우를 받으면서 지냈다. 교수님은 자식처럼 대해 주셨다. 내가 집에 다녀올 때마다 가장 먼저 우리 가족의 안부를 물으셨지. 동기생들은 꼭 형제 같았다. 언제든 내가 청하기만 하면, 온 힘을 다해 도와주었다. 그때도 물론 여행자들이 다니는 큰길가는 온갖 환치기꾼, 호객 행위, 바가지요금, 가짜 물건이 판치고 있었다만, 그 거리 안쪽의 중국인들은 참으로 따뜻했고, 배려가 깊었다. 아직도 그 바탕은 여전해 보였지만 세련미가 더해진 꼭 그만큼 인간미가 줄어들었더구나.

유럽은 어떨까? 거의 모든 나라에서 여행자들은 절도와 소매치기, 그리고 걸인들한테 머리가 지긋지긋할 정도로 시달린다. 나도 유럽 여행 중에 세 번이나 소매치기를 만났다. 한 번은 프랑스 파리의 지하철에서, 다른 두 번은 로마의 거리에서. 같이 간 동찬이는 강도에게 여권까지 깡그리 털려 버렸다. 고작 3주 사이에 말이다. 호텔방과 음식 값은 터무니없이 비쌌고, 곳곳이 악취가 진동하는 골목들 천지였다. 그 유명한 퐁네프의 다리 밑이 공중화장실로 애용되고 있을 줄은 꿈에도 몰랐지. 또 어떤 곳은 인종차별주의자들이 활개를 치는 통에 온갖 차별에 몸을 사려야 했다.

그런데도 우리는 유럽을 더럽고, 지저분하고, 거칠다고 말하지 않잖니. 베르사유궁전의 화려함과 스위스 산자락의 아름다움과 로마의 예술을 칭송하는 것으로 유럽을 이야기한다. 심지어 많은 대학생들은 유럽에 가 보는 것이 꿈이라더구나. 왜 그럴까?

누가 중국을 보는 네 눈길과 생각, 판단에 끼어든 걸까? 봄아, 에드워드 사이드의 《오리엔탈리즘》이라는 책을 읽어 보았니? 하기야, 너 같은 예체능계가 그런 책을 읽었겠니. 하하하. 네가 미술을 선택한 고등학교 시절부터 줄곧 해 온 농담을 이제 책에까지 써먹는구나. 농담이다, 농담. 아이 러브 예체능계. 그들이 대한민국을 풍요롭게 하리라.

어쨌거나 여행을 좋아하는 너도 꼭 한번 읽어 보길 권하고 싶구나. 한 지역에 대한 인상이 어떻게 생겨나고, 그런 인상이 힘을 가진 자들의 손에서 어떤 방식으로 하나의 '이야기'로 짜깁기되는지, 그리고 그 이야기가 그곳에 대해 말하고자 하는 이들은 반드시 들추어 보고, 끌어다 써야 하는 '원전'으로 어떻게 자리매김하고, 퍼져 나가는지 잘 알 수 있단다. 알아야 속지 않는다. 물론 대단히 어려운 책이다. 이 책을 이해할 수 있다면 이제 무식하다고 안 놀리마.

그 에드워드 사이드가 그랬다. 한 지역에 대한 이미지는 그곳에 먼저 가 본 몇몇이 소개하는 것이 바탕이 된다고. 여행가, 탐험가, 선교사, 상인, 지역 연구자 같은 사람들 말이다.

자. 봄아. 쿠바를 한번 떠올려 봐라. 아직까지 우리에게 쿠바는 이곳을 여행하거나 연구해 온 몇몇 사람들의 경험이 곧 쿠바이다. 독점이지. 아마도 그 선험자들 중에는 낯선 세계를 동경해서 쿠바에 가 본 사람도 있을 것이고, 거기서 커피나 시가를 사다가 팔려고 간 사람도 있을 거다. 혹은 아직 몰락하지 않은 마지막 사회주의 국가를 보기 위해 간 사람도 있을 테지. 뭐, 산업화된 이미지들 속에서 조금은 어이없이 부활한 체 게바라의 멋진 모습을 보고자 한 사람도 있겠다.

서구 자본주의 열강은 시장을 열고 자원을 손쉽게 마련하기 위해 동양으로 오기 시작했다. 그들이 그 무렵 동양에 대한 경험과 지식을 집대성하기 시작한 과정을 되짚어 보자. 그 지역과 본격적으로 관계를 맺어야 한다면 그런 관계가 꼭 필요한 사람들, 그러니까 그 지역 전문 권력자들이 끼어든다. 그리고 먼저 가 본 이들의 경험을 골라잡아 제 입맛에 맞게 다시 짜 맞춘다. 이렇게 짜깁기된 그 지역의 몇 가지 특색은 그 지역의 일부가 아니라 본색이 되지. 막강한 힘을 가진 '원전'이 되는 거다. 그 뒤로는 그곳에 대해 이야기하고자 하는 사람은 누구든 그 '원전'을 충실히 참고하고 따라야 한다.

봄아. 최근에 많은 역사학자들이 일본의 역사 교과서 왜곡을 심각한 문제로 다뤘지. 왜 그랬을까? 교과서는 영향력으로 따지면 견줄 만한 매체가 없는 셈이다. 꾸준하고도 강력하게 그 속에 담긴 이야기를 퍼뜨릴 수 있거든. 사실, 일본 교과서에 독도가 일본 땅이라 실리게 되면 그 영향력은 심지어 국가권력의 주장보다 강력하다. 설령 지금 아베 정권이 독도는 일본 땅이라고 우기더라도 정권이 바뀌면 다른 수상은 지금까지 여러 차례 그래 왔던 것처럼 그런 주장을 접을 수도 있다. 그런데 교과서에 한 번 실리면 그 교과서를 배운 사람들은 그것이 진실이라 믿고 움직이게 되지. 너도 그렇지 않니? "그거 교과서에 실렸어. 교과서에서 배웠잖아." 그러면 논쟁 끝이잖아.

근대 사회에서 교과서는 그 사회에서 살아가는 많은 이들의 인식을 지배하는 절대자이자 '종결자'다. 어떤 인식이 교과서에 자리 잡고 나면 그 뒤로는 누구라도 그걸 참고하지 않고는 무엇을 말할 수 없게 되는 거다. 지금 한국의 보수 우익들이 자기 이익과 이념을 대변하는 역사 교과서를 검정에 통과시키고 채택시키려고 막무가내인 데는 그런 까닭이 있다.

네가 보는 여행 책자들도 마찬가지 과정을 거치겠지. 한두 명이 여행기를 쓰고 '맛집'을 추천하면 힘이 있는 출판사, 여행사, 블로거, '맛집' 앱 따위가 제 이해관계와 방침에 따라 그 가운데 어느 것에다가 힘을 싣지. 대중들은 어디를 갈 때 일단 그것들을 참고하거나 의지한다. 우리나라 사람들은 유달리 그런 권력 체계를 신봉하는 편이라 방송에 한 번 나가면 당분간 그 집은 안 가는 게 낫다. 하도 사람들이 끓어서 앉을 자리도 없으니까. 봄이 너도 어디를 여행하든 유명한 '맛집' 추천 앱을 꼭 열어 보잖니. 특히 아는 것이 별로 없을 때 우리는 자연스럽게 그런 권위에 기대게 된다.

너의 중국 인식에도 이렇게 영향을 미친 주인님이 있을 거다. 그 주인님은 네가 자기 필요대로 움직이도록 다양한 방법으로 꼬드길 테지. '맛집'이야 너도 이제 경험이 꽤 쌓였고 취향도 분명한 편이니 쉽게 휘둘리지 않을 수 있다. 그런데 그것이 '중국과 중국인'을 보는 눈이라면 어떨까? 우선 그것은 네 경험으로 규정하기에는 너무 큰 범주다. 자연스럽게 전문가가 하는 얘기에 기댈 수밖에 없지. 한다하는 중국 전문가들은 대부분 너를 위해서가 아니라 주인님들을 위해 일한다. 주인님들은 그런 사람들을 부릴 힘이 있거든.

19세기에 미국이 그랬다. 19세기 말 미국 사람들은 중국이 필요했다. 그 무렵 미국은 서부 대개발이 끝났지. 이미 산업화에 성공해 공산품이 넘쳐 났다. 상인은 재고가 남아돌까 두려웠고, 노동자는 공장이 문 닫을까 두려웠고, 정치가들은 자본이 몰락하면 권력도 스러질까 불안했다. 어디다가 이 많은 물건을 팔지?

이때 누군가 외쳤다. "중국이 우리의 시장이 되어 줄 거다. 중국으로 가자." 언론이 북 치고, 정치인들이 장구 쳤다. 상인들은 "그들에게 바지 한 장씩만 팔아도 그게 얼마인지"를 헤아리며 수단 방법을 가리지 않고 중국 진출을 꾀했다. 종교인들도 도왔다. 거긴 신의 이름으로 구원해야 할 미개한 사람들이 숱하게 살고 있다고 여겼다. 가서 우리 문명과 종교를 전파하는 것이 신이 우리에게 주신 명백한 사명이다. 가자. 정부는 군함을 동원해서 길을 텄다.

1899년 문호 개방 선언은 미국 정부의 본격적인 중국 개입 선언이었다. 대다수 미국인들은 이 주인님들이 자기 필요대로 틀 지워 놓은 중국 인식에 그대로 포로가 되었다.

지금도 많은 미국인들은 별다른 이유 없이 중국인을 싫어한다. 중국에서 들여온 값싼 수입품 없이는 하루도 살아갈 수 없으면서 말이다. 최근에 한 미국 초등학생이 반대말 쓰기 시험에 적었다는 답안이 아주 놀랍더구나. 그 아이는 '진짜'의 반대말을 '중국'이라고 적었다.

네 중국 인식에 주인님이 따로 있을 가능성은 또 있다. 중국은 누군가가 조작이라도 해서 취하고 싶을 만큼 탐할 것이 많은 나라이기 때문이다. 인구가 많다는 건 곧 거대한 시장이자 값싼 노동력이 존재한다는 얘기다. 거대한 영토는 풍부한 자원과 다양한 가능성의 다른 말이다. 아시아의 중앙은 세계의 중앙이기도 하다. 언젠가는 세계의 중심이 될지도 모르니까 하루빨리 견제하거나 이용해야 한다고 여긴다.

우리는 어떤 방법으로 사물을 인식할까? 아빠가 대학을 다닐 때는 교정에 참 다양한 사람들이 드나들었다. 전집을 파는 외판원부터 김밥 장수 아주머니, 그리고 '짭새'까지. 봄이 너 '짭새'가 뭔지 아니? 그 무렵 군사정권이 대학생들을 감시하려고 교정에 풀어놓은 용역 깡패들이란다. 아직도 나는 그들이 전투경찰이었다는 사실을 결코 믿을 수 없다. 여름이면 그 사람들이 좋은 그늘이라는 그늘은 다 차지해서 내가 지금 이렇게 새까만 거다. 그때 그늘만 내 차지였더라도 나는 지금쯤 배우 황정민과 놀고 있었을지 모른다. 너는 늘 코웃음 치지만, 아빠도 속은 뽀얀 피부에다가, '헤이 브라더' 연기는 황정민 뺨친다.

아무튼 그중에는 전도를 하는 사람도 많았다. 어느 날 어떤 점잖게 생긴 아저씨가 다가왔다.

"하나님을 믿으시나요?"

그냥 믿는다고 하면 간단히 끝날 걸 그땐 순진해서 그런 '노하우'가 부족했다.

"보이지도 않는 하나님을 어떻게 믿어요."

그 아저씨는 대뜸 "미국에 가 보았어요?"라고 묻더구나. 미국은 무슨, 제주도도 못 가 봤는데. 그 다음 그 아저씨의 한마디가 내가 자리를 뜨지 않고 그 아저씨 이야기를 꼬박 들어 준 이유였다.

"아니, 미국은 어떻게 가 보지도 않고 있다고 믿고 있어요?"

나는 그 양반의 화려한 말발에 넘어가 꼼짝없이 한 시간 설교를 들어야 했다.

그러고 보면 우리는 직접 경험하지 않고도 참 많은 것을 믿고 산다. 그런데 봄아. 너는 이제껏 중국을 어떻게 인식해 왔을까? 우선은 네가 직접 경험한 것이 먼저였겠지. 너는 중국을 두 번 방문했으니 다른 사람들보다는 직접 경험이 많은 편일 게다. 하지만 두 번 가 본 중국으로 네가 알 수 있는 것이 얼마나 될까? 아마도 아는 것만큼만 보고 왔겠지. 직접 경험 말고도 가까운 사람들의 경험, 그러니까 같이 여행을 갔던 네 친구들의 중국 인상기 같은 것도 네 중국관에 영향을 미쳤을 거다. 한데 그런 것으로 중국의 본모습을 모두 가늠하기에는 중국은 너무 크고 다양할 뿐더러 이해하기 힘든 나라이다.

그러니 너는 그 빈틈을 메우기 위해 폭넓은 정보를 손쉽게 접할 수 있는 길을 찾았겠지. 인터넷 말이다. 이제 인터넷은 각종 여행 정보에서부터 중국을 보는 시각에 이르기까지 그야말로 없는 것이 없는 막강한 매체가 되었다.

한때 '대륙 시리즈'라는 게 유행했었지. 처음에는 한두 사람이 중국을 여행하며 본 것이나, 혹은 이것이 바로 중국일 거라고 생각하는 진기 명기식 사진들을 인터넷에 올렸을 거다. 한동안은 그저 신기하고 재미있는 사진이었을 따름이다. 그런데 그것들이 모이고 쌓여 '대륙 시리즈'가 되면서부터 슬그머니 중국은 정말로 그런 나라가 되었다.

그 사진 가운데 몇 개는 네가 나한테 보내 주기도 했다. 그 사진들을 보면서 꽤 많은 생각을 했지. 아, 그래. 나도 중국 어디서 이런 걸 봤어. 그때 참 많이 웃었지. 그래 맞아. 이건 내가 유학할 때도 더러 그랬어. 그런 생각들.

이런 중국 이야기에 가장 영향을 많이 받는 것은 중국 여행자들이다. 중국을 여행하려는 사람들은 대부분 미리부터 상당한 불안감에 시달린다. 사회적으로 꽤나 지위가 있다는 사람들조차도 내가 아무리 설득해도 통하지 않을 만큼 불안해하더구나. 아빠는 거의 20년이 넘게 중국 각지를 혼자서 혹은 여럿이 여행해 왔다. 하지만 단 한 번도 중국인들 때문에 위험했던 적은 없다. 중국의 안전을 너무 과신하고 12시 통금까지 숙소로 돌아오지 않는 우리 학생들 때문에 골치를 썩은 일은 많았다. 이 편지를 쓰는 지금도 아빠가 가르치는 두 여학생이 중국을 혼자서 여행하고 있다.

중국은 미국과 달리 총기 소유가 철저히 통제되고 있어 대형 사고 위험이 적다. 마약도 걸리면 사형에 처하다 보니 구하기도 어렵고 약에 절어 범죄를 저지르는 자도 없다. 범죄자를 엄격하게 처벌하는 편이라 강도나 살인 따위도 비교적 적다. 물론 자본주의로 들어선 나라치고 완전히 안전한 국가가 어디 있겠냐만 그래도 중국은 아직 24시간 거리를 활보할 수 있는 세계에서 몇 안 되는 나라다. 그런데도 내 20년 경험으로는 인터넷 판 진기 명기식 중국 이야기를 이길 수 없었다.

이렇게 대중들에게 직접적이고 강력하게 영향을 미치는 매체지만, 인터넷은 아직까지는 누군가의 논리와 인식을 끌어와 널리 퍼뜨리는 수준에 그치고 있다. 중국이라는 퍼즐을 자기 입맛에 맞게 짜 맞추고, 이것이 중국이라며 내세우는 집단은 따로 있다는 말이다. 인터넷에 글을 쓰는 이들도 결국 그 어떤 권위를 끌어와 기대면서 그 인식과 세계관을 대변해 내는 거거든. 그들은 주로 무엇에 기댈까? 바로 언론과 중국 전문가들의 글이다.

중국에 관한 한 아직도 거대 언론의 영향력은 시청률이나 판매 부수에 상관없이 지대하다. 거대 언론은 아직도 인터넷 매체가 만들어 놓은 산만하고 비전문적인 중국관을 단번에 뒤집어 놓을 만한 영향력을 지니고 있을 뿐만 아니라 그것을 진두지휘한다. 연극으로 보자면 연출가쯤 되겠지.

동북공정 사태를 보려무나. 사실 그 전만 해도 중국에 대한 이미지가 '무섭다'는 하나의 집단 심리로 존재하지는 않았다. 이미 쓰고 있던 노란 렌즈와 빨간 렌즈조차도 동구권 사회주의 국가들이 무너진 뒤 조금씩 흐려지고 있었다. 다양한 중국 여행자들의 경험이 쌓이면서 냉전 시기에 자리 잡은 편견이 서서히 깨지고 있기도 했다.

그런데 거대 언론은 이런 흐름을 단박에 뒤집어 놓았지. KBS는 동북공정 특집 방송을 편성했고 몇몇 주류 언론은 발맞춰 집중포화를 퍼부었다. 그걸 계기로 우리는 전 국민이 중국과 '역사 전쟁'을 벌이게 됐지. 그렇게 몇 년이 흐른 뒤로 모든 것은 다시 제자리로 돌아왔다. 아니, 뒷걸음질 쳤다고 해야 하나? 우리는 노란 렌즈와 빨간 렌즈에 이어 검은 안경까지 쓰게 됐으니까.

사람들이 책을 별로 안 읽다 보니 대중들이 직접 대할 일이야 적지만, 아직도 중국 전문가들의 영향력은 상당하다. 기자들의 인식에 관여하고, 정부 정책을 세우는 데에도 안팎으로 개입한다. 대학 강단에 서거나 대중 강연에 나서기도 하니까 대중의 중국관 형성에 누구보다도 강한 영향력을 행사하고 있다고 할 수 있지. 기자들조차 자기 나름의 중국관을 세울 만큼 중국을 잘 아는 사람이 많지 않다 보니 중국 전문가들의 도움이 꼭 필요할 수밖에 없다. 동북공정 사태가 일부 중국 전문가들과 언론의 합작품이 된 건 그 때문이다.

봄아. 네 중국 인식의 주인님이 누군지 알기 위해서 따져 보아야 할 가장 중요한 문제는 이런 것이다. 교과서라 할 만한 정보를 쏟아 내는 거대 언론이나 중국 전문가들은 누구일까? 그리고 그들을 제 입맛대로 끌고 가는 힘과 돈이 어디에서 나올까? 누가, 무엇을 탐내고 있는 것일까?

자, 중국을 탐내는 자들이 누구일까? 가장 대표적인 것은 서구와 그 아류들이다. 유럽은 19세기 중국을 탐하고자 몰려왔다가 물러갔다. 미국과 일본에 밀려난 탓이기도 하고, 유럽 제국주의가 질적으로 탈바꿈한 것이기도 하다. 유럽은 이제 대등한 동반자 관계로 돌아섰지. 일본은 중국을 탐하고자 하다가 찌그러졌다. 연합국이 승리한 것이기도 하고 중국이 잘 막아 낸 덕분이기도 했다. 그런 일본이 다시 중국을 탐하고자 한다. 방법은 비슷하다. 중국 위협론을 내세우며 그저 자국을 지키기 위한 것이라는 논리를 내세운다.

미국은 가장 오랜 기간 가장 적극적으로 중국을 탐해 온 나라다. 19세기 이후 지금까지 끈질기게 중국을 탐하고 있다. 물론 유럽이든 일본이든 그곳 상업가, 산업가, 자본가들에게는 예나 지금이나 중국의 드넓은 시장과 노동력이 매혹적이었다. 하지만 미국은 단순히 자본가들의 이해관계와 욕망을 넘어 다양한 집단이 중국을 넘본다. 미국 기독교도들에게 중국은 여전히 빼놓을 수 없는 선교 대상국이다. 미국 정치가들에게는 자신들의 패권을 위협하는 잠재적이고도 실재적 적이다. 미국 소비자들한테는 싼 물가를 지탱해 주는 원동력이다. 미국의 군산복합체에게는 새로운 악의 축으로 거듭 세워야 할 대상이다.

우리는 이렇게 중국을 탐하는 자들이 누구일까? 말할 것도 없이 미국과 잠 유사하다. 그들이 곧 우리 사회의 주류들이고, 네 중국 인식의 주인님들이기도 하다. 그들이 제 이익을 어떻게 중국을 통해 이루고자 하는지는 다음 편지에서 계속 이야기해야겠다. 오늘 네가 꼭 명심해야 할 것은 지금까지 너의 중국 인식을 만들어 온 주인님들이 있고, 그들이 누구인지 네가 알아야 한다는 점이다. 그래야 그들에게 이용당하지 않을 수 있다.

여섯
번째
편지 /

〈삼국지〉 타령은
이제 그만

봄아. 2012년은 공교롭게도 우리나라뿐만 아니라 중국, 일본, 북한이 모두 권력을 교체하던 시기였다. 연임이 되기는 했지만 미국도 대통령 선거를 치렀지. 이 선거를 보도하는 태도를 보면 왜 우리는 〈조선일보〉, 〈중앙일보〉, 〈동아일보〉를 묶어 보수 신문이라고 부르고, 〈한겨레신문〉, 〈경향신문〉, 거기에 〈오마이뉴스〉나 〈프레시안〉을 묶어 진보 언론으로 가르는지 쉽게 알 수 있다. 대개 보수 신문들은 미국의 공화당 후보와 한국의 새누리당 후보를 직·간접으로 감싸고 지원했다. 진보 매체들은 미국의 민주당과 한국의 민주당을 미는 경향을 보였다.

자기 세계관에 기대 저마다 꿈꾸는 세상을 이루고자 애쓰는 신문. 아빠는 그게 오히려 당연한 일이라고 생각한다. 수많은 이해관계가 얽혀 있는 현실을 다루는 언론들이 정치적 객관성을 유지하는 것은 애초에 불가능하기 때문이다. 한 기사 안에서 기계적 중립은 지킬 수 있다. 여당과 야당, 진보와 보수의 입장을 똑같이 다루면 되니까. 하지만 그 기사가 결코 정치적 중립은 아니다. 현실에서는 누군가가 더 큰 권력을 쥐고 있기가 십상이거든.

예를 들어 보자. 국정원의 18대 대선 개입 문제를 놓고 언론이 야당과 여당 사이에서 기계적 중립을 지키는 것은 공정한 보도가 아니다. 왜냐하면 이미 권력을 지닌 정부, 국정원, 심지어 군부까지 나서 여당을 두둔하는 형편이고, 심지어 온 힘을 다해 그 입장을 대변하려고 하잖니. 이런 현실을 제대로 가늠해 균형추를 맞추자면 언론은 훨씬 권력의 행태에 비판적인 자리에 서야 하는 거다.

언론이 결코 정치적으로 중립일 수 없는 이유 중 또 하나는 보도하고자 하는 기사나 뉴스를 선택하는 것 자체부터 이미 객관성을 잃어버린 것이기 때문이다. 안철수 현상을 일으키는 바탕이 되었지. SBS의 〈힐링캠프〉말이다. 아무리 그 양반이 거기 나와서 정치 이야기를 안 한다고 해도 그 방송사가 안철수 씨를 그 프로그램에 초대한 것부터가 안철수 편을 들어 준 거다. 그러니 다른 후보들도 〈힐링 캠프〉에 출연하게 해 달라고들 난리였지.

그렇다면 봄아. 문재인 후보와 박근혜 후보를 그 프로그램에 출연시켜 준 것으로 그 프로그램은 공정한 방송을 한 것일까? 결코 아니다. 그 프로그램에 나올 수 있었던 세 사람에게는 그런대로 공정했을지 모르지만 다른 후보들에게는 아니다. 특히 당시 제3당이었던 통합진보당 이정희 후보 처지에서는 천만의 말씀이겠지.

어쨌거나 언론은 결코 객관적이지 않다. 사실 정치적 입장이 없는 신문이란 애당초 불가능한 일이지. 이 무렵 한국 언론이 어떤 보도를 하는지 꼼꼼히 살펴보았다. 우리나라는 말할 것도 없고 북한과 미국의 지도자 교체를 두고도, 보수 언론과 진보 언론의 태도가 눈에 띄게 갈리더구나. 기사 내용만 보더라도 그것이 어느 신문에 실린 것인지 대충은 알 만했다.

한데 봄아. 대단히 재미있는 사실이 하나 있다. 중국을 다룰 때는 진보와 보수가 구분이 잘 안 된다는 거다. 오히려 평소에는 빨갱이라고 그렇게 욕을 먹는 진보 언론들이 더 혹독하게 중국 공산당의 정권 교체를 비판하고, 부정적인 기사를 싣는다.

아빠가 유일하게 정기 구독하는 〈한겨레신문〉은 중국의 정권 교체를 이렇게 다루고 있다. '격렬한 파벌 투쟁 끝, 보수파 득세', '밀실 투표', '시진핑 첫 연설, 법 민주 자유는 없었다', '중 영향력 강화 땐 동아시아, 미래 화약고'처럼 제호도 살벌한 기사들을 대문짝만하게 연일 실었다. 보수 언론 판박이를 넘어 더 비판적이다.

따지고 보면 여기에 사실이 아닌 것은 하나도 없다. 중국은 간접민주주의가 아니라 집단지도체제를 실시하고 있다. 당연히 밀실에서 투표하고 파벌도 있을 수밖에 없다. 보수파라는 게 정확히 뭔지는 나도 늘 헷갈리지만 그런 것도 있기는 하다. 하지만 오늘날 중국 정치를 상하이방이니 보수파니 따위로 갈라놓고 중국 정치를 이해하고자 한다면 성공하기 쉽지 않을 거다. 중국 공산당은 이미 그렇게 단순하지 않다. 새누리당이나 민주당처럼 여기고 대충 끼워 맞춰서는 이해할 수가 없다. 서구와 우리는 늘 그런 식으로 중국의 행보를 엉터리로 예측해 왔다.

시진핑이 했다는 첫 연설을 꼼꼼히 확인해 보지는 않았다만 그 기자가 거짓말을 했을 성 싶지는 않다. 왜냐하면 시진핑은 지금 서구적 잣대의 법, 민주, 자유에는 별 관심이 없으니 입헌이나 민주 특히 자유를 내세웠을 리가 없다. 그런 개념이 중국이라는 맥락에서는 무엇을 뜻하는지 우리는 잘 모른다. 시진핑이 그런 얘길 했다면, 그건 아마도 박근혜 대통령이 당선 연설에서 "이제 우리는 사회주의를 수용해야 할 때입니다."라고 선언하는 것만큼 놀라운 발언이 될 거다. 이런 보도는 사실이기는 하지만 제대로 된 보도라고 볼 수는 없다. 그저 기자가 자기 세계관에 비춰 중국을 비판한 것뿐이다.

중국을 자신들 틀 안으로 끌어들여 이용하는 것은 보수 언론이라고 다를 바 없다. 요사이 중국은 빈부 격차가 크게 벌어지고 있다. 내부 통계들만 보더라도 심각한 형편이다. 중국 국가통계국이 발표한 자료를 보면 2012년 중국의 지니계수는 0.474이다. 보통 0.4보다 높으면 불평등이 위험한 수준이라고 본다. 한국의 보수 신문들은 이 문제를 꾸준히 부각시켜 왔다. 사회주의를 내세우는 국가에게는 어쨌거나 치부이기 때문이다.

빈부 격차는 당연히 큰 사회적 문제이다. 오늘날 중국의 빈부 격차는 정말 심각해지고 있다. 그런데 빈부 격차를 비난하는 한국의 보수 언론들의 잣대가 대단히 이중적이라면?

봄아, 그 빈부 격차가 어디에서 왔을까? 바로 개혁·개방 정책에서 왔다. 그런데 이 빈부 격차를 비난하는 보수 언론들은 대부분 개혁·개방에 끊임없이 찬사를 보내 왔다. 1978년, 그러니까 개혁·개방이 되기 전 중국의 지니계수는 0.32였다. 결국 지니계수가 치솟은 건 개혁·개방으로 자본주의가 들어왔기 때문이다. 이 기사들이 정말 중국의 실업률과 불평등을 걱정한 것이라면 그 원인인 자본주의를 탓하고 신자유주의를 경계해야 논리에 맞다. 지니계수와 실업률로 미루어 볼 수 있는 빈부 격차가 그렇게 심각한 문제라면 왜 지니계수가 0.1이 채 안 됐던 사회주의 중국은 혹독하게 비판했던 것일까? 빈부 격차가 그처럼 벌어지게 만든 자본주의 체제와 신자유주의에 대해서는 왜 관대할까?

2010년 중국의 지니계수는 0.66으로 보도되었다. 그때 보수 언론들은 이 지수를 보면 폭동이 일어날 판이라고 목소리를 높였다. 이건 그네들 단골 레퍼토리지. 그런데 이 통계는 중국의 한 대학 연구 기관의 발표였다. 중국 국가통계국의 발표는 0.49였다. 2007년 0.5까지 치솟았다가 해마다 조금씩 내려가고 있는 추세이다.

마오쩌둥 사후에도 덩샤오핑 사후에도 그리고 그 이후 집단지도체제가 다음 세대로 권력을 넘길 때마다 보수 언론은 중국에 금방이라도 무슨 일이 일어날 것처럼 보도해 왔다. 물론 이번에도 폭동은 일어나지 않았다. 심지어 2012년에는 지니계수가 미국과 얼추 엇비슷한 수준으로 내려왔지. 폭동은커녕 중국 공산당이 지니계수를 잘 통제하고 있다는 게 드러난 거다. 언론은 조용하다.

진보 언론은 나름대로 논리적 일관성은 있더구나. 자본주의 체제의 한계와 신자유주의의 문제점을 극복하는 데 줄곧 많은 노력을 기울여 왔으니까. 그런데 그들이 뭘 놓치고 있는지 아니? 가장 비판적인 태도가 가장 진보적이지는 않다는 거다. 자본주의로 나아가는 것도 문제고, 신자유주의가 휩쓰는 것도 문제고, 중국이 점점 강성한 나라가 되어 가는 것도 문제고, 민족주의도 문제라고 조목조목 비판만 하다 보면 중국과 더 나은 관계를 맺어 나가기 어렵다. 독자들은 이런 기사를, 과연 자본주의나 신자유주의의 한계가 중국에서 얼마나 큰 문제인지를 확인하는 기사로 읽을까? 이것도 나쁘고, 저것도 나쁘고, 뭐 하나 제대로인 것이 없는 나라로 여기도록 만드는 게 아닐까? 중국을 통째로 싸잡아 나쁜 중국이라는 분류함에 내다 버리게 하는 일이 아닐까?

현실에서 우리가 중국과 어떻게 더불어 살아가야 할까 세심하게 고민하지 않고, 이념적으로 진보적이기 위해서만 노력한다면 십중팔구 기자들은 중국의 잘못만 계속 취재하고, 꼬집게 될 거다. 그들도 우리가 쓰고 있는 이 다초점 다색깔 렌즈에서 그다지 자유롭지 않다. 그런 기사들은 독자들이 노란색, 빨간색, 검은색 렌즈를 계속 끼도록 만드는 데또다시 큰 기여를 하게 되겠지.

진보 언론이 끊임없이 '정치적으로 올바른' 태도만 취하는 한 그것은 결국 양비론에 머물기 십상이다. 보수 언론도 문제지만 중국도 문제다, 미국도 문제지만 중국도 문제다, 자본주의도 문제지만 중국식 자본주의도 문제다…… 양비론은 늘 이긴 놈 편이다. 그러다 보면 결국 보수 신문이 맨날 우려먹는 대로 '중국은 여전히 문제가 많은 나라', '언제 폭동이 일어나서 무너질지 모르는 나라'라는 인식이 넘쳐 날 테고, 미국 부통령 조 바이든이라는 자가 이 땅에 와서 "미국의 반대편에 서는 것은 좋지 않은 선택이 될 것이다."라며 공개적으로 협박을 해도 별 분노도 의문도 없이 그래, 중국보다야 미국이 더 낫지, 하고 생각하는 사람들이 더 늘어날 것이다.

중국을 보는 눈은 진보와 보수가 왜 이렇게 닮은꼴일까? 이건 우리 중국 인식이 지나온 질곡 때문이다. 불행히도 우리에게는 근대 이후 중국을 제대로 볼 기회가 단 한 번도 없었다.

봄아. 아빠가 너한테 중국 이야기를 한다고 했을 때 너는 무엇을 떠올렸니. 〈삼국지〉? 〈수호지〉? 하기야, 아마도 우리가 중국 사람보다도 〈삼국지〉나 〈수호지〉를 더 많이 읽고 인용할 게다. 〈삼국지〉만 하더라도 내가 어릴 적 좋아했던 고우영 〈삼국지〉부터 황석영 〈삼국지〉까지 다 꼽기도 힘들만큼 다양한 판본이 있다. 이 나라 정치가나 사업가들도 그 책의 어느 한 구절쯤은 외워 뒀다가 중요할 때 써먹고는 하지.

왜 중국의 고대 역사 소설이 한국에서 오늘날까지 꾸준히 영향을 끼치고 선풍적인 인기몰이를 하는 걸까? 물론 지난 5천 년 동안 우리와 중국이 떼려야 뗄 수 없는 관계를 이어 온 데다가, 등장인물들이 대단히 우화적이라는 것, 또 어떤 이야기보다 흥미진진하고, 오래전부터 구전되어 와서 친숙하기 때문이겠지.

그래도 참 이상하다. 중국은 이미, 사회주의 국가를 내세운 이래 자본주의 세계 체제의 버금 국가로까지 떠올랐다. 이른바 '신중국'을 건설한 것이다. 그런데 왜 우리는 고릿적 이야기만 주야장천 읽고 있을까? 아무리 주옥 같은 고전이라 해도 그것이 지금 우리와 함께 살아가고 있는 중국을 파악하는 것보다 더 중요한 것일까? 당장이라도 텔레비전을 틀어 봐라. 중국 영화나 드라마를 방영하는 채널이 몇 개나 된다. 그런데 그 프로그램이란 게 대부분 무협 영화나 역사극을 벗어나지 않는다. 지금 우리가 중국에 두는 관심은 거의가 참 초현실적이다.

신중국 또한 참으로 재미있고 교훈적인 이야깃거리가 많다. '역사상 가장 부도덕한 전쟁'으로 불리는 아편전쟁을 한번 볼까. 1840년에 일어났지. 제국주의 국가 영국과 마지막 제국 중국의 싸움. 아편이라는 자극적인 소재. 서구와 동양, 문명과 미개, 대의제와 전제 왕조 간의 선과 악의 이분법적 대결. 흥미진진하지 않니? 딱 우리가 좋아할 만한 내용이다.

그럼 1899년에 일어나 1900년까지 이어진 의화단운동은? 중국 민중들이 역사의 전면에 등장한 사건. "제국주의도 전제 왕조도 다 싫어요. 우리는 우리 힘으로 우리의 믿음과 우리의 땅을 지킬래요. 신이 우리 몸에 들어와 우릴 지킬 겁니다."라며 삼지창 들고 대포와 맞선 사건. 주성치 영화 한 편은 나올 것 같지 않느냐.

대장정은 또 어떠니. 1934년 국민당의 포위 공격에 밀려 나서야 했던 중국 공산당의 그 긴 여정은 산티아고처럼 언젠가 많은 중국인들의 순례 길이 될 게다.

신해혁명, 문화대혁명, 개혁·개방……. 불과 한 세기 만에 수천 년 역사에 견줄 만한 극적인 일들이 벌어졌다. 임칙서, 쑨원, 마오쩌둥, 저우언라이, 덩샤오핑 같은 인물들은 또 어떠니. 그 캐릭터는 유비, 관우, 장비, 송강, 양산박 같은 이들에 견주어 뒤지질 않는다. 그런데 우리는 그들에 대해 아는 게 별로 없다.

강의실에서 메릴린 먼로와 마오쩌둥을 함께 그린 앤디 워홀의 그림을 보여 주고 "이 사람들이 누군지 아는 사람?" 하고 물어본 적이 있다. 대부분 먼로는 알더구나. 그런데 마오를 아는 학생은 별로 없었다. 마오쩌둥이라는 이름 정도를 알더라도 어디서 무슨 일을 한 사람인지 아는 사람은 더더욱 없더구나. 신중국을 대표하는 인물이 마오쩌둥일 텐데 얼마 전까지 그를 다룬 책이나 논문조차 이 나라에서는 찾아보기 쉽지 않았다. 마오쩌둥을 모르고서 현대 중국을 가늠하기란 불가능한 일인데도 말이다.

아, 그러고 보니 한국의 정치가들이나 언론이 약방의 감초처럼 써먹는 중국의 현대사가 하나 있기는 하다. 봄이 너도 들어 봤겠지. 문화대혁명 말이다. 사인방이나 홍위병의 폐해를 주로 들먹인다. 그들 얘기 속 중국은 늘 폭력적인 홍위병이 설치는 문화대혁명 같은 끔직한 재앙이나 일어나는 나라다.

봄아. 아빠는 이 현상도 우리가 중국을 인식할 때 보이는 문제점을 가장 적나라하게 드러내는 지표 중에 하나라고 생각한다. 역사를 더듬어 보아도, 지리적으로도, 오늘날 우리와 맺고 있는 관계를 보더라도 중국은 관심을 두지 않을 수 없는 나라지만, 그 관심은 중국의 현실과는 철저히 동떨어진 채 고대 중국에 머물러 있다.

불과 최근까지 우리는 냉전이라는 이름 아래 동시대 중국을 바로 보지 못했다. 철저하게 빨갱이 신화에 갇혀 중국을 보았지. 지난 반세기 동안 중국이 하는 일은 모두 나쁜 일이었고, 중국 사람은 다 나쁜 사람들이었다. 그렇게 교육받았고, 그렇게 인식해 왔다. 그 정도가 얼마나 심했던지 리영희 선생은 《전환 시대의 논리》를 쓰고서 감옥살이를 하셔야 했지. 위대한 저서다만, 지금 읽어 보면 뭐 별것 없다. 특별히 붉은 깃발을 쳐들고 앞으로 나아가자, 그런 말을 하고 있는 것이 아니다. 그저 그들이 하는 일이 다 나쁜 것만 아니고, 그 사람들이 다 나쁜 사람 아닙니다, 그런 상식을 이야기한 책이다.

다행히 1992년에 수교를 맺으면서 겉으로는 적어도 중국과 벌이던 냉전을 끝냈다. 그런데 우리 마음속에서, 머릿속에서 정말로 냉전이 멈춘 것일까? 에드워드 사이드가 말한 것처럼 인식은 체제의 곁다리가 아니다. 인식은 인식대로 체제와 떨어져 존재하고 생존한다. 체제가 바뀌더라도 제대로 된 청산 과정을 거쳐야 잘못된 인식이 바로잡힐 수 있다는 얘기다. 하지만 우리는 지금껏 변변히 그래 본 적이 없지. 학계도 언론도 국가도 심지어 시민단체도 못 했다.

봄아. 그래서 무슨 일이 벌어졌는지 아니? 우리 인식 속에 중국은 제갈량이 살던 전근대와 거대한 상품 시장이 된 현대 중국만이 남게 되었다. 아편전쟁부터 사회주의 중국 시기는 우리 인식 속에서 뻥 뚫린 구멍이 되어 버린 셈이다. 그러다 보니 학자들조차도 전근대와 현재를 너무도 자연스럽게 연결 짓는다. 전근대적 중화주의와 조공 체제를 동북공정이랑 연결시킨 뒤에 중국을 중화 패권주의를 좇는 숨은 괴물로 순식간에 등장시켜 버리는 거지. 그러면 반식민지 시기와 사회주의 중국을 거치면서 중국이 전근대적 유산을 치열하게 청산해 온 과정은 온 데 간 데 없어져 버린다.

나쁜 유산을 제힘과 의지로 제대로 쓸어버리지 못하면 그 공간에는 자연스럽게 힘 있는 수입품이 자리 잡게 되어 있다. 냉전 시기 우리는 미국 발 사회주의 중국 붕괴론을 열심히 베껴 써먹었다. '사회주의는 나쁘고 그러니까 언젠가는 무너지고 말 거다.' 그런데 웬걸. 미국에서 나온 온갖 분석 틀이 내다본 대로 중국이 무너지기는커녕 오히려 미국과 견줄 만큼 커 버렸다. 이걸 어쩌나? 늘 이 지구는 우리 미국이 구해야 하는 거니까, 이번에는 뛰어난 중국학자들을 동원해 가지고 중국 위협론을 퍼뜨렸다. '중국은 너무너무 위험하다. 저대로 두면 큰일 난다.' 한국 학계가 그냥 있을 리가 없다. 중국 위협론을 직수입해 버렸다.

덕분에 참으로 신기한 일이 일어났지. 지금 한국에는 중국 붕괴론과 중국 위협론이 한꺼번에 떠돌아다닌다. 중국이 자기모순으로 무너질 거라는 논리와 중국이 너무 강해져서 이웃 나라들에게 큰 해를 끼칠 것이라는 논리가 어떻게 한집살이를 할 수 있는 걸까? 간단하다. 둘 다 중국은 나쁘다는 메시지가 담긴 얘기니 그럴 수밖에. 그 둘의 공통점은 세 가지 렌즈를 통해 보는 중국이라는 점이다.

그들에게는 냉전이 끝난 뒤 중국이 무너지지 않고 지금까지 도대체 어떻게 버텨 왔을까 하는 건 관심 밖이다. 하다못해 그들 뜻대로 중국을 홀라당 잡아먹으려 해도 그걸 알아야 할 텐데 말이다. 우리 사회에서는 중국에 대한 비난과 비판은 난무하지만 한 번도 중국이 지금까지 붕괴되지 않고 버텨 온 힘을 제대로 따져 본 적이 없다.

상품 시장으로만 중국을 보는 보수 신문들도, 비민주적이고도 불평등한 제국으로 우뚝 설 나라로 중국을 보는 진보 언론도 이제 중국을 버텨 온 긍정적인 힘에 진지하게 관심을 기울여야 할 때이다. 그래야 자신들이 바라는 것에 한 걸음 더 다가갈 수 있겠지.

봄아, 네가 미술 그만두고 한번 도전해 볼래?

일곱 번째 편지 /

'Made in USA' 중국은 가라

2013년 7월 6일, 우리 국적기 하나가 미국 샌프란시스코 공항에서 착륙하다 사고가 일어났다. 두 사람이 죽고 2백여 명이 다쳤지. 다음 날 종편 방송 중에 하나인 채널A가 뉴스 특보를 내보내면서 "중국인 두 명이 사망한 것으로 파악됐습니다. 우리 입장에서는 다행이라고 말할 수도 있을 것 같은데요." 하고 보도했다. 한국과 중국의 수많은 누리꾼들이 나서 이 말에 비난을 퍼부었고, 결국 외교부까지 중국에 사과하면서 사건은 일단락되었다.

봄아. 나는 이 사건을 여러 가지 측면에서 의미 있게 바라보았다. 우선 아빠는 이 사건을 결코 우연히 일어난 실수로 보지 않는다. 그 앵커의 발언이 이 나라 주류의 중국 인식과 괘를 같이하고 있기 때문이다. 너도 냉정하게 한번 돌아보아라. '한국인이 아니라 중국인이라서 다행이다.'라는 보도에 담긴 속뜻이 실제로 우리가 일상에서 중국을 인식하는 기본 틀이지 않니?

봄아. 그럼 오늘도 지난 번 이야기를 이어 가 보자. 여섯 번째 편지에서 아빠가 그랬지. 우리의 중국 인식 속에는 현대 중국이 빠져 있고, 현대 중국에 대해서는 사회주의 중국은 빨갱이 나라다, 이런 이미지만 남아 있다고 말이다. 오늘은 우리가 어떻게 주체적으로 현대 중국을 인식할 수 있을까 하는 이야기를 해 보려고 한다.

우리는 지금껏 내가 아니라, 어떤 주인님들이 바라는 특정한 주체성만 지닌 채 살아왔다. 한국인이라는 정체성도 그중에 하나지.

아빠는 한 학생과 잊을 수 없는 논쟁을 벌인 적이 있다. 1학년 1학기 전공 필수 강의였는데, 수강생들에게 동북아문화산업학부 학생이라는 주체성을 북돋우기 위한 토론 시간이었다. 나는 학생들에게 왜 이 학과에 들어왔는지 물었다. 조용하다. 교수 권한을 남용하기 시작한다. 출석부를 들고 한 녀석 이름을 불렀지. 쭈뼛거리다가 대답한다.

"한국 문화의 우수성을 세계에 알리기 위해서 들어왔습니다."

참 멋진 대답이다, 라고 격려해 주면 나도 인기 만점 교수가 될 수 있을 텐데. 그만 피식 웃고 말았다. 문화부 직원 같은 그 대답을 작년에도 이미 들었거든. 다시 물었다.

"세계로 알리고 싶을 만큼 우수한 한국 문화를 한번 대 볼래?"

예상대로 역시 대답이 없다. 이럴 땐 도발이 필요하다.

"그런 걸 단 하나라도 대는 학생한테는 무조건 A를 드리겠습니다."

갑자기 분주해진다. 하지만 서글프게도 또 대답이 없다. 이쯤 되면 석굴암 이야기가 나올 때가 됐는데 차라리 다행인가? 그래도 수업은 이어 가야 하니까 다시 출석부를 들고 한 학생을 지목한다. 용감한 학생이다.

바로 답이 튀어나온다.

"그걸 공부하려고 이 학과로 들어왔습니다!"

여기서 그만두면 이 수업은 개그 콘서트가 된다.

"미안합니다만 교수인 나는 지금 세계로 알릴 만한 한국 문화가 단 하나도 떠오르지 않는데 어떡하죠? 가르쳐 드릴 게 없어서 죄송한데요. 그런데 내가 묻고 싶은 건 왜 이렇게 많은 학생들이 나서서 굳이 그걸 세계에 알려야 하느냐 하는 겁니다."

그때였다. 한 학생이 분기탱천한 얼굴로 안중근 의사의 재판장을 만난 독립투사처럼 "선생님, 선생님도 한국인이신데 어떻게 그런 말씀을 하실 수 있으십니까!" 하고 격앙된 목소리로 외쳤다. 참신했다. 이 과목을 통과하지 못하면 졸업도 못 하는데 그 과목 성적 평가 전권을 쥐고 있는 교수한테 그 모든 것을 걸고 이렇게 덤비다니.

그렇지만 불행히도 그 학생과는 더 이상 토론을 이어 갈 수가 없었다. 이쯤 되면 민족주의도 거의 신앙 수준이니 거기다 대고 누가 가타부타 토를 단들 설득이 불가능하지. 차라리 토론을 거기서 멈춰야 했다. 가르쳐야 할 학생은 백 명이고, 그 학생의 민족주의는 당장 갱생 불가 수준인 데다가, 뭔가를 배우려는 자세도 보이지 않았다. 우리는 그냥 평행선을 그리고 말았다.

나는 이 학생이 굳건히 지니고 있던 배타적 민족주의를 그 앵커한테서도 보았다. 차이가 있다면 그 학생은 아직 우리 것에 대한 자부심이 넘치는 정도지만, 그 앵커는 우리만 괜찮거나 이익이 된다면 남은 어떻게 되어도 상관없다는 수준까지 나갔다는 거다. 넘치는 자부심이 자신과 자신이 속한 집단의 이익과 얽히는 순간, 이 학생도 자칫하면 그 앵커 꼴이 되기 쉽겠지. 나만 괜찮다면 다른 사람은 어떻게 되어도 상관없다는 이기주의. 우리 국민만 괜찮다면 다른 국민은 어떻게 되어도 상관없다는 배타적 민족주의. 나만 살 수 있다면 다른 사람은 죽든 말든 상관없다는 비인간성.

채널A 앵커의 발언이 무서운 것은 그가 보이는 배타적 민족주의가 심각하게 도를 넘었기 때문이다. 생명조차도 국익이나 사익 아래에 아무렇지 않게 놓았다. 다른 사람은 죽어도 나만 괜찮으면 별 상관없다는 생각. 그 밑에는 비정한 자본주의 사회에서 살아오면서 차곡차곡 다져진 비인간성이 똬리를 틀고 있다.

봄아. 네가 보기에는 내가 한마디 말실수를 너무 부풀리는 것 같을 수도 있겠다만, 지위와 직책이라는 것이 그리 간단한 문제가 아니다. 그는 한 방송국의 앵커였다. 아나운서들은 맞춤법 하나에 이르기까지 정제된 언어를 쓰도록 훈련받는다. 앵커란 그중에서도 가장 잘 훈련된 사람이다. 우리가 일본 정치가들의 야스쿠니 신사 참배에 과민하게 반응하는 건 그 몇몇이 일본 정치인들 대부분의 숨은 정서와 인식을 드러내고 있다고 여기기 때문이지. 나도 이 앵커의 발언이 우리 속에 숨어 있는 정서와 인식이 드러난 것이라고 본단다.

아빠가 궁금한 건 죽은 두 사람이 미국인이었다면 앵커가 그런 말을 했을까 하는 거다. 과문한 탓인지 모르지만 일본에서 후쿠시마 핵 발전소가 터져 인명 피해가 났을 때, 죽은 사람이 한국인이 아니어서 참 다행입니다, 하는 보도 따위 본 적이 없다. 그렇다면, 이번에는 중국인이라서 그런 표현이 너무도 쉽게 나온 것 아닐까?

중국인도 사람이다. 그런데 우리는 자주 사람 취급을 안 한다. 그저 시끄러운 존재, 더러운 존재, 미친 듯이 쇼핑만 하는 존재, 언젠가 우리 땅을 삼킬 존재, 우리 물건을 팔아먹어야 할 존재, 도저히 말이 안 통하는 존재, 상대할 값어치가 없는 존재, 문제투성이인 존재, 안 그래도 13억이나 되니까 얼마쯤은 죽어도 되는 존재, 아니 이 지구를 위해서 좀 죽어 주어야 하는 존재들로 여긴다.

우리는 왜 중국인들을 같은 인간으로 보지 않을까? 우리는 왜 중국인들과 좋은 이웃이 되겠다는 생각 따윈 하지 않을까? 우리는 왜 중국의 좋은 점은 보지 않을까? 우리는 왜 늘 이래저래 중국 신세를 지며 살아가고 있으면서도 그들을 깔보고 무시할까?

우리의 정체성은 여러 가지이다.

우리는 한국인이다. 그러나 사람이기도 하다.

자본주의 체제에 살고 있다. 그러나 더불어 행복한 삶을 살고 싶어 하는 생명체이기도 하다.

우리 부모의 자식이다. 그러나 다른 부모의 이웃이기도 하다.

앵글로·색슨 족이 이끄는 미국과 친하다. 그러나 황인종이기도 하다.

늘 위험한 중국의 그늘에 있다. 그러나 가장 가까운 이웃 나라이기도 하다.

이렇게 복합적인 정체성을 지녔으면서도 왜 유독 중국에게는 적대적이고도 배타적인 태도로 일관하는 것일까? 왜 우리는 중국인을 사람으로, 이웃으로, 같은 황인종으로 보려 하지 않을까?

거기에는 우리의 슬픈 근대사가 숨어 있다. 일제의 식민 지배는 우리가 우리식으로 근대국가 중국을 인식할 수 있는 기회를 빼앗았다. 덕분에 우리에게 중국은 조공·책봉 체제 안에서 한반도에 조공을 강요하던 대국으로 여전히 머무르게 되었지. 그 사이 중국은 반식민지 시대를 넘어 제힘으로 해방을 이뤄 냈지만, 우리에게 그런 중국은 철저하게 없는 것이나 다름없었다.

우리도 그 무렵 식민 지배를 벗어났지만 그 상처를 깨끗이 치유하고 씻어 낸 것은 아니었다. 그 와중에 또 냉전 시대를 맞았다. 냉전 시기 우리에게 중국은 오직 '빨갱이' 나라 중에 하나였을 뿐이다. 중국은 생겨나서는 안 되는 사회주의 국가였고, 인해전술로 밀고 내려와 북조선을 돕는 바람에 우리가 자유민주주의로 통일을 할 수 있는 기회를 앗아간 적성국이었다. 중국과 다시 수교를 맺으면서도 우리는 한 번도 우리가 그려 온 그런 중국의 모습이 정말로 옳은 것이었는지 따져 본 적이 없다. 경제에 이득이 된다니까 어쩔 수 없이 수교를 하기는 했지만, 그런 중국 인식을 버린 것이 아니다. 우리에게 중국은 여전히 악의 축인 북한을 돕고, 우리 경제를 위협하고, 호시탐탐 우리 영토를 노리는 나라다.

전근대적 중국관과 냉전적 중국관이 왜 지금껏 뒤섞인 채 바뀌지 않고 있을까? 이것은 우리의 신식민주의와 관련이 있다. 우리는 학문도 인식도 미국 똘마니인 채 아직도 독립을 이루어 내지 못했다. 지금도 미국과 똑같은 시각으로 중국을 바라보고 있지 않니. 우리는 서양의 제도만 수입한 것이 아니었다. 근대적 인식도 어지간히 다 들여왔고, 별 비판 없이 받아들였다. 중국을 바라보는 눈도 마찬가지이다.

대통령은 국민이 직접 뽑아야 하고, 다당제는 기본이고, 삼권분립이 되어 있어야 최고로 민주적인 의사 결정이 이루어질 수 있고, 언론이 형식적으로라도 정당이나 정부로부터 독립되어 있어야 여론을 반영할 수 있다고 여긴다. 미국식 대의민주주의만이 민주주의라고 굳게 믿고 있지. 그렇지 않을 때는 몽땅 비민주적이라고 몰아붙인다. 그런 눈으로 보면 중국이 취하고 있는 집단지도체제는 당연히 밀실 정치이고, 일당은 독재일 수밖에 없다. 그러니 중국은 비민주적인 나라고, 누군가 밝은 곳으로 끌어내야 하는 국가가 되는 거지.

봄아. 지금도 우리가 보는 중국은 한없이 비틀린 모양새다. 미국이 제 필요에 따라 중국이 무너져야 한다고 주장하면 당연히 우리도 그래야 한다고 생각한다. 그런데 우리는, 중국이랑 태평양을 사이에 두고 멀리 떨어져 있는 미국하고는 형편이 다르다. 중국이 쪼개져 있을 때 한반도가 평화로웠던 적이 거의 없다. 하지만 그런 역사에는 다들 별 관심이 없다. 미국이, 중국이 군비를 늘리고 있어서 위험하다고 하면 우리도 그렇게 생각한다.

미국 처지에서야 아시아의 패권을 지키는 데 위협이 되겠지. 그런데 그게 우리도 그렇게 박자 맞춰 가며 호들갑 떨 일일까? 그런 걸 따져 보지도 않고 덩달아 중국이 위험하다고 외치며 군비 확장에 열을 올린다. 중국은 이미 1970년대부터 우리가 결코 따라잡을 수 없는 군사 강국이었다. 핵탄두가 250개도 넘는 나라의 군사적 위협을 견제한다고 이제와 신형 전투기나 항공모함을 사들여 본들 대비가 될까? 그것이 대체 우리에게 무슨 새삼스러운 위협일까?

우리가 노란 렌즈와 빨간 렌즈를 벗고 우리 처지에서 우리 눈으로 한 번이라도 중국을 바라보기도 전에 중국은 그럴싸한 돈벌이 대상이 되어 버렸다. 냉전을 넘어 중국과 수교한 것조차 이웃과 더 이상 맞서기 싫어서가 아니다. 북녘과 더 이상 전시 상태를 끌고 가는 것이 백해무익하다고 보아서도 아니다. 환경문제를 비롯해 중국과 머리를 맞대면 해결할 수 있는 많은 문제들을 풀기 위해서도 아니다. 오직 돈을 벌기 위해서지. 더 이상 중국 시장을 외면하고서는 자본주의 체제에서 살아남기 어렵게 되었기 때문이다.

이제 우리는 다시 검은 렌즈를 끼고 중국을 말하기 시작했다. 그 땅에 들어가 돈벌이를 할 수 있게 된 지금은 '언젠가는 우리의 시장을 싹 먹어 치울 공룡', 중국을 만들어 내고 있다. 흑자는 잠깐이다, 중국이 곧 우리를 경제 속국으로 만들 거다, 북한도 나중에는 집어삼킬지 모를 호랑이로 깨어나고 있다, 하는 논리.

그런데 중국이 북한을 굳이 자기네 땅에 편입시킬 이유가 있을까? 하기야 그런 검토는 할 필요가 없다. 우리 머릿속에서 이미 중국은 그런 나라거든. 상상과 날조가 현실을 뒤덮고 있는 셈이다.

봄아. 그래도 아빠는 샌프란시스코 비행기 사고를 보도하던 채널A 앵커의 발언을 둘러싼 파장을 지켜보면서 희망을 얻었단다. 한국 누리꾼들이 보여 준 참 멋진 반응들 때문이다. 중국인도 사람이다, 사람이 죽었는데 이렇게 말할 수 있느냐, 한국 사람만 사람이냐, 네가 사람이냐, 그렇게 되묻는 이들이 많더구나. 덕분에 이 땅에도 아직 사람다움을 잃지 않은 사람들이 제법 있구나, 여기도 사람이 살 만한 곳이구나, 생각하게 되었다.

우리가 제대로 된 주체성을 세우게 된다면 이런 사람들이 더 늘어날 거다. 한국인이라는 정체성보다 같은 사람이라는 정체성을 더 소중히 하는 사람. 이웃과 등을 돌린 채 지내기보다 친구가 되고자 마음을 쓰는 사람. '미국은 그렇게 생각하라 그래. 우린 그래도 총칼 더 사지 않을 거야.' 그렇게 생각하는 사람들이 중국을 말하기 시작할 때 우리의 일그러진 중국관은 조금씩 바로 설 수 있을 것이다. 뒤섞인 정체성이 서로 부딪힐 때 남에게 피해를 덜 입히는 것부터 지키고자 하는 그런 주체성을 가진 사람. 이 책이 단 한 명이라도 그런 사람을 만드는 데 보탬이 될 수 있다면 좋겠다.

중국을 볼 때
알아야 할 것들

여덟 번째 편지 / 네 세계관으로 중국을 봐야 한다

봄아. 중국에 대해 뭔가를 판단하기 전에 한 번쯤은 그런 판단을 나에게 주입해 주시는 주인님은 안 계신가 의심해 보아야 한다. 우리가 물건을 살 때도 그걸 누가 어디서 만들었는지 먼저 확인하지 않니. 한국인들 주특기지. 물건을 살 때면 그야말로 목숨을 건다고 비아냥을 들을 만큼 누가 만들었는지 관심 있게 따지는 사람들이 많다. 명품 열풍을 봐라.

그런데 의외로 가장 중요한 것, 자기 생각이 어떻게 만들어지고 있는지에는 별 관심이 없다. 컴퓨터도 알 수 없는 정보가 들어오면 이놈이 나쁜 놈인지 아닌지, 이놈 자체는 나쁘지는 않지만 몰래 나쁜 놈을 달고 들어오지는 않는지 늘 살핀다. 하지만 사람들은 대개, 컴퓨터조차 맨날 하는 이 점검에 상당히 소홀하지. 내 생각에 들어오는 것이 무엇인지, 누가 보냈는지, 이것들이 내 삶에 어떤 영향을 미칠지 별로 궁금해하지 않는다. 그러다 보니 사람들 생각이 공장에서 찍어 내기라도 한 것처럼 꼭 닮아 간다. 참 주인님들 살기 편한 세상이 열려 간다.

아빠는 요즈음 학생들 이름 외우기가 무척이나 힘들다. 내 기억력이 시들해진 탓도 있고, 성형술과 화장술 신세를 두루 진 아이들이 늘어나 얼굴이나 인상이 엇비슷해진 탓도 있다. 그러나 가장 중요한 이유는 무엇보다 말과 행동에 별다른 개성이 없기 때문이다. 모두 참 비슷비슷 거기서 거기여서 이놈이 그놈 같다.

왜 그럴까? 사람은 생각하는 동물이라 했는데, 왜 자기 생각의 틀에 관심이 없을까? 생각하는 틀이 곧 주체란다. 그렇다면 봄아. 이건 주체의 꼴에 별 관심이 없다는 얘기다. 사회적으로 그렇게 길들여져 왔으니 그럴 수밖에 없을 거다. 사지선다에 매여, 늘 정답 찾기에 골몰하다 보니 우리는 누군가가 마련해 놓은 길을 가는 데 아주 익숙하다. 혼자 뛸 해 볼 생각도 잘 못 한다. 밥도 우르르 먹고, 수업도 우르르 듣고, 여행도 우르르 몰려다닌다. 그런 것이야 뭐 어떻겠냐만 정작 큰 문제는 생각조차 그렇게 한다는 거다.

"이걸 어떻게 생각하니?" 하고 질문을 던지면 학생들이 가장 먼저 뭘 하는지 아니? 선생이 뭘 정답이라 생각하는지 열심히 찾는다. 그게 파악될 때까지 내 의도를 요리조리 떠본다. 소위 명문대생이라는 아이들은 그걸 눈치 빠르게 잘 해내지. 선생 생각 말고 네 생각이 뭐냐고 물으면 대부분의 아이들이 막막해한다. 그럴 때는 보통 옆 친구 얼굴을 쳐다본다. 그 앤들 자기 생각이 있겠나. 그러니 갈림길에 설 때마다 부모 눈치를 보고, 다른 사람은 어떻게 하나 살피고, 심지어 네이버한테 물어본다.

내 생각. 그런 것이 없다. 주체성이 없으니 당연한 거다. 주체성은 세계관 없이 결코 세울 수 없다. 바꿔 말하면 중국을 제대로 된 눈으로 보려면 이 주체성이 없이는 불가능하다는 얘기다. 아무리 애를 써 본들 결국 다른 사람한테 휘둘릴 수밖에 없다.

학생들에게 자신이 누구인지 소개해 보라고 할 때가 있다. 대부분은 남들 하는 대로 한다. 한 번은 50명 남짓한 학생들이 모두 학번과 이름을 대는 것으로 자기소개를 마친 적도 있다. 중간에 핀잔을 주면 좀 바뀐다만 그래 봤자 썩 새롭지는 않다.

재미있는 점은 많은 아이들이 자신이 욕망을 하는 것이 자신인 줄 알고 있다는 거다. "저는 예쁜 여자 친구가 있었으면 좋겠습니다." 흥, 내가 예쁜 여자라면 절대로 저 친구하고는 사귀지 않겠다.

어떤 학생은 취향을 말하기도 한다. "저는 푸른색을 좋아합니다." 그건 나도 그렇다, 임마.

더 많은 아이들은 저희들 미팅 나갔을 때나 하는 호구 조사를 내가 하는 줄 알고 답한다. 어느 고등학교를 졸업했고, 어디 살고, 재수를 했고, 뭐 그런 얘기. 내가 무슨 동사무소 직원도 아니고, 그 정도는 학생 기록부 보면 나도 다 안다. 젠장.

학생들하고 모꼬지를 가 보면 요즘 아이들은 참 잘 논다. 아빠가 대학 다닐 때는 누구 생각이 옳은지 치고받느라 목이 쉬었는데, 요즘 학생들은 게임을 하느라 목이 쉰다. 부럽더구나. 그때는 참 한 번이라도 그렇게 마음 놓고 놀아 보고 싶었다. 선배들이 매판 자본이니 독재 타도니 하면서 꺼내는 어려운 이야기에 짓눌려 꼬박 밤을 새곤 했다. 참 해 보고 싶었다. 저렇게 한 번쯤은 마음 편히 "우리 친구 아이가!" 하면서 놀고 싶었다.

그런데 좁은 방에서 한 무리가 게임을 시작하면 다른 무리는 게임이나 술 마시는 일 말고는 할 수 있는 일이 없다. 어찌나 시끄러운지 이야기 같은 건 시도조차 할 수 없다.

가끔은 견디다 못해 교수의 권력을 이용해 게임 할 사람들은 다른 방으로 몰고 이야기를 꺼내 본다.

"얘들아, 너희들은 본인이 어떤 사람이라 생각하니?"

분위기가 싸해진다. '뭘 그딴 걸 술맛 버리게 묻고 그래.' 대개 표정이 그렇다. 한두 명은 슬금슬금 게임 방으로 도망가기도 한다. 그럴 땐 녀석들 자존심을 슬쩍 건드리지. "야, 유치원 아이들도 다 할 수 있는 대답을 여기 있는 놈들 중에 할 수 있는 놈이 하나도 없냐?" 하고. 이쯤 되면 '어라, 한번 해 보자는데?' 하며 호기심을 보이는 아이들이 있다. 그러면 묻지.

"너는 어떤 아이니? 한번 말해 볼래?"

봄아, 이런 질문을 받으면 너는 무슨 이야기를 맨 먼저 하니?

우리 학생들은 맨 먼저 주로 취미를 댄다. "저는 영화 보는 거랑 여행을 좋아해요.", "저는 게임을 좋아합니다." 참고로 말하면 우리 학생들 90%는 취미가 영화 보기 아니면 여행이란다.

그 다음은 취향을 말한다. 저는 바다를 좋아해요.", "저는 친구들이랑 술 마시는 걸 좋아합니다."

마지막에는 주로 장래 희망을 들지. "중국 관련 무역 일을 하고 싶어요.", "취직해서 돈 벌면 유럽 여행을 하고 싶어요."

이 범주를 벗어나는 학생은 참 드물다. 그러면 아빠는 일부러 이렇게 빈정거린다.

"미안하지만 나는 여러분들 이야기를 듣고도 여러분이 어떤 사람인지 잘 모르겠어요. 작년에 여기 있던 학생들도, 그 이전 학생들도 오늘 여러분이 자기라고 소개한 그 소개를 했거든요. 혹시 쌍둥이세요?"

학생들은 쑥스러워하지만 무슨 이야기를 해야 할지 모르니 난감해한다. 그때 아빠가 나선다.

"나는 여러분들이 어떤 사람인지 가장 빨리 알 수 있는 비결을 가지고 있답니다. 그게 뭔지 혹시 짐작하는 학생 있나요?"

조용하다. 아, 익숙한 분위기.

봄아. 너는 아빠가 그 학생이 어떤 사람인지 알기 위해 가장 먼저 하는 질문이 뭔 줄 아니? "아버지가 뭐 하는 분이시니?" 하고 묻는단다. 아, 나도 안다. 그게 교양 있는 사람이라면 꺼내서는 안 되는 질문이라는 것쯤. 그런데 왜 그렇게 물으면 안 되는 걸까? 그건 한국 사회에서 상대방의 삶에 대해 참으로 많은 것을 가늠할 수 있게 하는 질문이기 때문이다.

사실 이 질문이 한국 사회에서 누구의 정체성을 파악하는 데 무척이나 중요하다는 사실은 유치원 아이들도 잘 안다. "어디 사니?", "어느 아파트 몇 호에 사니?" 꼬마 애들도 안다. 거긴 어떤 계층의 사람들이 사는지를. 그 아파트는 몇 평이고 어떤 형편의 사람들이 모여 사는지를.

그런데 유치원 아이들도 하는 이 자연스럽고 현실적인 질문을 자라면서 더는 못 하게 막고 있는 거다. 계층과 계급을 가르는 질문이라나. 그렇게 교육받아 왔다. 그런데 말 안 한다고 모르나? 말 못 하게 한다고 계급이 없어지고 계층이 사라지나?

그래서 나는 내 학생이 어떤 아이인지 알고 싶을 때 그 아이 부모가 어떤 일을 하는지 묻는다. 어떤 학생은 사생활이니 말하지 않겠다 하고, 어떤 학생은 부끄러워서 말을 못 하기도 한다. 여러 사람 앞에서 있는 그대로 아버지 직업을 털어놓는 학생도 없거니와 말했다가는 한동안 적잖이 후탈에 시달려야 한다. 부모가 돈을 잘 번다면 잘난 척한다고 오해받고, 잘 못 번다면 주책스럽다고 힐난을 받는다. 그건 결코 드러내지 말아야 할, 은밀히 유통되어야 할 비밀인 거다.

나라고 처음 보는 자리에서 그런 얘길 주저리주저리 늘어놓는 '오버'를 하자는 게 아니다. 다만 사적인 영역으로 숨어 버렸다고 해서 '부모의 직업'이란 게 중요하지 않은 대한민국이 된 것도 아니고, 거기서 자유로운 청춘이 된 것도 아니라는 것쯤은 알아야 한다는 얘기다. 대한민국은 점점 철옹성 같은 계급사회가 되어 가고 있다. 2013년 입시 결과를 보니 일반고 출신 서울대 정시 합격자 중에 70% 이상이 강남 3구에 산다더구나. 어느 순간부터 숨기기 시작한 것이 이제 눈 가리고 아웅이 되어 버렸다.

봄아. 그럼 비틀린 중국관을 바로 세우자면 무엇을 해야 할까? 내 눈, 그러니까 주체적인 세계관으로 중국을 보기 시작해야 한다. 그것이 없으면 주인님들이 다 해먹는다.

누구든 자기 가치관에 기대어 세계를 본다. 우리는 저마다 자기 가치관대로 중국을 봐 왔다. 그렇다면 우리가 그리는 중국의 모습이 그렇게 엉터리가 된 데에는 가치관에 문제가 있을 가능성이 높다. 중국을 바로 볼 수 있는 건강한 가치관을 다시 세우는 것. 나는 그것을 '주체적인 세계관으로 중국 보기'라고 이름 짓겠다.

'주체적인 세계관'으로 중국을 보자면 우선 내가 주체적 세계관을 지녀야 한다. 그러자면 첫째로 '나'라는 사람을 이루고 있는 복잡하고 다양한 정체성을 파악해야 한다. 둘째 그 정체성 별로 어떤 권리와 의무가 있나 알아본 다음 그것을 해내겠다는 의지를 다져야 한다. 이것이 정체성을 내 것으로 받아들이는 과정이다. 마지막으로는 서로 다른 정체성들이 충돌할 때 어떤 가치를 먼저 배려할 것인지 정해야 한다. 그것이 바로 세계관을 확립하는 일이다.

봄아. 눈치챘을지 모르지만 '주체적 세계관'을 지니기 위해서는 먼저 '나'와 '우리' 사이의 관계를 제대로 세우는 것이 필요하다. 주체적인 세계관이란 결국 내 형편과 가치관에 따라 남을, 다른 사물을 바라보는 것이다. 그러니 내 친구 경호가 중국을 보는 눈이랑 내 눈이 꼭 같을 수는 없는 일이다. 나아가 이 나라 온 국민이 닮은꼴일 수는 더욱 없는 거다. 결국 대한민국 국민이 비슷한 눈으로 중국을 바라본다면 그건 자기 눈으로 중국을 보는 것이 아니라 국가권력이나 힘 있는 자들이 짜 놓은 틀에 매인 것이기가 십상이다.

봄아. 한번 잘 생각해 보거라. 우리는 자주 국익을 위해 어떤 일을 해야 한다고 강요받거나 설득당한다. 그런데 모두에게 이익이 되는 일이 얼마나 있겠니?

수업 시간에 학생들에게 이런 얘기를 더러 한다.

"누구 우리나라에 사는 모두에게 이익이 되는 일을 단 하나라도 말하는 사람은 A+를 드리겠습니다."

부끄럽다, 봄아. 때로 강단에 서 있다 보면 내가 약장수처럼 느껴질 때가 많다. 라디오 방송들은 청취율을 조금이라도 높여 보겠다고 온갖 선물을 뿌리지 않냐. 방송 자체의 재미보다야 못하겠지만 참여율을 높이는 데는 쓸 만한 방법이지. 나도 배웠다. 상대방이 가장 원하는 것을 미끼로 내거는 것. 그거야말로 손님 끄는 데 최고지. 요즘 대학생들한테 성적만 한 것이 어디 있겠니. 암.

나도 가장 자본주의 국가다운 나라 대한민국에서 살아남아야지. 그런 미끼도 없으면 쟤들은 졸고 자고 떠든다. 저 아이들이 이 힘든 체제 속에서 버틸 힘을 내 강의에서 쥐꼬리만큼이라도 얻어 갈 수 있다면, 암. 하고 정당화하며 오늘도 미끼를 뿌린다.

그리고 나도 혼자 열심히 풀어 본다. 저 녀석들이 전혀 생각 못 하고 있는 그럴싸한 대답이 뭐가 있을까 하고. 열심히 참여하라고 해 본 소리야, 그리고 넘어갈 수는 없잖아.

뭐가 있을까? 의외로 쉽다. 내가 바라는 것 중에 가장 남한테 피해가 안 가는 일을 고르면 된다. 예를 들면, 봄날에 황사가 안 생기게 하는 일. 누군가 손들고 이런 대답을 한다면 아빠는 난감해질 수밖에 없다. 물론 공기청정기 사업을 하는 사람 같은 예를 대면서 틀렸다고 우길 수는 있겠지만 그건 너무 궁색하다.

그런데 신기하게도 그런 얘기는 나오지 않는다. 대신 내가 원하는 것 중에서 더 큰 이익이 되는 일을 꼽지. 대한민국 교육 만세.

중국과 관련된 이야기만 한번 간추려 보자.

"휴대전화를 중국 시장에서 가장 많이 파는 거요.", "중국보다 군사 대국이 되는 것이요.", "만주 지역을 우리 땅으로 만드는 것이요.", 뭐 그런 대답을 한다.

"휴대전화가 중국 시장에 많이 팔리면 본인에게 어떤 도움이 되죠?"

다시 질문을 던진다. 대개 그런 대답을 한 학생은 그 다음 대답이 막막하다. "취업할 기회가 늘어납니다." 다른 학생이 지원 사격해 준다.

"여러분은 휴대전화하고 별로 상관없는 학과잖아요."

갑자기 당황하는 눈치다. 그다지 꼼꼼하게 고민해 본 아이들이 아니거든. 바로 내 승리로 끝난다. 역공 들어간다.

"혹시 우리나라가 사고자 하는 전투기 한 대 값이면 우리 학교 학생 전부 등록금 면제가 가능한 거 아세요?"

아무 고민 없이 절체절명이라고 여겨 온 국익이라는 것이 누군가 누려야 했을 권리를 빼앗은 결과일 수 있다는 생각은 해 본 적이 없다. 침묵한다.

"중국과 전쟁을 하지 않고 만주 지역을 가져올 수 있을까요?"

또 침묵한다. 우리 학생들이 자주 쓰는 다용도 자구책이다. 참 충성스런 국민이다. 교과서를 잘도 외워 왔지. 외운 자들은 "왜?"라는 질문에 맥없이 무너진다. 머리로 외운 거지 현실에서 검증한 것이 아니기 때문이다.

"유엔에 가서 만주 땅은 우리 땅이라고 호소하면 유엔이 우리한테 줄까요?"

이왕 내친 김에 한 번 더 질러 보자.

"여러분은 만주 땅이 우리 땅이라는 증거를 하나라도 가지고 계세요?"

여기까지 오면 이제 침묵의 바다다. 그런 주장을 하려거든 공부라도 좀 하지. 참 싱거운 논쟁이다. 하지만 마음은 참 무거워지는 논쟁.

대부분은 자신이 지닌 다양한 정체성 중에서 어떤 것만을 '자기'라고 여긴다. 대개 누구의 아들딸로서의 정체성이나 대한민국 국민으로서의 정체성이 도드라지게 발달했지. 요즘 많은 학생들의 꿈이 취업이다. 취업해서 뭐 할 거냐고 물으면 열에 아홉은 부모님께 효도한단다. 자신이 지닌 여러 정체성이 서로 내 안에서 부딪칠 때, 그것을 어떤 순서로 줄 세울 것인가 가늠할 수 있는 가치가 있어야 올바른 세계관을 세울 수 있다. 그게 허술하면 그 틈에 꼭 주인님들이 끼어들거든. 돈 잘 버는 사람들은 돈이 더 잘 벌리는 쪽으로 생각을 정리할 거다. 효자는 부모님 좋은 쪽으로, 애국자는 국가에 더 이로운 쪽으로 정리할 테지.

그 자체로 나쁠 이유는 없다. 재벌 회장님들의 아들 사랑인들 뭐가 그렇게 문제겠니. 그런데 그것이 탈법과 위법을 동원한다면 양상이 완전히 달라진다. 그 회장님도 대한민국 국민의 한 사람이고, 좀 더 많은 월급이 필요한 수많은 직원들의 상사이기도 하거든. 아버지로서의 정체성은 이 서로 다른 처지들과 부딪힐 수밖에 없다. 그럴 때 어떤 선택을 할 것인가 결정할 수 있는 올바른 세계관을 어떻게 세울 수 있을까? 다른 사람에게 피해가 덜 가는 정체성을 앞으로 내세우는 가치관을 세우면 된다.

반값 등록금을 한번 보자. 우선 너는 찬성이니 반대니. 이제 졸업했으니 너랑 별로 상관없니? 국가가 가난한 예술가 돕기 사업이나 해 주면 좋겠다 싶니? 그렇다면 우선 네 생각은 노동자라는 정체성이 없다는 점에서 큰 문제다. 돈이 없이는 사람대접 받기 힘든 자본주의 사회에서 돈 없이 세상을 살아야 하는 사람들, 그러니까 너와 꼭 같은 처지에 있는 사람들이 바로 노동자다. 내가 볼 때는 이게 지금 너의 가장 중요한 주체성이 되어야 한다.

봄아. 아빠 역시 노동자란다. 교수가 무슨 노동자냐고 따지는 사람이 많다만 나는 일하지 않으면 내일 당장 굶을 수밖에 없다. 노동을 팔아 먹고산다. 노동자가 못 배우고, 힘들게 몸 쓰는 일이나 한다는 생각은 지극히 잘못된 편견일 뿐이다. 그런 편견 때문에 나는 내가 노동자인데도 노동자라는 정체성을 세우기까지 거의 30년이 걸렸다. 너는 아빠보다 똑똑하니 그런 어리석은 편견은 일찍이 떨쳐 버리거라.

나더러 대한민국에서 가장 주체적으로 사고하고 행동하는 사람들을 들라면 강남 3구에 사는 주민들을 꼽겠다. 참 똑똑한 사람들이지. 어떤 것이 가장 중요한 이해관계가 걸린 문제인지 기가 막히게 잘 파악하고 있는 데다가, 어떤 정당이 그 이해관계를 잘 대변해 줄 것인지도 잘 안다.

왜 그들은 그렇게 똑똑할까? 주체 의식이 제대로 서 있기 때문이다. 주체 의식을 굳게 세우자면 먼저 자기 존재를 결정하는 데 가장 영향을 미치는 것이 뭔지 알아야 한다. 부모 재산만큼 대한민국 사회에서 큰 영향을 미치는 것이 또 있을까? 그 사람들은 그것이 한국 사회에서 어떤 의미를 지니는지 누구보다 잘 안다. 주체 의식의 바탕에는 계급이나 계층 의식이 있다. 강남 사람들한테는 그것이 제대로 자리 잡고 있다. 자신이 어떤 계급에 속하고, 어떤 사람에게 투표하는 것이 이로운지, 어떤 정책을 지지해야 하는지도 잘 안다. 이젠 한데 뭉치는 일마저 아주 잘하지. 서울 시청 앞 광장은 이제 진보 집단보다 그 사람들 대변자들이 더 자주 이용하더라.

우리 학생들은 대부분 하위 계층이다. 아버지가 조그마한 아파트라도 하나 물려줄 수 있는 학생은 극히 적다. 대한민국은 이제 교육마저 철저히 세습되는 사회가 되었다. 그런데 문제는 많은 하위 계층 학생들은 자기 아버지가 가난하다는 사실도, 자신도 그 가난을 대물림할 가능성이 매우 높다는 현실도 직시하지 않는다는 거다. 심지어 대부분 노동자가 될 것이 분명한데도 노동자를 경멸하고 나무라고 외면한다. 자신은 절대 노동자가 안 될 줄로 안다. 현실을 직시하려는 의지가 없다. 이른바 자기 존재를 부정하는 계급의식을 가진 거다.

이런 걸 두고 유식한 말로 '무의식적 식민 상태'에 빠졌다고 한다. 봄아. 이런 세계관으로는 자기 삶은 물론이고 중국 역시도 자기 가치대로 보고 판단할 수 없단다.

매일 아침 보고 듣는 중국 관련 기사들만 해도 가치 판단 없이 읽을 수 있는 기사는 하나도 없다. 우선 그 기사에는 기자의 가치 판단이 들어 있다. 같은 시간 중국에서 벌어지는 수많은 일들 중에 굳이 그 일을 보도하는 것 자체에 벌써 엄청난 가치 판단이 담긴 셈이다. 언론이 상하이 와이탄의 화려한 조명과 번화한 모습을 보여 주느냐, 티베트에서 분신하고 있는 사람의 모습을 보여 주느냐, 베이징의 싼 생필품 가격을 보여 주느냐에 따라 독자들의 중국관이 달라진다.

무의식적 식민 상태에서는 기자가 보여 주는 대로 읽고 자신도 모르게 기자의 가치관을 받아들이게 된다. 누가 좋다고 하면 좋아 보이고, 누가 중요하다고 말하면 중요하다고 여기는 건 그 누구에게 매이는 일이고 그 사람의 가치에 노예가 되는 일이다. 심지어는 자기한테 치명적으로 해가 되는 일조차 열광적으로 지지하기도 한다. 알제리에서 태어나, 식민주의와 인종차별에 맞서 싸운 사상가지. 프란츠 파농이 말한 바로 그 노예가 되는 것이다.

어느 농장의 주인이 손님과 마주 앉아서 차를 마시다가 차를 가져온 노예에게 물었다지.

"너의 소원은 무엇이냐?"

"네, 저의 소원은 죽어서도 이렇게 주인님을 모시는 것입니다."

이런 지경이다.

우리는 어떤 가치를 지니고 있을까? 우리는 주인님들이 바라는 대로 중국을 바라보고 있다. 지금 대세인 주인님은 중국을 자기 돈벌이에 이용하려는 분들이다. 그들은 중국을 돈이라는 잣대로만 바라본다. 그들은 돈이 최고라는 가치관을 가지고 살고 있다. 우리 학계에 식민지 근대화론자들이 득세하는 것 좀 봐라. 우리나라 근대화의 토대가 일제 강점기 때 닦였다는구나. 통계를 들이대면서 객관적인 자료가 그렇단다. 아

그래, 그랬다고 치자. 하기야 식민지를 겪은 나라치고 소위 산업화에 꼭 필요한 기간산업을 제국이 닦지 않은 곳이 어디 있겠니. 인도가 그랬고, 중국도 그랬다. 중국의 철도도 거의 다 서양 제국주의 나라들이 놓았다. 식민지를 위해서가 아니라 식민지에서 하나라도 더 빼앗아 가려다 보니 꼭 필요했던 거다. 딱 그 시기가 전 지구적으로 그런 일들이 일어나는 시점이기도 했다.

그래서 지금 일본의 식민 지배를 긍정이라도 하자는 거냐? 웃기는 일이지. 돈에 미쳐 돌아가는 사회가 되다 보니 그런 해괴한 주장이 등장한다. 돈이 중요한 사람들은 조선 민중의 피땀이 서린 그 근대적 기간 시설들이 지금 자신들 돈벌이의 바탕이 되고 있는 셈이니, 일본한테 도움을 받은 건 받은 거라고 인정하자는 거겠지. 그런데 돈보다 자신의 삶을 자신이 스스로 결정하고 살아갈 권리가 더 중요한 사람들에게는 남 밑에서 식민지의 개로 지내며 누리는 근대적 혜택이라는 게 무슨 의미가 있겠니.

1899년 중국에서 의화단운동이라는 것이 일어났다. 공자의 고향인 산둥 성을 중심으로 일어나 전국으로 퍼져 나간 운동이다. 이 운동을 들여다보면 너무도 재미있는 일이 많아서 아빠는 이 운동을 현대 중국의 시발점으로 생각할 정도란다. 이때 백성들이 중국 역사의 전면에 주인공으로 등장한다.

그들은 누가 적인지 정확히 알았고, 적에게 분노할 줄 알았고, 싫은 것에 굴하지 않고 싸울 만한 용기가 있었다. 그들은 주로 맨손이나 저팔계가 쓰던 쇠스랑처럼 말도 안 되는 무기들로 서구의 총과 대포에 맞서 싸웠다. 주로 한 일도 돈이 최고인 사람들 기준으로 보면 어이가 없다. 서구가 중국인들이 근대적 삶을 살 수 있도록 혜시를 베풀었다고 여겼던 전선, 철로, 통신 따위를 부수는 게 주된 일이었다.

왜 그랬을까, 봄아. 그들은 그런 서구적 근대 문물보다 오랜 세월 섬겨 온 대로 공자를 모시고 조그만 배로 나루터 사이를 오가는 것이 더 좋았던 거다. 설령 서구의 것들이 더 낫고 편리하다 하더라도 그것이 자기 삶을 결정할 권리를 포기할 만큼 좋지는 않았던 거다. 그 권리를 지키고자 그들은 맨주먹이나 농기구를 들고 총과 대포 앞으로 돌진했다. 그들에게는 목숨을 걸고라도 지켜야 할 만큼 소중한 것이 어떤 삶을 살 것인지 스스로 결정할 권리이고, 자신이 사는 삶의 터전이었던 것이다.

박정희 정권이 산업화를 이룩하고, 이 나라 민중을 잘살게 해 주었다는구나. "그게 박정희의 힘이냐?"라는 질문은 다른 분들도 많이 했으니 관두자. 내가 묻고 싶은 것은 '잘사는' 게 잘 먹고 잘 입는 것이냐 하는 거다. 우리는 어느 순간 그런 가치의 포로가 되어 버렸다.

나는 아직도 박정희가 통치하던 그 시대가 너무 싫다. 왜 내가 12시 사이렌이 울리면 어디도 돌아다닐 수 없단 말이냐. 순진하게 북한 때문인 줄 알았다. 그런데 북한은 여전한데 통금이 없어져도 아무 일 일어나지 않더구나. 왜 내 머리칼이 조금 길다는 이유만으로 경찰서로 끌려가 가위로 잘리고, 심지어 유치장에 갇혀야 한단 말이냐. 치마 길이가 짧다고 어떻게 국가가 나서서 말할 수 없는 모욕을 줄 수 있단 말이냐. 광주항쟁이 그 오랜 군부독재의 산물이 아니라고 부정할 수 있나. 그곳에서 죽어 간 수많은 죄 없는 죽음들을 산업화가 가져다준 달콤함과 맞바꿀 수 있을까. 여기까지만 해야겠다. 또 누가 쥐도 새도 모르게 종북론자라고 고발할지 모르니까.

한미 소고기 협상도 마찬가지지. 설령 미국산 소고기가 전혀 문제가 없다고 해도 정부의 결정은 옳지 않았다. 그게 정말 "값싸고 질 좋은" 소고기라 해도 사람들은 먹기 싫어할 권리가 있다. 발병률이니 경제적 이익이니 하는 문제는 국민이 자기 삶을 결정하는 데 필요한 참고 자료일 뿐이다. 아니, 먹기 싫은 것을 먹지 않을 자유보다 중요한 것이 어디 있나. 그것은 먹고 싶은 것을 먹게 해 주는 능력보다 몇백 배 중요한 일이다. 하지만 우리 국민이 자기 삶을 결정할 수 있는 권리는 완벽하게 묵살당했다.

한때 우리는 자본주의로 나아가는 중국을 보고 "돈을 향해 앞으로 나란히"라며 빈정거린 적이 있다. 1990년대 몇몇 중국 전문가들이 그런 소리를 하는 것을 보고 아빠는 사실 좀 어이가 없었다. 그럼 돈을 향해 앞으로 나란히 하지 않으려고 몸부림치던 사회주의 중국에는 당신들이 호의적이었더냐 싶었다. 더 부끄러운 것은 우리가 지금껏 돈벌이 좇는 일 말고 다른 가치로 우리가 중국과 관계 맺은 일이 과연 얼마나 되느냐는 것이다. 우리가 돈이라는 가치로만 중국을 보는 한 중국은 그렇게 보인다.

이제 중국을 바라보는 우리의 세계관을 한번 가다듬어야 한다. 한국인이자 자본주의자의 가치로만 중국을 바라볼 수는 없는 노릇이다. 그런 시각에는 주인님들이 많이 개입하고 계신다. 그 사람들 이익에 그건 매우 중요하거든. 그런데 '돈벌이'는 네 소가 아니라 주인님들의 소를 위한 일이다. 주인님들은 네 소가 무엇인지 관심도 없을 뿐더러 네 소를 대신 지켜 줄 리도 없다. 너는 이제부터 네 소를, 네가 지켜야 한다. 무엇보다 중국과 얽힌 네 소가 아직 없다면 이제부터 키워야 한다.

이제 이 땅에서 노동하며 앞으로도 수천 년을 행복하게 살아야 할 우리의 눈으로 중국을 보자. 중국인이기 이전에 사람이다. 파이를 나눠 가져야 할 경쟁자이기 이전에 더불어 살아가야 할 이웃이고, 서로 적대하며 군비 경쟁을 벌이는 적성국이기 이전에 떼려야 뗄 수 없는 운명 공동체이다. 한반도에서 노동자로 사는 우리에게 중국 사람 한국 사람 편 가르고, 파이를 힘으로 나누고, 군비 경쟁을 이어 나가는 것만큼 어리석은 선택은 없다. 그건 몇몇 주인님들만 행복한 일일 뿐이다. 존재를 배신하는 중국관에서 벗어나 우리의 가치로 중국을 한번 들여다보자. 아마도 조금은 다른 세상을 꿈꿀 수 있을 거다.

봄아. 우리 한번 시작해 보자.

아홉 번째 편지 / 꿈을 꾸어야 한다

봄아. 중국을 제대로 보려면 주체성 있는 세계관을 세우는 것만큼이나 중요한 것이 꿈을 꾸는 일이다. 우리의 세계관에 미치는 주인님의 영향력이 워낙 막강해서 내 세계관으로 중국을 이해한다는 게 결코 간단한 일이 아니다. 중국인이기 이전에 그들도 사람이라는 걸 먼저 보려면, 파이를 더 나눠 가져야 하는 경쟁자이기 이전에 더불어 살아가야 할 이웃으로 여길 수 있으려면, 자본의 포로로 사는 삶에서 벗어나야 한다. 서로 적대하며 군비 경쟁을 벌이는 적성국이기 이전에 떼려야 뗄 수 없는 운명 공동체로 중국을 보려면, 이 땅을 평화 지대로 만들고자 하는 평화 의식을 지녀야 한다. 그것은 기존의 가치관을 넘어 새로운 세계관을 세우는 일이다.

그러자면 꿈을 꾸어야 한다. 우리가 중국과 더불어 꿈꿀 수 있는 일들 대부분이 우리한테 그런 일이 가당키나 하겠어, 하는 그런 문제들이다. 네가 꾸는 꿈이 간절할 때 이루고자 하는 의지는 더 굳건해지고, 강한 실천력이 나올 수 있는 거다.

아빠는 중국학을 전공하고자 하는 학생들한테 중국에 반드시 오래 머물러 보라고 권한다. 그곳 사람들처럼 중국어로 유창하게 말하거나, 단순히 중국과 중국인을 실제로 겪어 보게 하려는 것이 아니다. 직접 그곳에서 낯선 사람들과 다른 문화를 만나고 부딪치다 보면 진심으로 해 보고 싶은 일들을 찾게 되기 때문이다.

강의실에서 아무리 중국어가 중요하다고 강조해 봤자 허탕일 때가 많다. "야, 이놈들아. 중국학과 학생들이 중국어도 제대로 못 해서 밥 벌어먹겠냐, 응?" 하고 다그쳐도 녀석들한테는 고등학교 때 담임 선생님이 "야, 이놈들아. 대한민국에서 괜찮은 대학 안 나오고 사람구실 할 수 있는 줄 아냐?" 하던 잔소리나 매한가지다. 우리 학생들은 그런 공자님 말씀에는 이미 맷집이 좋다. 그들도 머리로는 잘 안다. 다만 몸이 안 따라 줄 뿐이지.

머리로 아는 것을 몸이 하게 만드는 법은 의외로 간단하다. 스스로 하고 싶게 만드는 것이다. 아이들은 꼭 해내고 싶은 것이거나 재미가 있다면 누가 시키지 않아도 한다. 요즘 부모들은 시키지 않아도 스스로 뭘 하는 습관조차 자기 방식대로 길러 주려고 하더구나. 그런데 그런 것들은 대개 대학에 들어오면 약발이 다 떨어진다. 갑작스레 주어진 무한의 자유 앞에서, 정작 자기한테 썩 흥미로운 일이 없다는 걸 발견하게 된다. 해방일 줄 알았는데 즐길 거리가 없는 거다. 집에 늦게 들어가는 것도 한두 번이면 새롭지 않다. 취업이라는 관문은 생각보다 훨씬 빨리 눈앞에 다가오고, 먹고살 일을 찾는 것은 대학 입시가 그랬듯 즐거움이 아니라 또 다른 형극이다. 조금이라도 나은 직업을 얻을 수 있을까 해서, 혹은 부모가 가라고 해서 지원한 대학이고 보니 강의 역시 고등학교 수업만큼이나 재미가 없을 수밖에. 그들에겐 미래가 아니라 희망이 없다. 더 정확히 말하면 살아가는 의미나 재미가 없는 대학생들이 흘러넘친다. 대학생들을 겨냥한 온갖 '힐링' 서적들이 쏟아져 제법 팔려 나가는 걸 보면 그게 무력한 이 시대 아이들에게 잠시나마 쉬어 갈 틈을 주기 때문이겠지.

이미 직업이 꿈이 되어 버린 아이들에게 중국이란 그저 돈벌이를 할 수 있는 기회의 땅, 싸워서 이겨야 하는 가상의 적국일 뿐이다. 그 돈으로 뭘 할 것인지, 싸워 이겨서 어쩔 것인지 그건 알 바가 아니다. 그때 가서 또 다시 주어진 환경에 맞추어 살면 된다. 미래를 위해 살고 있는데 오늘만 생각하는, 오늘만 생각하는데 오늘이 즐겁지 않은 그런 삶이 되풀이되고 있는 거다.

중국학과나 동북아문화산업학부에 들어온 아이들한테 첫 수업 시간에 내가 으레 하는 질문이 있다.

"왜 여기에 들어오셨나요?"

대부분은 얻고 싶은 직업을 댄다. 그것도 '폼' 나는 걸로. 내가 결코 포기하지 않고 이 질문을 매 학기 던지는 건 꿈이 없는 사람은 중국을 제대로 바라볼 수 없기 때문이기도 하지만 무엇보다 자신도 불행하기 십상이기 때문이다. 이 질문을 계속 던지다 보면 역정을 내는 학생이 꼭 있다. "아니 선생님. 그러지 마시고 그럼 이 학과에서 꿈을 꾸는 사람은 어떤 사람입니까?" 하고.

이럴 때 절대로 내 생각을 이야기해 주면 안 된다. 왜냐하면 그들은 그 순간 내 생각이 정답이라 외우고 자기 삶 속에서 자기만의 답을 찾는 일을 포기하고 만다. 어떤 학기에는 자신이 생각하는 가장 멋진 밥집을 한번 찾아보라고 했더니만, 많은 학생들이 내가 예를 든 곳을 조사해 왔더구나. 조금 머리가 돌아가는 녀석은 유사품을 조사해 왔다.

그렇더라도 백 명 가까운 학생들과 수업을 계속해 나가려면 타협을 할 수밖에 없다. 내가 생각하는 예를 든다.

"여러분. 지금 이 화창한 날을 망치는 황사가 참 싫지요? 네. 그런데 여러분 중에 이 황사를 한번 줄여 보겠다는 생각을 가지고 이 학과를 들어온 학생은 없으신지요? 봄날 우리나라에 불어오는 이 황사를 줄이고 싶다는 생각. 그것을 한번 내가 해 보겠다는 의지. 그것이 꿈이라고 생각합니다. 나한테도 좋고 다른 사람에게도 좋은 그것. 그 꿈 때문에 해를 입을 사람이 거의 없는 멋진 꿈인 것이지요. 황사를 줄이려면 여러분들도 그것이 중국이라는 나라와 관련되어 있다는 사실을 잘 알지요. 황사를 줄이는 일을 해 보고 싶어서 중국학과를 들어왔습니다, 하는 학생은 꿈을 품고 이 학과에 들어왔다고 생각합니다. 그런 학생들은 황사가 왔을 때 '나쁜 중국 놈들 때문에 우리나라에서 화창한 봄날이 하루 이틀 계속 줄어 가고 있는 거야.' 하고 중국을 비난만 하고 있지 않습니다. 그 비난이 황사를 줄이는 데 아무 일도 할 수 없다는 건 금방 알 수 있기 때문이지요. 그건 중국에게 뭘 강요해서 풀 수 있는 문제가 아니라 중국과 손잡아야 풀 수 있는 문제거든요."

봄아, 빠르게 사막이 되어 가고 있는 중국 땅은 우리한테만 고민거리가 아니라 중국에게는 더 큰 고민거리란다. 천년 수도 베이징조차 이미 사막화 한복판에 놓여 있지. 봄날 황사가 없는 날은 사치이고 사시사철 뿌연 하늘을 이고 살고 있다. 봄아. 행여 중국인들은 그런 것이 아무렇지도 않은 사람들이라 생각하고 있는 것은 아니겠지?

우스갯소리로 자주들 그러더구나. 중국인들은 돼지조차 더불어 살기 싫어하는 태생이 더러운 사람들이라고. 돼지와 살게 된 한국·일본·중국 사람의 반응. 중국인들은 돼지가 못 견디고 뛰쳐나온다. 그게 개그 한 토막이다. 우리나라 사람들이 중국 사람을 어떻게 여기나 잘 보여 주는 대목이지. 하지만 그들도 맑은 하늘, 깨끗한 공기를 무척이나 좋아한다. 중국 사람들이 제주도에 왜 이렇게 많이 몰려오겠니? 그것은 자연의 힘이다. 물론 투자해서 돈 벌고, 물건 사고, 도박하러 오는 거지만 그것이 서울이 아니라 제주도인 까닭은 제주도의 자연이 밑바탕에 있기 때문이다.

중국은 지금 그런 환경문제와 전쟁을 치르고 있다. 지속 가능한 개발이라는 기본 정신 아래 대부분의 정책을 마련하고자 애쓴다. 황사나 미세 먼지를 줄이기 위한 투자도 우리나라보다 훨씬 엄청나다. 지금 베이징은 자동차 5부제를 실시하고 있다. 베이징 전체 자동차 수를 제한할 뿐더러 폐차를 해야만 한 대를 등록할 수 있게 해 놓았다. 외지 자동차는 베이징에 들어올 때 허가증을 받아야 한다. 일주일 넘게 머물 수도 없다. 지하철 옆 주차장은 거의 공짜인 데다가, 지하철 역마다 자전거를 무료로 빌려 준다. 그런 노력은 매번 미세 먼지가 올 때마다 중국 탓으로 돌리는 한국에게 아름다운 봄날을 돌려주기 위해서도 아니고, 환경 단체들이 중국 정부를 압박해서도 아니다. 중국 사람들도 그런 세상에 서 살고 싶기 때문이다.

꿈이 있는 학생. 예 하나로 매 학기 우려먹을 수는 없다. 연평도 사건 이 났을 때도, 북한이 핵실험을 강행했을 때도 이 질문을 던졌다.

"지금 우리는 전쟁 위기 속에 있습니다. 여러분은 무엇을 하고 싶으십 니까?"

지난 학기는 참으로 심각했다. 한 학생이 대뜸 "주식 투자를 하겠습 니다."라고 대답했거든. 순간 아빠는 너무 충격을 받아 아무 말도 할 수 가 없었다. 아, 이제 강의실에서까지 수단 방법을 가리지 않고 돈을 버 는 것이 당연해진 시대가 왔구나. 많은 학생들이 내가 왜 그러는지 이해 하지 못했다. 어차피 전쟁이야 우리 힘으로 어쩔 수 없는 일인데 기회가 왔을 때 돈이라도 벌고 싶다고 생각하는 게 뭐가 그리 문제냐. 그들의 눈빛이 그렇게 되묻는다. 절망적이다. 저들이 과연 내 한 학기 강의로, 내 몇 마디 공자님 말씀으로 변화될 수 있을까?

이럴 때마다 늘 생각나는 분이 있단다. 윤구병 할배.《잡초는 없다》를 쓴 그 할배. 대학교수직을 버리고 변산에 가서 공동체를 일군 그 할배. 아마 그 할배도 교수 노릇 하고 있는 내가 시도 때도 없이 느끼는 이 패 망감에 차라리 농사를 짓는 게 낫다고 생각하셨겠지. 나도 빨리 제주도 에 내려가서 내 한 몸이라도 건강하게 간수하는 편이 나으려나?

이런 생각을 할 때마다 아빠는 부끄럽다. 변산 공동체도, 홍대 앞 밥 집도 내가 애용하는 학습의 장이다. 그 할배는 지금도 우리들을 삶으로 가르치고 계시는데 나는 내 학생들 간수도 제대로 못 한다. 별 수 있나. 이 일을 할 수 있을 때까지라도 힘닿는 데까지 최선을 다하겠다고 마음을 다잡는다. 암, 몇이 되었든 눈빛을 반짝이는 학생들이 있는 한 이렇게 포기할 수는 없는 일이다.

전쟁이 일어나고 안 일어나고는 내가 어쩔 수 있는 일이 아니다, 이런 생각은 대단히 전근대적이다. 그래, 봄아. 몇 사람이 외교를 전담하던 시대가 인류 역사에 아주 길었지. 보통 사람들보다는 통치자들이 더 나은 판단을 할 거라고 믿고 그들 손에 외교적 결정권도 다 쥐어 주었다. 이른바 봉건시대라 쓰고 무지몽매한 시기라고 읽는 그 시기. 그것이 전근대 시대이다.

근대는 내 목숨과 우리의 주권과 우리의 영토가 걸린 문제를 몇몇 사람에게 맡겨 둘 수 없다는 깨달음으로 열리기 시작했다. 중국은 19세기 말에서 20세기 초에 이르기까지 그런 각성이 빠르게 일어났다. 먹물들만이 아니라 일반 민중들도 깨닫기 시작했다. 의화단운동이 벌어졌을 때 의화단민들은 8개국 연합군과 직접 베이징에서 두 달 가까이 생사를 건 최후의 전쟁을 벌였다. 전쟁은 패했고, 의화단민들은 처절하게 죽어 갔다.

왜 목숨을 걸고 나서서 싸웠을까? 그들은 서구 열강이 자행한 온갖 만행과 침략을 서태후가 이끄는 전제군주 정부가 해결해 줄 것이라 더 이상 믿지 않았다. 자기 힘으로 자신과, 자신들의 권리와, 자신들의 영토를 지키지 않는 한 아무도 대신 지켜 주지 않는다는 걸 깨달았다. 그것을 지키는 일이 목숨보다 더 중요하다고 여기고 낫과 쟁기와 삼지창을 들고 무모한 전쟁에 뛰어들었던 거다.

처음에는 같은 핏줄이자 체제의 우두머리였던 서태후가 자신들 편에서 줄 것이라 믿었다. 하지만 서태후한테는 권력을 지키는 것이 중요했지 백성의 목숨 따위 하찮은 것이었다. 의화단민은 서태후의 만류를 뿌리치고 끝내 8개국 연합군과 전쟁을 벌였다. 서태후가 거느린 중국 정부군과도 싸웠다. 근대적 인식을 지닌 새로운 민중들의 등장. 그들이 그런 근대를 열기 시작한 것이다.

우리는 가끔 백여 년 전 의화단민에도 못 미치는 사고에 빠져 있다. 그 학생도 그랬다. 전쟁이 일어나면 자신부터 당장 죽음의 전장으로 끌려갈 판인데도 그것을 운명으로, 남의 일처럼 받아들이고 있다. 더 무서운 일은 그런 전근대적 사고 틀 위에 자본주의적인, 너무나 자본주의적인 욕망이 덧씌워져 있다는 거다.

그 아이한테 물었다. 왜 너는 엄청난 사람이 죽는 일인데 그 와중에 돈 벌 생각을 하고 있냐고. 친구가 그랬단다. 지금 어떤 주식 사면 대박 날 거라고. 아는 사람이 지난 몇 차례 위기 때마다 그렇게 떼돈을 벌었다고.

주식 투자를 할 돈은 있느냐고 물었다. 없단다. 그래서 돈을 모을 거라더구나. 어그러진 가치관은 어그러진 세계관을 만든다. 이런 아이들은 그것이 무엇이든 돈벌이 수단으로 여긴다. 중국도 돈벌이용으로밖에 보이지 않겠지. 그러고 보니 이 학생이 바로 중국에 문화 상품을 팔아 돈을 벌겠다던 그 아이였다. 아마도 이 학생이 나중에 중국 관련 일을 하고 있을 때 다시 전쟁 위기가 찾아온다면 틀림없이 어떤 일이든 대박

낼 궁리를 하고 있을 테지. 전쟁이 터지지 않도록 애쓸 생각은 애당초 없다. 그건 저 위의 나라님들이 하시는 일이랍니다.

봄아, 대체 어디서부터가 문제일까? 이게 다 사람답게 살고자 하는 꿈이 없는 데서 비롯되는 일이다. 나를 이루는 정체성 중에서 사람으로서의 정체성이 죽어 버린 결과지.

학생들한테 가끔씩 묻는다.

"여기 군대 가기 싫은 사람 손들어 봐."

아무도 안 든다. 그렇게 교육받았거나 길들여져 왔다. 그런 학생들더러 가장 살고 싶은 마을을 구상해 보라고 하지. '컬렉티브 하우스'처럼 공동 주거를 구상하기도 하고, '성미산 공동체'처럼 도시 공동체를 그려 오기도 한다. '변산 공동체'를 취재해 오기도 하고, 제주도로 가서 '쫄깃 패밀리' 옆집에 살고자 하는 학생도 있다. 그런데 아직까지 자신이 그리는 '유쾌한 혁명을 작당하는 공동체'에 군대를 넣는 학생은 없었다. 필요가 없어서가 아니라 두고 싶지 않기 때문이겠지. 누군들 안 그렇겠니. 누군들 군대 없는 세상에서 살고 싶지 않겠니. 누군들 청춘을 군대에서 썩히고 싶겠니. 다만 그것은 실현 불가능한 꿈이라 생각하기 때문에 말하지 않는 거다.

중국에서 의화단운동이 일어나기 전에 태평천국운동이라는 대규모 농민운동이 있었다. 역사상 가장 오랜 시간에 걸쳐 가장 많은 사람이 죽은 농민운동이지. 이 태평천국운동은 몇 가지 측면에서 상당히 근대적인 운동이란다. 그중에 하나가 놀랍도록 근대적인 제도들이 시행되었다는 거다. 태평천국운동을 이끈 이가 홍수전이라는 사람이거든. 그는 과거에 부지기수로 떨어졌다. 과거는 그 시대에 평민이 신분 상승을 꾀할 수 있는 유일한 방법이었는데 말이다. 그러자 홍수전은 과거를 통해 신분을 세습하고 유지하는 체제에 불만을 품게 된다. 그리고 그런 체제를 넘어서는 세상을 꿈꾸기 시작한다.

처음에는 홍수전 한 사람의 황당한 꿈이었다. 그런데 그것에 동의하는 사람들이 모여 남녀가 평등한 세상, 토지를 고루 나누어 가진 그런 세상을 그려 나가기 시작했다. 그 꿈은 서구의 근대적 정치제도에 관심을 두게 했고, 같은 꿈을 꾸는 자들이 모여 그런 체제를 만들어 보고자 노력하기 시작했다. 천조전무제도라는 토지제도는 그런 꿈의 완결판이었다. 모두가 땅을 고루 가진 그런 세상. 안타깝게도 그 꿈을 제대로 펼쳐 보지도 못한 채 태평천국운동에 나선 민중들은 난징에서 벌어진 마지막 전투에서 괴멸되었다. 그 꿈도 끝내 이루지 못했다.

하지만 여럿이 온 마음을 다해 꾸었던 꿈은 사라지지 않는다. 그것이 역사의 진보를 이루어 낸다. 태평천국의 민중들이 꾸었던 꿈을 중국 사회주의혁명에 참가했던 농민들도 꼭 같이 꾸었다. 땅을 가꾸는 사람이 땅의 주인이 되는 그 꿈. 중국 땅에서 살았던 수많은 민중들이 수천 년간 품어 온 그 꿈. 사회주의 중국이 열악한 환경과 수많은 모순을 딛고 중국에서 자리 잡게 되는 가장 큰 원동력을 들라면 나는 주저 없이 말한다. 수천 년간 민중들이 꾸었던 그 꿈을 중국 공산당이 이어받고, 이루었기 때문이라고.

어쩌면 애국자를 자처하는 양반들은 학생들 군대 가지 말라고 선동한다고 교수 자격까지 들먹이며 나를 비판할 거다. 대한민국 국민이면

다 군대 가야지. 아, 물론 가야 한다. 우리 학생들더러 법 어기며 병역을 기피하라거나 탈영하라고 주장하는 것이 아니다. 아빠도 애들 군대 간다고 인사를 오면 박지성 같은 말투로 "피할 수 없다면 즐"기라고 쌈박하게 말해 준다. 그뿐이냐. 밥도 사 주고, 술도 사 준다.

그런데 나는 그 아이가 군대를 안 가고 싶다는 꿈마저 버리기를 바라지는 않는다.

"군대에 가기 싫습니다. 하지만 지금은 최선을 다해 복무를 마치겠습니다. 그래도 우리 아이들에게는 군대를 가지 않아도 되는 세상을 만들어 주고 싶습니다. 경찰력만으로도 이웃과 평화롭게 지낼 수 있는 그런 세상에서 살게 해 주고 싶습니다."

나는 더 많은 아이들이 그런 꿈을 꿀 수 있게 돕고 싶다.

내가 하기 싫은 것을 안 할 수 있는 꿈. 이 땅에서 살아가는 많은 이들이 더 행복해질 수 있는 꿈. 봄아, 그런 꿈을 꾸어야 한다. 주체성 있는 사람. 나한테 어떤 것이 더 나은 일인지 알고 있는 사람. 하지만 다른 사람에게 폐 끼치지 않으면서 그 일을 이루고자 하는 사람. 피해가 된다면 과감히 내려놓고 다른 사람과 더불어 행복할 수 있는 꿈을 꾸는 사람. 그런 꿈을 실현시켜 보고자 노력하는 사람. 그런 사람들이 모여 더 나은 세상을 만들 수 있겠지.

봄아. 아빠는 여러 해 전부터 한 해에 한두 번, 한 중국전문대학원에서 특강을 해 오고 있다. 열정이 대단한 교수님이 계신 곳이지. 그곳 학생들 역시 학부나 일반대학원과 달리 대부분 중국학을 꽤 깊이 있게 공부해 온 사람들이고, 중국과 관련된 전문적인 일을 하는 사람도 있단다. 그 사람들에게 유치한 질문을 던져 본다.

"왜 중국과 관련된 일을 하려고 하죠?"

그런데 돌아오는 대답이 놀랍다. 좀 더 치밀하게 논리를 펼치기는 하지만, 그들도 우리 학부생들이 대학 입학할 때 품고 있는 생각과 별 차이가 없는 중국관을 가지고 있다. 중국이 전망이 밝다고 해서 중국 관련 학과를 선택했고, 자연스럽게 중국 관련 사업을 하게 되었고, 그 일을 더 잘하고 싶어 공부를 더 하고 있다, 대개 그 이야기 안에 있다. 남다른 사람들도 있지. 좀 더 애국자스럽다고나 할까. 떠오르는 중국보다 앞서기 위해서 중국 관련 일을 하고자 한다더구나.

"언젠가는 중국보다 더 강대국이 되는 것이 꿈입니다."

국가한테야 무슨 상이라도 주어야 할 국민일지 모르지만, 아빠는 이런 사람들이 사실 좀 무섭다. 어떻게 다른 사람이나 다른 국가와 경쟁해서 이기는 것이 삶의 목표가 될 수 있을까? 이겨서 무얼 하겠다는 건지 그건 그 사람도 모른다. 그저 돈을 버는 것에, 더 많이 가지는 것에 그들의 생각도 멈춰 있다. 이기려면 어떤 방법을 써야 하는지, 그 방법은 옳은지, 그것이 정말 이길 수 있는 방법인지 과연 알고는 있는 것일까. 그런 사람들은 이 과정도 괜찮은 '스펙'을 하나 더 쌓는 일일 뿐이다.

아 참. 그래도 사람을 가르치는 일은 뿌린 대로 거두는 일인 듯하다. 얼마 전 이곳 출신 대학원생 하나가 내가 후원하는 평화 운동 단체에서 일하는 것을 보았다. 그곳 교수님의 모습과 열정이 그 친구한테서 비쳐 보이더구나. 그래서 아직 희망은 있다. 내 학생들에게 나도 그런 선생이 되어 줄 수 있어야 할 텐데 말이다.

아빠는 요즘 젊은이들의 진로를 대략 이 세 가지쯤으로 뭉뚱그린다.

첫째. A코스. 경쟁 체제에 뛰어들어 성공해서 행복해지고자 하는 코스. 신자유주의적 자본주의를 피하기보다 인정하고 그 속에서 경쟁해서 살아남은 다음 내가 욕망하는 것을 가급적 쟁취해서 행복하고자 하는 코스. 일명 엘리트 코스 혹은 로또 코스. 자본이든 문화 자본이든 세습받은 자에게는 엘리트 코스지만 교육마저 대물림되는 이 체제에서 강남 3구 출신이 아닌 아이들에게는 절대 불리한 로또 코스.

두 번째. B코스. A코스에 남기에는 이미 경쟁력이 없고 아무리 노력해도 따라잡기는 힘들어 보이나, 체제 바깥으로 달려 나가기에는 자신이 없는 사람이 택하는 코스. 일명 현실 코스 혹은 블루오션 코스. 기본적으로는 A코스를 택했음. 그러나 강남 사는 아버지를 두고, SKY 대학에 다니고, 해외 연수도 한두 번은 다녀오고, 외국어 한두 가지쯤은 가볍게 하는 학생들이 택하지 않는 블루오션을 노리는 코스. 어째도 성공하고 싶은 녀석들에게는 그나마 현실성 있는 코스.

마지막 C코스. 일찌감치 경쟁을 포기하고 죄짓지 않고 재미있게 사는 방법을 모색하는 코스. 일명 일탈 코스 혹은 공동체 코스. 내 친구 양희창이 세운 간디학교 학생들이 많이 선택하는 코스. 하하하. 봄이 네가 일찌감치 걷고 있는 코스. 그래서 네가 자랑스러우면서도 아빠를 더러 걱정스럽게 만드는 코스. 세상의 많은 부모들을 걱정시키는 코스. 우리 학생들이 용감하게 택하면 박수 쳐 주고 싶은 코스. 네 동생 하주도 이다음에 걸었으면 하는 코스.

A코스나 B코스를 택한 사람들에게 중국은 대개 상품을 팔아먹을 수

있는 거대한 시장이자 글로벌 경제 속 경쟁자로 자리매김된다. 현재 가장 많은 젊은이들이 택하고 있는 코스이다. 문제는 A코스든 B코스든 경쟁에 이기려면 상대방인 중국을 똑바로 바라보아야 하는데 그렇지가 못하다는 거다. 우선 경쟁에서 이기려면 경쟁자를 확실하게 파악해야 한다. 그런데 우리는 중국을 색안경으로만 본다. 그렇게 되면 그 선택은 십중팔구 로또 코스가 되기 십상이다.

가장 심각한 경우는 우리가 중국을 경쟁 상대로만 여기고 승자 독식의 동아시아를 만들어 나가는 것이다. 다른 것 다 제쳐 두고 우리가 그 경쟁에서 정말 이길 수 있을까? 영토 분쟁이나 영해·영공 분쟁을 부추겨서 승자와 패자가 확연히 갈리는 싸움으로 몰고 갈 때 우리가 승자가 될 가능성은 얼마나 될까? '대박' 로또 코스인 것만은 분명하다. 거의 불가능하다는 소리이지.

우리가 중국을 이웃이 아니라 적으로, 중국인들을 사람이 아니라 그 럴싸한 상품 시장의 소비자로 볼 때 그들은 우리를 어떻게 대할까? 중국 사람들 눈에는 그 시커먼 속내가 안 보일까? 그럼 그런 우리를 중국 사람들은 어떻게 대할까? 중국 사람들은 원래 착하고 순한 사람들이라 이래도 저래도 다 받아 줄까? 아니면 그렇게 나 좋을 대로 써먹고 나서 나중에 낯을 싹 바꾸면 된다고 생각하나?

우리가 조선족을 그렇게 대했다. 일회용품처럼, 중국인을 대면하는 수단으로 쓰고 버렸다. 그럼 조선족은, 중국 사람들은, 그런 우리한테 계속 속으며 사업 상대를 넘어 사람으로 대해 줄까? 하기야 우리는 늘 중국 사람들이란 돈밖에 모르는 '왕 서방'쯤으로 여겨 왔지. 그럼 그런 사람들한테 당하지 않으려면 우리도 그렇게 나갈 수밖에 없는 걸까? 그렇게 만들어 나가는 새로운 세기는 행복할까?

문화 이론가 죄르지 루카치는 말했다. "사람이란 역사의 단순한 해석자일 뿐만 아니라 창조자"라고. 아빠는 그 말을 믿는다. 심지어 모든 해석은 하나의 창조 행위라고 생각한다.

봄아. 나는 중국과 더불어 새로운 역사를 만들어 가고 싶다. 즐겁고 재미있는 공동체를 만들고 싶다. 미국도 들어와도 좋다. 일본도 못된 버릇만 버린다면 환영이다. 우리는 그들과 함께 어떤 꿈을 꿀 수 있을까. 아빠는 힘들고 어렵더라도 C코스를 꿈꾼단다. 너도 하주도 나랑 같이 가자.

일 단계 : 일탈한다. 남한 사람, 북한 사람, 중국 사람, 미국 사람, 일본 사람 구별 없이 모이자.

이 단계 : 평화 지역을 건설한다. 무기 줄이고, 황사 줄이고, 배타적 경제수역이니 고유의 영토니 하는 이런 표현 안 쓴다. 네 것 내 것 구분 없이 '백 명이 놀러 온 야영지'처럼 막 빌려 쓰고 나눠 먹자.

삼 단계 : 공동체를 만들자. 담장 없는 마을도 만들고, 모여 사는 컬렉티브 하우스도 짓고, 자연과 어우러진 생태 마을도 만들자.

중국인들도 이런 계획에 동참할 사람들이 있을까? 다음 기회에 한번 이야기해 보자.

열 번째 편지 / 현실을 똑바로 보는 힘을 길러야 한다

봄아. 이제 중국을 제대로 보자면 주체를 제대로 세우는 일이 먼저라는 건 이해하겠니? 그리기 위해서는 자신을 둘러싼 다양한 정체성을 파악하고, 중요한 순서대로 그 정체성을 줄 세울 줄 알아야 한다고 했다. 너는 어떤 정체성을 중심으로 너의 주체를 만들었니?

주체성을 세우기 위해 필요한 또 하나는 현실을 직시하는 일이다. 우리가 남한테 이용이나 당하는 식민 상태로 빠지게 되는 건 현실을 똑바로 보지 않아서이다. 봄아. 나는 요즘 학생들한테 《88만 원 세대》라는 책을 읽어 보라고 자주 권한단다. 많은 아이들이 마치 학점 잘 받아 졸업해서 취직만 하면 인생이 보장되어 있는 줄 현실을 착각하고 있기 때문이다. 이 책은 세대론에 너무 기대고 있기는 해도 오늘날 청년들이 처한 현실을 적나라하게 드러내 보여 주고 있다.

지금 청년 현실은 절망적이다. 이긴 놈이 다 먹는 세상이 된 탓에 가난한 자가 부자가 되기란 낙타가 바늘구멍 들어가는 것만큼 어려워졌다. 형편이 이런데도 여전히 이렇게나 많은 학생들이 A코스를 택하는 이유가 뭘까?

당연히 가장 큰 이유는 모든 것을 개인의 책임으로 돌려놓고 어쭙잖은 '힐링' 말고는 존재가 숨 쉴 공간조차 허락하지 않는 이 체제의 문제이다. 그들은 대학을 오기 전까지 살아 버티는 것 외에 다른 생각을 해볼 겨를조차 없었다. 다른 길을 보고 들은 적조차 별로 없다.

그런데 봄아. 체제의 문제라고 해서 체제가 해결해 주는 것은 아니다. 역사는 명확히 말해 준다. 농민의 문제는 농민이 해결하고 여성의 문제는 여성이 해결해 왔다. 중국 농민이 소작에서 해방된 것은 태평천국운동부터 그들이 싸워 온 결과이다. 중국 여성이 전족에서 해방된 것도 사회주의혁명 시기 새롭고 평등한 중국 건설에 그들이 전족을 벗고 앞장선 결과이다. 청년이 처한 문제는 청년만이 해결할 수 있다. '청춘은 다 아프다.'고 스스로를 위로하며, 어느 책 제목처럼 "우리는 차별에 찬성합니다."를 외쳐서는 늘 그 자리일 수밖에 없다. 아빠가 학생들에게 번번이 가혹한 '돌직구'를 던지는 이유는 그들을 현실이라는 거울 앞에 세우기 위해서다.

이미 한국 사회는 노력해서 계급을 바꾸기란 거의 불가능해져 버렸다. 개발도상국이었던 덕택에 부모 세대가 누려 온 상대적 안정조차 이제 사라졌다. 중산층이라 자각했던 많은 노동자들이 스스로를 하층이라 규정하기 시작한 것을 봐도 알 수 있다. 노동자들이 이제 피부로 느끼기 시작한 거다. 청년들을 둘러싼 환경은 더 나빠졌다. 좋은 대학을 가려면 과외는 빼놓을 수 없는 요소가 되어 버렸다. 대학에서는 1년쯤 해외에 나갔다 오거나, 대학을 5년 넘게 다니는 게 필수가 되었다. 취업 재수도 당연해졌다. 취업해도 비정규직일 가능성이 높다. 다행스럽게 A코스의 기본이라 할 수 있는 정규직에 당첨된다 해도 40대에 명예퇴직을 비껴가기란 어렵다.

그런데 대학에서 만나는 청년들의 현실 인식은 참으로 느슨하다. 때로는 이들이 숨겨 놓은 재벌 아들 아닌가 의심이 들 때도 있다. 더러 물어본다. 아버지가 재벌이시냐고. 재벌이 되고 싶었던 분이란다. 자신이 미래의 노동자라는 사실을 직시하고 있는 학생이 참 드물다.

대신, 뛰어들어야 할 노동 현장이 부모 세대보다 못한 상황이라는 건 육감적으로 아는 듯하다. 그만큼 더 불안하고, 그만큼 더 조급하다. 하지만 막연히, 고등학교 때처럼 시간표대로 살면 A코스에서 살아남을 수 있다고 여긴다. 노력하면 뭐든 할 수 있다고 믿는 '긍정의 힘' 맹신도들이다. 열정만 있으면 뭐든 할 수 있다고 단단히 착각하고 있다.

자신이 강남 출신 서울대생과 경쟁해서 이겨야 하는 코스로 들어섰다는 걸, 그들에 견주면 지금 얼마나 뒤져 있는 셈인지를 도통 헤아리지 않는다. 그저 아르바이트해서 번 돈으로 유럽 배낭여행 가고, 카메라 들고 '맛집' 찾아다니며 불안 속에서 소소한 행복을 찾는다.

가끔 어쩔 수 없이 처한 현실을 직면하게 되면《아프니까 청춘이다》따위 힐링서 한 권쯤 읽고 돌아와 다시 허상과 관념의 세계에 자신을 처박는다. 한 시간에 5천 원짜리 아르바이트에 청춘을 팔아 휴대전화 요금을 내면서 마치 부모로부터 자립한 듯 착각하고 미래의 노동자가 될 준비를 한 것인 양 의기양양해한다.

우리나라에는 A코스에 충실한 세계관을 가지고 중국을 보는 사람들이 대부분이다. 문제는 그들 또한 지금 우리 대학을 가득 채우고 있는 A코스 지망생들처럼 맞닥뜨린 현실을 직시하지 않는 경우가 많다는 거다.

동북공정이 한창일 때는 많은 사람들이 전쟁을 해서라도 고구려 역사를 지켜야 한다고 목소리를 높였다. 민족의 자존심이 아니라 이념의 노예들이다. 사람을 죽여서라도 원하는 것만 얻으면 된다는 이들을 제정신 박힌 '사람'으로 보기는 힘들지 않겠니. 전쟁 그 자체가 사람 사는 세상에서 없어져야 할 최악의 선택이라는 도덕적 문제는 제쳐 두자. 더 큰 문제는 관념적이자 감상적이라는 데 있다. 중국하고 전쟁을 벌여 고구려 역사를 정말 지킬 수 있는지 현실을 꼼꼼히 검토해 본 적도 없다.

중국이랑 전쟁을 해서 우리가 이길 수 있을까? 수많은 텔레비전 사극들이 마치 그런 일은 가능하고, 그런 꿈을 꾼 이가 위대한 군주인 것처럼, 그런 것에 앞장서는 사람을 한껏 영웅으로 만들어 놓았다. 하지만 현실 역사에서는 단 한 번도 전쟁으로 중국 땅을 우리 손에 넣은 적이 없다. 그런 사실에는 가뿐히 눈감는다. 힘으로 딴 나라를 정벌한다는 것, 그것도 우리보다 강대한 국가와 전쟁을 벌여 목적을 이루는 건 텔레비전 연속극에서나 가능한 일이다.

그럼 역사가 전쟁을 통해 빼앗아 올 수 있는 것일까? 아니, 그럴 필요가 있는 것일까? 봄이 너는 어떻게 생각하니. 역사는 전쟁을 통해 주고받는 소유물이 아니다. 그건 역사가에게 맡겨 두면 된다. 그래도 별일 없다. 유럽에서 벌어진 역사 전쟁을 봐라. 결국은 부질없는 짓이었다는 걸 역사가 말해 주고 있지 않니. 진통 끝에 그들은 역사를 공유하는 쪽을 선택했다.

판을 키우는 데엔 어떤 주인님의 목적이 숨어 있다. 우리 중국관의 주인님은 그것은 중국의 팽창주의 때문이라고 주장하라 하신다. 역사는 전쟁을 해서라도 지켜야 하는 민족의 자존심이라 가르치신다. 왜 그들 말에 따라야 하는 걸까? 봄이 너는 한 번이라도 네 관점에 서서 따져 본 적이 있니?

한국의 많은 언론들이 백두산은 당연히 우리 산이라고 여기고 말한다. 생각이야 자유다. 역사가 그렇듯 신화로서 백두산을 우리가 향유한들 뭐 어떻겠니. 어느 국가와 공유한들 또 그게 무에 문제겠니. 하지만 신화를 현실로 끌어들여 그것을 우리 땅이라 주장하려 할 때는 엄밀하게 대차대조표를 따져 보아야 한다.

재미있는 건 북한을 동포로 보기보다 적으로 여기는 집단일수록 백두산을 우리 영토라고 주장하는 경향이 강하다는 거다. 이해한다, 그들의 자본주의적 욕망을. 그런데 욕망을 채우는 것조차도 철저히 현실적이어야 가능하다. 북한이 적국이라면 백두산은 당연히 우리 땅이 아니다. 더구나 지금 그 절반은 이미 중국이 실제로 영유권을 행사하고 있는 중국 땅이다. 그것을 어떻게 빼앗아 올 수 있겠니.

어느 민족이든 탄생 신화가 있고 건국 설화가 있다. 신화란 으레 과장하고 미화하는 법이다. 그런데 그것을 신화가 아니라 현실이라고 착각할 때 역사는 전쟁이 된다. 일본 군국주의의 정신적 기반이 되었던 만세일가론이 그렇지. 태평양으로 뻗어 나가기 직전 일본은 신화를 마치 현실인 것처럼 꾸미기 시작했다.

현실화는 지금 뜻한 바를 이루기 위해 신화를 이용하는 것이고, 역사화는 신화를 역사를 바탕으로 고증해 신화로부터 현실을 떼어 내는 일이다. 일본은 팽창을 위해 천황을 현실화시키면서 만세일가를 주장하기 시작했다. 일본 민족이 천황을 중심으로 일가를 이루며 지금까지 이어져 왔고, 천황은 순수한 일본의 정수이며, 그런 일본이 세계를 지배하는 것이 더러운 피가 섞인 서구가 지배하는 것보다 낫다는 거다. 신화 속 이분법의 세계를 현실로 끌어내리는 순간 선과 악의 구별과 응징은 당연해지고, 전쟁과 폭력이 뒤따르게 된다.

나치의 유대인 학살도 마찬가지 논리였다. 나치는 순수한 게르만 족이라는 게 있다고 믿었다. 그런 믿음은 어느 민족에게나 있다. 한데 그런 신화를 현실에서 구현하려 할 때는 꼭 무리수가 따르게 된다. 게르만족의 순수성을 지키려는 순간 유태인은 죽어 없어져야 하는 민족이 되었다.

백두산 신화를 현실로 끌어내릴 때 역시 불행이 시작될 공산이 크다. 우리 민족에게 정기를 내린 산이라는 건국 신화가 백두산은 영원히 우리 것이라는 현실 인식을 동반할 때 백두산은 언젠가는 우리가 빼앗아와야만 하는 숙명으로 변한다. 백두산은 이스라엘의 예루살렘처럼 언제 터질지 모르는 두 민족 사이의 활화산이 되는 것이다.

한동안 중국이 현재 자기네 영토로 되어 있는 백두산을 개발하기 시작하자 우리 언론은 민족의 영산을 중국이 다 해친다는 식으로 보도했다. 둥베이 지방에 있는 문화유산을 손볼 때도 마찬가지였지. 우리 문화 유적을 감히 제멋대로 손댄다는 식이다.

그들은 현실을 직시하지 않고 있는 것이다. 국제법상 거기는 중국 땅이다. 실제로 영유권을 행사하고 있기도 하다. 당연히 중국이 개발하거나 보전할 권리가 있다. 거기 있는 한민족의 문화재를 제대로 개발하고 싶다면 어설프게 민족 감정을 자극할 것이 아니라 중국과 함께 지켜 나갈 방법을 찾는 게 맞다. 그곳 유물에 한글 이름을 새겨 놓고, 그곳 땅에 태극기를 꽂는다고 그게 우리 것이 되지는 않는다. 그런 식으로 중국을 자극하다 보면 그곳에 있는 문화재를 우리가 보는 것조차 쉽지 않은 일이 되기 십상이다. 지금 그런 험악한 관계로 나아가고 있다.

냉정하게 말하자면 중국과 우리는 엇비슷한 힘을 지닌 나라가 아니다. 그런데도 계속 이런 식으로 힘겨루기를 한다면 어떻게 될까?

봄아. 나는 동북공정이 북한의 붕괴를 염두에 두고 중국이 땅덩이를 넓히기 위해 먼저 치고 나가는 그런 기획물은 아니었다고 본다. 그건 사실 내부를 단속하기 위한 성격이 강했다. 지금이야 이런 주장에 동의하는 사람들이 꽤 늘었지만 사태가 막 터졌을 무렵에는 정말 심각했다. 아빠는 순식간에 친중주의자로 몰려 중국으로 쫓겨 갈 뻔했거든. 아, 농담인거 너도 알지? 물론 몰린 것은 맞다만.

이참에 나도 양심선언 하나 해야겠다. 나는 골수까지 친한주의자다. 너를 사랑하고, 내 학생들을 사랑하고, 이 땅을 사랑한다. 물론 우리나라에 대해서도 누구보다도 애착이 크다. 많은 학자들이 탈민족 탈국가를 주장할 때도 굳건히 민족주의와 민족의 중요성을 강조했다. 그런 점에서 골수 민족주의자이기도 하다. 중국을 가야 할 일이 생길 때마다 썩 내키지 않고, 중국 음식도 그다지 좋아하지 않는다. 아, 물론 한국식 중국 음식은 미친 듯이 사랑한다. 중국 사람들을 우리 이웃처럼 대하고자 하지만 그곳 지식인들이나 정치인들과 인맥을 쌓고자 나선 적은 한 번도 없다. 푸단대 동창회에 나가 본 적도 없고, 중국에서 연구비를 따오거나 기금을 끌어오려고 애써 본 적도 없다. 돈은 돈값을 치러야 하기 마련이고 연줄에 얽히게 되면 헤어 나오기 어려워진다. 지금도 중국에 가면 동네 뒷골목을 어슬렁거리다 서둘러 이곳으로 돌아오곤 한다. 나는 지금 여기서 우리 겨레와 함께 행복하기 위해 이 책을 쓰고 있는 중이다. 그때도 그랬다.

자, 다시 동북공정으로 돌아와 보자. 그건 우리의 영토를 노린 공세적 노림수가 아니라 오히려 현재 중국 영토에 속한 헤이룽장 성, 지린 성, 랴오닝 성을 지키려는 성격이 컸다. 특히 그 무렵 조선족과 만주 지역을 바라보는 한국인들의 관심과 태도, 그리고 북한을 둘러싼 한반도의 안보 상황에 대처하고자 했다. 둥베이 지방에서 한국인들이 벌인 온갖 민족적 행위들이 중국인들을 불안하게 한 거다. 거기 사는 조선족을 중국인이 아니라 한국인이라 여기고 둥베이 삼성을 언젠가 수복해야 할 대한민국의 옛 영토로 바라보는 데에야 왜 안 그렇겠니. 더구나 중국으로서는 북한이 스스로 무너지거나 미국이 북을 타격하려 한다면 그것이 자국민에게 미칠 영향을 살피지 않을 수 없었을 거다.

중국으로서는 미래의 분쟁에 대비하고 자국 영토를 안정시킬 필요가 있었다. 그러자면 강대한 모국을 둔 조선족이 중국의 56개 민족 가운데 하나라는 것을 분명히 해 둬야 했고, 지금 중국의 영토가 된 땅이 역사적으로나 이론적으로 자기 것임을 명백히 해야 했다. 그렇다면 우리가 고구려 역사를 두고 고유한 우리 역사라고 고집하면 할수록 중국은 더욱더 강경하게 자기네 역사라고 주장할 공산이 크다. 역사 문제를 역사가들 몫으로 두지 않고 국가가 나서 역사 전쟁을 벌이게 되면 중국 역시 한껏 날을 세운 채 한국과 현실 전쟁을 벌여 나갈지도 모른다는 얘기다.

최악의 결과를 낳을 수도 있겠지. 그것이 중국 인민들의 '풀뿌리 제국 의식'을 자극하게 된다면 말이다. '그래, 그렇다면 어디 한번 힘으로 대결해 보자!' 중국인들이 그렇게 나온다면 어떻게 할까?

예전에 마늘 파동이 그랬다. 마늘을 둘러싼 경제 마찰을 두고 우리는 언론을 동원해 민족문제로 비화시켜 버렸다. 봄아. 그 결과가 어땠는지 아니? 중국은 그래 어디 누가 이기나 한번 해 보자, 하고 힘 대결로 나왔다. 너희 핸드폰 이제 안 사 주겠다고 그랬지. 우리는 곧바로 꼬리를 내렸다. 그야말로 제대로 자존심을 구긴 셈이다.

누군가는 중국과 우리 사이에 힘의 균형추가 한참 기울어져 있다는 걸 인정하는 게 민족의 자존심을 구기는 일이라 생각할지 모르겠구나. 하지만 민족의 자존심은 관념 속에서 지켜 내야 할 허깨비가 아니라 손익을 꼼꼼히 따져 가며 지켜야 할 엄연한 현실이다. 민족의 존엄성은 민족의 생존권을 지키는 것에서 출발한다. 봄아. 생존권까지 내걸고 전쟁까지도 무릅쓴 채 지켜야 할 자존심이라는 건 없다. 그건 민족의 자존심이 아니라 중국과 맞서거나 어떻게든 전쟁을 벌이고 싶은 주인님들 이해타산이겠지. 우리에게는 전쟁 위협을 막아 내고, 평화를 지켜 내고,

폭력의 수렁에서 빠져나오는 것이 먼저다. 중국보다 돈 잘 벌고, 중국하고 겨뤄서 이기는 게 평화를 지키는 것보다 우선일 수는 없다. 조선족을 우리 국민으로 만들고 백두산을 송두리째 우리 땅으로 만드는 것이 평화를 지키는 것보다 앞설 수도 없다.

무엇보다 영토라는 건 배타적인 권리를 행사하지 않고도 공생할 수 있는 방법이 많다. 그 유명한 알프스도 한 나라가 독차지하고 있는 건 아니다. 유럽인들은 알프스를 여럿이 나누어 가지는 것이 더 이롭다고 여긴다. 전쟁과 폭력까지 동원해 빼앗는 것이 얼마나 어리석은 일인지 이제 그들은 알고 있는 거다. 지금 그들에게 중요한 것은 그곳에 사는 사람들의 일상이다. 주민들에게는 독점보다 공유가 훨씬 더 살기 좋다. 다른 사람들한테도 마찬가지지. 비자 없이 자유롭게 넘나드는 유럽, 얼마나 좋더냐.

백두산이나 만주 지역을 피 흘리지 않고 가져올 방법이 있다면 나도 적극 참여하겠다. 다시 말하지만 나도 민족주의자란다. 하지만 그럴 수 없다면 주민들의 눈높이에서 가장 자유롭고 살기 좋은 땅이 될 수 있도록 만들자는 거다. 비자 없이 걸어서, 철도로 언제든 오갈 수 있도록 만들고, 누구든 가서 황사를 막을 수 있는 나무를 심을 수 있게 하는 것. 그것이 전쟁보다 쉽고, 전쟁보다 더 많은 사람이 행복할 수 있는 방법 아니겠니.

사람이 살아가는 데에도 방향이 중요하듯 국가와 국가 간에도 그렇단다. 우리가 신화를 현실로 만들고자 하거나, 돈벌이에만 눈이 멀었거나, 민족 감정을 터뜨리는 일에 빠져들 때 그 대가는 비관적이다. 우리는 중국과 그런 식으로 싸워서 이길 가능성이 별로 없다. 그런데 왜 다른 선택지를 찾지 않는 것일까? 마땅한 경쟁력도 없으면서 A코스에 목을 매는 대학생들처럼, 우리도 중국과 함께 더불어 살 수 있는 길을 여태 찾아본 적이 없어서 그럴 거다.

물론 우리가 중국을 경계해 온 이유가 분명히 있다. 그들은 늘 대국이었다. 대국의 주인으로서 그에 걸맞은 의식도 지녀 왔다. 그런 그들이 이제 다시 세계에 내세울 만큼 힘을 가지기 시작했다.

하지만 중국은 우리가 한쪽 눈으로만 보아 온 그런 역사만을 가진 나라가 아니다. 이 지구 위 어느 곳보다도 철저하게 제국주의와 그 잔재들에 맞서 싸워 온 나라이기도 하다. 우경화되어 가는 일본과, 아시아 회귀를 선언한 미국에 지금 중국이 이렇게 강하게 반발하는 건 단순히 자기네 땅덩이를 지키기 위해서가 아니다. 여전히 그들 속에 살아 숨 쉬는 반제국주의 정신이 일본과 미국의 팽창주의에 강경하게 맞서는 힘이 되고 있는 것이다. 게다가 반제국주의뿐만 아니라 한 세기 넘게 반봉건을 외치며 싸워서 새로운 나라를 일군 역사도 있다.

중국은 빼앗긴 주권과 영토를 되찾는 데 백 년이 넘게 걸렸다. 그 와중에 그들은 국가와 국가 간의 상하 질서, 인종과 인종 간의 차별, 사람과 사람 사이의 불평등에 맞서 치열하게 싸웠다. 지금도 중국은 패권을 추구하지 않겠노라고 공개적으로 선언하고 있고, 실제로 그동안 어느 나라에도 자국 군대를 주둔시키지 않아 왔다. 그런 나라가 하루아침에 다시 침략국으로 나서기는 쉽지 않을 거다. 오늘 아침에도 중국은 아베의 팽창주의적 망언에 함께 대응하자고 우리에게 제안해 왔더구나.

역사는 하루아침에 이루어지지도 사라지지도 않는다. 아무리 자본주의의 파고가 거세어도 반봉건·반제국 주의를 위해 피 흘리며 싸워 온 역사가 단숨에 잠식당하지는 않을 거다. 역사가 그런 거란다, 봄아.

이제 우리도 약자의 역설을 믿어야 한다. 아빠가 가난한 자의 역설을 믿듯이 말이다. 가난하기에 가질 수 있는 희망. 약자이기에 보여 줄 수 있는 미래. 그것이 현실이 될 때 이 세계가 살아남을 수 있다.

누군가는 이 땅에서 21세기 인류의 희망을 본다고 하더구나. 멋진 세계관을 지닌 이가 나타나 20세기 세계사의 문제들이 몽땅 쌓여 있다는 이 한반도를 사람이 살 만한 곳으로 만들어 낸다면? 자, 어떻게 출발해야 할까? 약자의 눈으로 현실을 직시하고, 더불어 행복할 수 있는 꿈을 꾸어야 한다.

봄아. 전라도에 가면 운주사라는 절이 있다. 그 절을 품고 있는 만산의 계곡 여기저기에 늘어선 '천불천탑'으로 이름난 곳이지. '천불천탑'에서 인류의 희망을 본 사람 중에 독일인 사진작가 요헨 힐트만이 있다. 그는 1980년대에 이곳을 방문한 뒤에 《미륵》이라는 책을 펴냈다. 그 책은 이후 많은 사람들이 운주사를 주목하는 길잡이가 되었다.

힐트만은 그곳을 '신앙과 예술과 생활'이 절묘하게 어우러진 공간으로 보았다. 신앙과 예술과 삶이 조화를 이루었다면 그곳이야말로 천국이자 인류의 미래인 것이다. 나도 힐트만 덕분에 이 계곡을 여러 번 찾았지. 참 평안했다. 우선 눈에 거슬리는 것이 별로 없었다. 눈만 돌리면 어디든지 널려 있는 불상과 탑. 천불도 천탑도 모두 본디 그곳에 있던 돌로 세웠다. 하나도 바깥에서 들여오지 않았다. 그러다 보니 그곳의 자연과 자연스럽게 어울렸다.

'천불천탑'은 다보탑처럼 솜씨 좋은 장인이 만든 것이 아니다. 서툴고, 제멋대로에다가, 대충대충 만들어 놓았다. 나라도 금세 만들 수 있겠구나 싶다. 신줏단지마냥 쉽게 접근할 수 없는 곳에 우뚝 전시해 놓은 것도 아니다. 계곡에, 논두렁에, 길가에 아무렇게나 놓여 있다. 보고 있자면 그걸 만들었을 이들이 지었을 법한 소박한 웃음이 자연스레 떠오른다. 내 일터에도 저런 미소를 띤 미륵불 하나쯤 들여놓았다가, 일하다가 쳐다보고 따라 웃었으면 싶다. 그렇게 웃을 수 있는 사람들과 그런 자연이 살아 있는 마을에서 살고 싶어진다. 그것이 아마 신앙일 게다.

그곳에 놓인 불상이 모두 미래불인 미륵불인 걸 보면 그 사람들도 그런 세상을 꿈꾸었을 테지. 미륵불이 사는 미래 세계. 그것을 용화 세계라 부른단다. 봄아. 내 인터넷 아이디가 yonghwa3이다. 무슨 의미인지 아니? 어떤 사람은 첫사랑 이름이냐고 묻기도 하고, 딸 이름인지 묻는 사람도 있다. 이 아이디는 운주사 계곡에서 만들었다. 용화 삶을 꿈꾸면서. 큰 욕심 없는 순수한 사람들이 옹기종기 모여 별 차별 없이 평화롭게 어우러진 마을에서 살아가고 싶은 꿈이 담겨 있단다.

1990년대 초반 어느 가을이었나 보다. 학생들과 함께 운주사 계곡을 찾았다. 한겨울, 햇살 좋은 모퉁이에서 팽이를 돌리는 아이들처럼 한껏 즐거워하는 녀석들을 멀찌감치 두고 아빠는 논두렁에 누워 멀리 보이는 운주사를 바라보고 있었다. 깜박 잠이 들었나 보다. 인기척이 나서 눈을 떴더니 할아버지 한 분이 지게를 지고 서 계셨다. 내가 일어나 앉자 이렇게 물으시더구나. "젊은 양반 어디가 안 좋으신 겨?" 화들짝 놀라서 "아이고 아닙니다, 어르신. 그냥 누워 있다 깜박 잠이 든 것 같습니다." 했지. 그제서야 그분은 함박 웃으셨다. "아, 그라믄 다행인 겨. 걱정돼서 다시 와 봤어." 하시고는 무거워 보이는 지게를 지고 다시 왔던 길을 되돌아가셨다.

그러고 보니 이미 30분도 전에 내 앞을 느린 걸음으로 스쳐 지나가셨던 그 어르신이셨다. 누워 있는 나를 보고 지나셨다가 산중턱까지 오르도록 내가 꼼짝을 하지 않고 퍼져 있으니 아파 쓰러진 건가 싶어 다시 돌아오신 거다. 그 순간 깨달았다. 이곳에 천불천탑이 그냥 있는 게 아니구나, 사람이 자연을 닮았고 '천불천탑'이 사람을 닮았구나, 나도 저분처럼 살아야겠다. 그렇게 태어난 아이디란다.

다시 운주사에 다녀와야 할 때가 됐구나. 아빠는 지금 이 도시의 뾰쪽함을 너무 닮아 가고 있다.

봄아. 우리가 중국을 이길 수 있는 힘은 무력이 아니다. 경제력도 아니다. 땅덩어리 크기는 더욱 아니다. 그런 현실을 우리 명확하게 보자. 더구나 우리가 꼭 중국을 이겨야 하는 것도 아니다. 세상은 선과 악으로, 적과 아군으로, 전부 아니면 전무로만 나눌 수 있는 게 아니지. 경제도 영토도 함께 누리며 평화롭게 행복하게 살 수 있는 방법이 많다. 보이지 않았던, 혹은 보지 않았던 진실을 이제 찾자. 그것이 우리가 가진 힘이다.

모든 것을 개인의 책임으로 돌려놓는 체제 아래 꼼짝없이 갇힌 채, 개인과 가족이라는 정체성으로만 무장하고 성공을 향해 달리는 것이 꿈이 될 수는 없다. 그곳에는 희망이 없다. 주인님들은 더불어 사는 것에 관심이 없다. 더불어 사는 것은 그저 우리의 희망일 따름이다. 우리가 나서야 한다. 그러자면 우리는 우리 마을, 한반도, 동북아시아, 세계를 두루 관심 있게 살피면서, 나를 둘러싼 세상이 어떤 모습이었으면 하는지 하나씩 그려 나가야 한다. 그리고 그 꿈을 현실로 만들기 위해 애써야 한다.

중국에도 더불어 사는 세상을 꿈꾸는 무수한 사람들이 있다. 그들 중에는 여전히 자전거를 타고 살 수 있는 공동체를 그리워하는 이가 있고, 커져 가는 부의 불균등에서 자유로운 마을을 만들고자 노력하는 이가 있고, 동북아시아 평화를 위해 자국의 외교 정책을 채찍질하는 사람들이 있다.

봄아. 중국에도 그런 사람들이 산다는 사실을 믿고 함께 새 길을 한번 열어 보지 않겠니?

열한
번째
편지 /

그들도
사람이다

봄아. 언제였던가 우연치 않게 제법 이름이 알려진 금융인, 사업가, 정치인들의 짧은 여행에 낀 적이 있다. 그 모임에서는 그동안 이런저런 분들을 초청해 강연을 들어 온 모양인데, 중국 역사를 전공한 교수가 참석했다 하니 몇 분이 강의를 듣고 싶다고 요청을 해 왔다. 내가 제일 싫어하는 것 중에 하나가 놀러 와서 공부하는 것이라 극구 사양했다만 밥값을 하라는 그분들의 성화가 빗발쳤다. 그러면 딱 한 말씀만 드리겠습니다, 하고 딱 한마디만 했다. 그게 뭔지 아니?

"중국인도 사람입니다."

누가 나더러 한국인들에게 중국을 전공한 사람으로서 해 주고 싶은 말을 딱 한마디만 하라고 한다면 나는 그들도 사람이라는 말을 하고 싶다. 그들도 사람이다. 그날도 그렇게 말했다.

봄아. 지금 중국에는 13억에 이르는 사람들이 살고 있다. 너한테는 이것이 어떤 의미로 와 닿는지 모르겠구나. 선교 여행을 다녀오기도 했으니 19세기 미국의 선교사들처럼 기독교적 가치로 교화시켜야 할 '사탄의 무리'들이 13억 명이나 살고 있다고 여기는 건 아니겠지? 사실 나는 이런 기독교인들을 제법 많이 만나 보았단다. 우리 학생들 중에도 중국에 선교 활동을 해 보겠다며 중국학과를 선택한 학생도 드물지 않다. 실제로 지금 중국에서 선교 활동을 하고 있는 녀석도 있다.

봄아. 선교사가 되려는 학생들을 만날 때마다 역사를 전공한 아빠는 걱정이 앞선다. 네가 친구들과 선교 여행이라는 것을 갈 때도 그랬지. 왜냐하면 중국에서 외국인이 선교 활동을 한다는 것은 여전히 범법 행위이기 때문이다. 기독교인들은 이 법이 종교의 자유를 짓밟는 비상식적인 조치로 보일 테지. 일부 한국 교회와 서구에서는 종교의 자유조차 허용하지 않는 독재국가라고 중국을 비난하기도 한다. 우리 처지에서 보면 그럴 수도 있겠지. 성직자들의 활동도 종교의 자유 안에 포함된다고 생각하니까 말이다. 그런데 중국 역사를 공부해 온 사람으로서 나는 중국인들이 왜 아직까지 그것을 불법으로 묶어 두었는지 충분히 이해가 된다. 물론 이해한다고 해서 동의한다는 뜻은 아니다만.

좀 더 정확히 보면 중국에 종교의 자유가 없는 것은 아니다. 교회도 있고, 성당도 있다. 개신교회만 하더라도 1만 2천여 개가 있다. 그것도 급속히 늘어나는 추세이다. 정부 눈치 보지 않고 매주 예배도 드리고, 교인들끼리 교류도 한다. 중국 정부한테는 눈엣가시일 티베트 라마승들조차 법으로 승려가 되는 것을 막지 않지. 신도들도 자유롭게 예불을 드린다. 파룬궁처럼 특별한 경우가 아니라면 중국인들이 어느 종교를 믿든 중국 정부는 막지 않는다.

그런데 특이하게 외국인들이 중국에 들어와 포교 활동을 하는 것은 여전히 법으로 엄격하게 금지하고 있다. 비난하기 전에 먼저 이해하고자 노력해 보는 것. 이제 알지? 왜 그런지부터 한번 알아보자.

봄아. 네가 아는 대로 중국은 우리가 일본의 식민지가 되었던 그 무렵 반식민지로 전락했다. 우리처럼 나라 전체가 통째로 먹힌 것이 아니라 일부 지역을 빼앗기거나, 조차해 준 거지. 조차라는 건 외국에 영토를 빌려주는 것인데, 중국은 그곳의 주권까지 넘겨줄 수밖에 없었다. 대표적인 조차지가 바로 홍콩이나 마카오란다. 이 두 곳은 백 년 간 영국과 포르투갈에 빼앗겼다가 최근에 되돌려 받았지. 네가 다녀 본 홍콩이나 마카오가 중국과 서구의 문화가 뒤섞여 있었던 건 그동안 서구인들이 통치한 결과다. 둥베이 지방은 1932년 일본이 만주국을 세우면서 식민지로 삼켜 버렸지.

중국이 반식민지가 되는 과정을 보면 모순적이게도 기독교 선교사들이 큰 역할을 해냈다. 선교사들은 미개한 이방 나라를 개종시키고 서구의 앞선 문화를 전해 주는 것이 중국인들을 위한 일이라고 여겼다. 그런데 중국인들 처지에선 어땠을까? 선교사들은 수천 년간 그들이 믿어 오던 신을 모독하고, 사당을 파괴하고, 그들의 문화를 업신여기며 마구 없애고, 중국 사람들을 미개인 취급했다. 그러니 침략자의 앞잡이로 보였을 수밖에.

그래서 기독교가 중국에 전파되던 초기부터 끊임없이 크고 작은 반기독교 운동이 일어났다. 기독교도들이 보기에는 우상 숭배였지만 중국인들에게는 멀쩡한 자기네 종교였다. 기독교인들이 하나님을 섬기듯이 그들도 공자를 비롯해 여러 신을 숭배하고 있었고, 기독교인들이 교회를 중히 여기듯이 사당을 목숨처럼 여겼으며, 기독교인들이 부활절을 지키는 것만큼이나 제사를 드리고 싶어 했다. 하지만 기독교 선교사들은 강력한 무력을 가진 본국 정부를 등에 업고 중국 사람들이 믿는 신들을 모독하고, 사당을 없애고, 제사를 포함한 전통적인 신앙 활동을 금지시키고자 했다.

대개 어느 시대, 어느 지역을 막론하고 자기가 믿는 신을 모독하는 것만큼 거센 반발을 사는 일은 없다. 기독교가 중국의 전통 신앙들을 거꾸러뜨리려 하자 중국인들은 선교사를 공격하거나 교회에 불을 질렀다. 선교사들이 중국 내륙까지 진출하는 19세기 후반이 되면 서구에서 들어온 것은 몽땅 "서양 것들"이라고 부르며 싸잡아 불 지르고 때려 부수기에 이른다. 그러면서 중국인들은 선교사를 중국을 침탈하는 제국주의 국가의 선봉장으로 보게 된 거다.

이런 인식은 중화인민공화국이 건립되고 나서도 별로 나아지지 않았다. 곧바로 서구와 극단으로 맞서는 냉전 시기를 거치면서 선교사들이 중국 근대에 미친 긍정적인 역할을 냉정하게 되짚을 기회도 사라져 버린 거다. 중국인들은 지금도 선교사가 서구의 정치·경제적 이해관계를 대변할 거라고, 본국에 이익이 된다면 언제든 중국의 질서를 멋대로 흩트릴 수 있다고 본다. 특히 종교의 힘을 빌리게 되면 오래도록 강력하게 영향을 미칠 거라고 여기지.

아마도 중국은 중국을 무너뜨리려는 서구의 시도가 끝났다고 스스로 평가하거나, 자기네 체제를 스스로 완벽하게 지켜 낼 수 있다고 자신하는 시점까지는 외국인의 선교 활동을 막을 거다. 구소련이 무너진 건 미국을 비롯한 서구의 소련 붕괴 정책이 먹혀서라고 평가하고 있는 중국으로서는 미국의 대중국 정책이 여전히 의심스러울 수밖에 없다. 미국이 지금 아시아로 귀환하겠다고 선언하며 중국과 대치 국면을 만들어 가고 있는 셈이니 중국은 당분간 외국인들이 벌이는 선교 활동을 계속 제약할 거다.

한국의 많은 기독교인들이야 13억 중국인을 하루빨리 구원시켜 하나님의 품으로 인도하고 싶겠지. 그런데 누가 누구에게 일방적으로 뭘 하고자 하면 대개 그 둘 사이에는 차별과 폭력이 생기기 마련이다. 19세기 서구가 동아시아를 침략할 때 그랬다. 아시아를 미개하고 열등한 국가로 규정하고 하나님의 이름으로 선진 문명을 미개한 동아시아에 전파하는 것이 그들의 '운명'이라고 생각했다. 동아시아인들이 원하든 원하지 않든, 동아시아인들이 자기네 신을 믿고 있든 아니든, 선교 활동이 자국 정치에 이용되든 아니든, 심지어 전쟁과 폭력을 빌려서라도 그들을 개화시키고 개종시키려 했다. 십자군 전쟁이 그랬던 것처럼 하나님의 이름으로 그런 일들을 거침없이 진행했다.

중국에는 13억 인구가 산다. 그들도 사람이다. 사람인 이상 그들도 문화가 있고, 믿어 온 신이 있으며, 살고 싶은 삶의 방식이 있고, 나름의 세계관과 우주관이 있다. 지금도 많은 한국의 기독교인들은 이것을 인정하지 않는다. 심지어 불법을 저지르거나 폭력을 써서라도 내가 믿는 세계로 끌어들여야 할 '대상'으로 여긴다. 그 과정에서 정부나 기업의 도움을 받는 것 또한 자연스럽다. 13억 중국인들은 우리처럼 자기가 원하는 신을 믿을 권리를 주어서는 안 되는 자들에 불과하다. 같은 사람이 아니라 오직 포교와 개화의 대상일 뿐인 거다.

기독교인들뿐만이 아니다. 경제인들 머릿속에도 중국인들은 휴대전화 하나, 텔레비전 한 대를 팔아 먹어야 하는 소비자로만 박혀 있다. 사람이 아니라 대상인 거다. 많은 이들에게 중국인들은 '되놈'이거나 '중국 놈'이다.

모든 것이 돈으로 보이는 장사치들만 중국을 그렇게 보는 걸까? 지구의 미래를 걱정하는 환경론자들도 때로 중국인이 우리와 같은 사람이고, 중국도 우리와 같은 사람들이 모여 사는 곳이라는 생각을 하지 않는다. 중국인들이 이런 추세로 자동차를 타기 시작하고, 지금처럼 소고기를 먹어 대고, 지금처럼 화석연료를 써 대기 시작하면 이 지구는 끝장이다, 그렇게 본다.

한국의 진보주의자들도, 중국인들이 우리처럼 더 편하고 안락한 삶을 바라는 '사람'이라는 생각을 못 할 때가 많다. 중국은 그저 실패한 사회주의 국가일 따름이다. 사회주의를 내세우고 있으면서도 자본주의보다 더 돈을 향해 앞으로 나란히 나아가는 모습이 우리보다 더 추악해 보이곤 한다. 그래서 한국의 진보주의자들은 훨씬 엄격한 잣대로 중국을 평가한다. 그들이 보기에는 중국인들은 아주 이상적인 사회주의자들이어야 한다.

한데 그런 얘기를 보고 들을 때마다 꼭 물어보고 싶은 것이 있다.

"중국 사람들도 한국 사람들처럼 자전거보다 자동차를 타고 싶지 않을까요? 중국 사람들도 미국 사람들처럼 소고기를 자주 먹고 싶고,

유럽 사람들처럼 온 나라를 철도로 편하고 빠르게 여행하고 싶지 않을까요? 중국 사람들도 돈을 더 벌어서 편하고 안락한 삶을 누리고 싶지 않을까요? 개발에서 앞선 우리가 '내가 해 보니 좋지 않아. 너희들은 자전거를 타고, 채식을 하고, 불편하더라도 자연을 보존해.'라고 하면 그들이 과연 수긍할까요? 중국 사람들이 우리가 추구해 온 그 근대적 욕망들을 좇는다고 해서, 그들을 이 지구의 농작물을 일순간 다 먹어 치우기라도 할 메뚜기 떼 취급하거나, 그들의 욕망을 저지하지 않으면 우리가 죽을 수밖에 없는, 외나무다리에서 만난 원수같이 대한다면 그것이 과연 정당한 잣대일까요? 그런 방식으로 우리가 꿈꾸는 '오래된 미래'가 올까요? 중국인들이 동참할까요? 힘으로 밀어붙이면 얻어 낼까요?"

봄아. 2013년 바르샤바 기후 변화 회의도 별 소득 없이 허무하게 끝났다. 교토 의정서를 대체할 새로운 환경 협약은 끝내 나오지 않았고, 2021년 이후 새 기후 체제 출범은 오리무중에 빠져 버렸다. 사실 이번 회의는 미국과 중국이 어떤 태도를 보이느냐가 관건이었다. 그동안 중국은 개발도상국에게 선진국과 똑같은 온실가스 감축 의무를 지워서는 안 된다고 주장해 왔다. 자신들도 자동차를 타야 하고, 소고기도 먹어야 한다는 것이다. 이번 회의에서도 중국을 포함한 132개국은 산업혁명 이후 배출된 온실가스의 총량을 연구하자고 제안했다. 선진국들은 늘, 이미 지구 온난화가 엄청난 속도로 이루어지고 있으니 개도국도 똑같은 의무를 져야 한다고 목소리를 높인다. 이번 회의에서는 이 문제를 조율하는 것이 핵심이었다. 하지만 실패했다.

가장 큰 책임은 미국을 포함한 선진국에 있다. 중국은 감축 의무에 차별을 둬야 한다고 주장하고 있지만 실상은 온실가스를 가장 많이 내놓는 미국, 인도, 중국 중에서 유일하게 감축에 적극적이다. 2011년 더반에서 열린 기후 변화 협약 당사국 총회에서는 법적 구속력을 지닌 감축안을 받아들일 수도 있다고 밝히기도 했다. 중국에게는 개발만큼이나 환경도 주요한 의제라는 걸 알 수 있는 대목이다. 고맙다, 중국.

온실가스 최대 배출국인 미국은 아예 교토 의정서에 서명조차 하지 않았다. 2020년까지 유효한 교토 의정서 연장안도 거부했다. 그러고도 미국은 중국의 환경오염을 틈만 있으면 비난하고 빈정거린다. 그런데 중국에 '탄소 세탁'을 가장 많이 하고 있는 나라가 바로 미국이다. 탄소 배출이 많은 소비재 대부분을 중국에서 생산해 수입해다 쓴다. 교토 의정서에 서명했던 캐나다, 오스트리아는 교토 의정서를 따르지 않겠노라고 천명했다. 일본은 당초에 배출양을 줄이겠다고 약속해 놓고, 지금은 더 늘리겠다고 선포했다.

개발도상국들은 선진국이 뿌려 놓은 온실가스 때문에 지금껏 고통을 겪어 왔다. 이제 와 그 책임을 지지는 못하더라도 "너희는 이제 자동차 타면 안 돼. 너희는 채식 좋아하잖아. 소고기 먹지 말고 그냥 채식해." 그럴 수는 없는 일이다. 저들도 사람이다. 봄아. 우리도 한 번쯤은 저들도 얼마나 자동차를 타고 싶을까 생각해 봐야 하지 않을까? 저들도 얼마나 소고기를 먹고 싶을까? 저들도 얼마나 편하게 자기네 땅을 돌아다니고 싶었을까? 그들도 우리와 같은 사람이다.

봄아. 네가 좋아하는 한 텔레비전 프로그램에 탤런트 차인표 씨가 나와 왜 아프리카 어린이를 돕기 시작했는지 말한 적이 있다. 그 프로그램을 보면서 한참을 울다가 웃다가 했다. 차인표 씨도 우리처럼 타인에게 무관심한 한 '한국'인이었다. 그런데 뜻하지 않게 아프리카에서 굶주리는 어린이 돕기 프로그램 홍보차 아프리카를 방문했단다. 참 가기 싫었단다. 안 가려고 그 가난한 재단에 1등석 표를 달라고 했단다. 그런데 어이없게도 주더란다. 할 수 없이 갔단다. 거기서 차인표 씨는 아프리카 어린이도 자신과 똑같은 사람이라는 사실을 처음으로 깨달았다고 했지. "내가 아프리카 어린이를 도운 것이 아니라 그 아이가 나를 도왔다."고 그는 말했다. 그 아프리카 어린이를 만나게 되면서 그 자신도 사람으로서 지녀야 할 인간성을 되찾은 거다. 그러고 나니 돈보다 사람이라는 가치로 세상이 보이기 시작했다. 혈연이나 지연 따위는 사람이 사람답게 살아야 하는 당위성에 비하면 별로 중요한 문제가 아니었다. 그는 지금 버림받은 아이들을 입양해서 자기 아이로 키우고 있다.

아프리카에서 굶어 죽어 가고 있는 어린이. 독재 정권 하에서 태어났건, 가난한 부모 밑에서 태어났건 그 어린이도 세상에 태어난 이상 우리와 같이 행복하게 살아갈 권리가 있는 '사람'이다. 입양된 그 아이도 10대 미혼모의 아이이건 어느 해직자의 아이였건 행복하게 살 권리가 있는 '사람'이다.

봄아. 우리는 중국의 13억 인구가 무슨 물건이나 되는 듯 매번 한 덩어리로 보지만, 알고 보면 나와 같은 한 사람 한 사람이 13억 명 있는 것이다. 그들도 우리처럼 행복을 꿈꾸는 사람이다. 그들도 행복할 권리가 있는 사람이다. 때로는 우리하고 경쟁하기도 하고, 적대적인 관계에 놓이기도 했지만 그들이라고 마냥 그런 것이 좋기만 하지는 않을 거다. 그들도 우리와 잘 지내고 싶고, 평화롭게 살고 싶고, 싸우지 않고 살고 싶은 꿈을 꾸는 사람이다. 그들이 사는 그 거대한 땅이 우리 눈에는 돈벌이할 땅으로, 이웃 나라를 억누를 수 있는 권력으로 보이지만, 유사 이래 가장 많은 사람들이 굶어 죽어 간 슬픈 역사를 지닌 땅이기도 하다.

그들도 사람이다. 아프리카 어린이의 행복이 우리 행복의 일부이듯 중국인들의 행복 또한 우리 행복의 일부여야 한다. 봄아. 오늘 교회에 가면 단 한 번만이라도 13억 중국인들을 위해 기도해 다오. 그들이 크리스천이 되게 해 주세요, 그거 말고. 그들도 행복하게 해 주세요, 이런 기도로 말이다. 이 지구에 살고 있는 5분의 1이나 되는 사람들이 좀 더 행복할 수 있다면 이 지구가 얼마나 더 행복한 행성이 되겠니. 아멘.

열두 번째 편지 / 우리, 평범한 중국과 일상의 중국인을 발견해 보자

봄아. 언젠가 네가 나한테 '대륙 시리즈'를 보내 준 적이 있었다. 기억하니? 네가 보내 준 사진은 트럭에 대빗자루를 달고 청소하는 차나 변기 위에 의자를 놓은 것처럼 대체로 기발하거나 기상천외한 것들이 많았던 것 같다. 지금은 '대륙의 초딩'부터 '대륙의 성추행'까지 장르도 다양해지고, 끔찍하고 가혹한 이미지들로 그 폭을 넓혔더구나.

한때 유행한 '쇼킹 아시아'의 재판이 된 느낌이었다. 아시아에서 벌어지는 가혹하고 끔찍한 일들만 골라 짜깁기해 놓고, 아시아를 열등하고 미개한 지역으로 깎아내리면서, 사진을 보는 자신들이 마치 그 위에 서 있는 것처럼 비웃고 즐기던 못된 짓거리 말이다. 그 아시아가 이제 중국으로 변한 것이다.

인터넷에 나돌아 다니는 '대륙 시리즈'를 보면 아빠도 중국에 머물면서 한 번쯤은 보았을 법한 것들이 많다. 직접 보지 않았다 하더라도 중국의 형편을 감안해 보면 충분히 그럴 법한 것들도 제법이다. 물론 그중에는 중국이 아닌 경우도 있고, 교묘하게 합성하거나 조작한 것도 있더구나.

문제는 그것이 그저 사람 사는 곳에서 일어날 수 있는 일이 아니라, '이것이 중국이다.' 그렇게 여겨진다는 거다. 13억이 사는 대륙에서 있었거나 있을 수 있는 광경이라고 해서 그것이 곧 중국인 것은 아니다. 삼풍백화점이 무너졌다고 대한민국의 모든 백화점이 무너질 지경인 건 아니잖니. 서울 시청 앞에서 연일 시위가 벌어지고 있다고 해서 우리나라가 시위의 나라가 아닌 것처럼 말이다.

'대륙 시리즈'는 중국 문화, 중국인, 중국이라는 국가를 싸잡아 이상한 것으로 만들어 버리는 강력한 효험을 지니고 있다. 동양을 뻔한 몇 가지 이미지 안에 가둬 놓고 그렇게만 보려고 드는 서구의 전형적인 오리엔탈리즘하고 수법이 비슷하다. 물론 오리엔탈리즘이 그렇듯 그 시리즈도 다 거짓말인 건 아니다. 중국 어딘가에서는 그런 일들이 벌어지고 있고, 그런 중국인도 있다. 어떤 것은 중국에서만 벌어질 법한 일이기도 하다.

처음에는 호기심과 흥미로 시작되었을 거다. 거대한 대륙과 많은 민족과 넓은 자연이 지닌 다양성에 대한 동경도 들어 있었을 테지. 그런데 우리 안의 오리엔탈리즘이 작동하면서 갈수록 말초적 흥미와 가학적 재미를 추구하는 것들이 늘어나고, 그것들이 차곡차곡 쌓여 이젠 그것이 마치 실제 중국인 것처럼 돼 버렸다.

어쩌면 누군가 그런 중국이 필요했겠지. 그들은 그런 중국에 다양한 방식으로 힘을 싣는다. 동북공정을 전 국민의 관심사로 만들면서, 남북

이 격하게 맞설 때마다, 수없이 그런 중국의 모습을 끌어와 써먹었다. 무시하고 경멸하고 차별해도 좋을 민족, 그러나 두렵기도 한 나라 '나쁜 중국'이 그렇게 탄생한 것이다.

중국인들이 나쁜 걸까? 중국은 이상한 나라일까? 이건 엄밀하게 따져 보아야 한다. 물론 아빠가 지금 계속 이야기하고 있듯이 중국의 좋은 모습만 보는 것 또한 위험한 일이다. 중국은 좋은 면도 있고 나쁜 면도 있다. 아빠는 다만 여태 우리가 보지 못했던, 어쩌면 보려고 들지 않았던 중국의 좋은 점을 좀 보자고 이야기하고 있는 거다. 중국 또한 우리처럼 복잡한 모습을 한 나라거든.

중국을 제대로 알기 위해서는 '대륙 시리즈'라는 거울로 중국을 보는 짓을 그만두어야 한다. '대륙 시리즈'에 담긴 중국인들은 평범한 중국 사람들과는 거리가 멀다. 우리는 이제 일상을 살아가는 평범한 중국인과 중국의 모습을 통해 중국을 들여다보고 판단하는 연습을 해 나가야 한다. 최근에 이루어진 몇몇 조사를 보면 중국에서 생활한 경험이 있는 한국인들이 한국에서만 중국을 바라보는 한국인들보다 훨씬 중국을 긍정적으로 여기고 있다는 결과가 나왔다. 아마 그럴 거다. 우리는 여태 낯설고, 일그러진 모습 몇 가지를 더 과장되게 비추는 거울만 보아 온 셈이니까 말이다.

아빠도 그랬다. 중국 문화는 대부분 상식적이었고, 중국인들은 선했다. 중국이라는 나라도 한국과 크게 다를 바 없는 그런 나라였다. 사실 아빠는 중국에서 공부하는 3년 동안 그곳 동료들과 교수님들께 황송하리만큼 환대와 도움을 받았다. 비교적 짧은 기간 동안 박사 학위를 마칠 수 있었던 것도 그들의 헌신적 도움이 컸다.

처음 수업을 들어갔을 때만 해도 내 중국어는 심하게 서툴렀다. 특히 한 교수님 말씀은 전혀 알아들을 수 없었다. 광둥에서 오신 분이었는데 다른 중국 학생들도 알아듣기 힘들어 한다는 것을 알고 얼마나 안도했는지 모른다. 그때 수업을 같이 듣던 학생들은 손짓 발짓 섞어 가며 내게 영어로 강의를 설명해 주곤 했다. 심지어 어떤 친구는 수업 내용을 표준어로 녹음해서 건네주었다.

거리에서도, 여행지에서도 그랬다. 때로 관광지 번화가에서는 사기를 당하거나 속기도 했다. 환전 사기는 아빠가 중국 생활을 시작하는 첫날부터 당했다. 물론 할 말은 없다. 은행에 가면 될 것을 한 푼이라도 더 받아 보려고 거리의 환전상을 이용했거든. 백 번에 한 번쯤 그런 사기를 당한다.

그런데 바로 한 골목 뒤에서 일상을 사는 중국인들은 달랐다. '축구 잘하는 나라' 한국에서 온 유학생에게 놀라운 친절과 애정을 보여 주었다. 사실 그때나 지금이나 중국인들은 우리 예상보다 훨씬 한국을 모른다. 그때는 축구 잘하는 나라였고, 지금은 경제개발에 성공한 나라쯤으로 생각한다. 최근 한류로 한국 문화에 대한 관심이 늘어나고는 있지만 깊이 있는 이해는 여전히 부족한 형편이다. 중국 연구자들은 이런 현상을 '힘의 불균형 관계'라고 부르지. 우리에게 중국은 피할 수 없는 운명이지만 중국에게 우리는 국경을 마주하고 있는 수많은 나라 중에 하나인 것이다. 하지만 일상에서 만난 중국인들은 그 조그만 나라 한국에서 온 나한테 참 따뜻했다.

사실 '대륙 시리즈' 속 중국은 우리 안에도 있다. 〈화성인〉이나 〈세상에 이런 일이〉 같은 텔레비전 프로그램을 편집해서 그것만 줄곧 펴 나른다고 생각해 봐라. 그 속의 한국인이 결코 '대륙 시리즈'의 중국인에 뒤지지 않을 거다. 중국은 우리보다 더 땅덩이가 넓고, 다양한 민족과 문화가 있고, 과거와 현재가 들쑥날쑥 공존하는 개발도상국이다. 그러니 우리보다 훨씬 이상한 일들이 많이 벌어지겠지.

봄아. 지금 우리 속에 자리 잡은 중국의 이미지는 한두 사람이 애써서는 돌이키기 힘들 만큼 비틀려 있다. 공부하러 한국에 와 있는 중국 학생들을 보는 사람들의 태도를 한번 봐라. 거의 인종차별 수준이다. 대학조차 그렇다. 노란 머리 유학생에게 보이는 관심 같은 것은 기대도 안 한다만, 많은 학생들이 중국 학생들을 그림자 취급에, 더럽고 시끄럽고 미세 먼지나 날리는 나라에서 온 사람들로 대한다. 중국 사람들이 흔치 않았던 시절에 화교를 '짱깨'라고 부르던 그 비아냥이 지금 오히려 더 큰 힘을 얻고 있는 느낌이다.

우리 학교에도 중국 유학생들이 제법 와 있다. 아빠는 그 아이들을 대할 일도, 그들을 대하는 한국인들 태도를 볼 기회도 많다. 그들은 미국에서 유학하고 있는 아시아계 학생들과 비슷한 차별에 시달린다.

물론 까닭이 아주 없는 건 아니다. 많은 중국 유학생들이 공부보다 아르바이트나 일자리 찾기에만 바쁘다. 등록만 하고 학교에 안 나오는 경우도 제법이고, 수업에 들어와서도 제대로 못 쫓아오기 일쑤다. 떼 지어 다니고, 중국과 관련된 정치적 행사에는 넘치는 관심과 열정을 보낸다. 한국 학생들이 보기에는 참으로 한심해 보일 것이다. 아빠가 보기에도 학생으로서야 참 한심한 녀석들이 많다. 내 수업에서도 열에 일여덟은 맨 아래 3등급을 오가는 성적을 받는다.

그런데 그게 그들을 차별하고, 무시해도 좋을 이유일까? 불성실하고 공부 못하는 한국 아이도 같은 과에 많지만, 그런 학생들을 중국 유학생처럼 대하지는 않는다. 그런 중국 유학생들이 교정에 넘치는 이유는 중국인들이 그래서가 아니다. 우리가 필요해서 '그런' 중국 학생들을 많이 입학시켰기 때문이다. 우리도 미국 대학처럼 일정한 수준에 못 미치는 학생은 입학을 안 시키면 그런 중국 유학생들이 넘쳐 날 까닭이 없다.

우리나라는 웬만한 대학에서 중국 유학생들이 원서만 내면 다 받아준다. 부족한 재정을 채우기 위해서다. 외국 유학생은 정원 외로 치기 때문이다. 그러니 중국에서 괜찮은 대학에 갈 수 없거나, 심지어는 아예 대학을 갈 수 없는 처지에 놓인 아이들이 몰려오는 거다. 미국의 언어학원보다도 문턱이 낮으니까. 게다가 각종 대학 평가에 외국인 교수 비율, 외국인 학생 비율 이런 것들이 주요 항목에 들어 있다. 그러니 대학들이 되도록 외국 학생들을 많이 받고자 애쓰지.

그래 놓고도 우리는 마치, 20세기 초반 중국인 노동자들을 불러들여 저임금으로 서부 대개발을 끝내고 난 미국인들처럼 그들을 대한다. 실컷 이용한 뒤에 희한한 법을 만들어 배척하고 열등한 인종이라고 차별했지.

중국은 우리를 그렇게 대하지 않았다. 1993년 내가 처음 상하이에 갔을 때 그곳 한국 유학생들의 수준이 지금 한국에 와 있는 중국 유학생들과 견주어 별반 나을 것이 없었다. 중국어를 유창하게 구사하는 학생들이었다기보다 그 반대가 많았다. 패거리로 몰려다녔고, 수업보다 술집에 더 자주 가는 학생이 수두룩했다. 한국에서 대학 진학에 실패했거나 학벌 상승이나 좀 해 볼까 하고 중국을 택한 학생들이 다수였다. 중국이 그 무렵 한국 학생들을 받아 준 이유도 지금 우리와 거의 비슷했다. 새롭게 개혁·개방을 시작하면서 각 대학별로 재정 자치를 실시하기 시작했고, 중국 대학들도 돈벌이를 위해 외국 유학생을 받아들인 것이다. 그때까지만 하더라도 중국 대학에 들어가는 건 미국 언어 학원에 들어가려고 비자를 받는 것보다 쉬웠다. 부끄럽다. 아빠는 그런 시절에 중국에 유학을 갔다.

하지만 그 시절 한국 유학생들은 중국에서, 지금 한국에 와 있는 중국 유학생들처럼 무시당하지 않았다. 지금 우리가 동남아시아에 가서 누리는 대우를 받으며 지냈다. 좀 보태서 말하면 왕처럼 칙사처럼 대접받았다.

우리 학생들 중에도 사람과 사람으로, 호의와 정으로 중국 유학생들을 대하는 아이들이 없는 것은 아니다. 내 제자 중에 진우라는 잘생긴 청년이 있다. 너도 한두 번 봤을 게다. 진우는 그들을 참 친구로 대한다. 알게 모르게 따돌림 당하고 소외되는 학생들을 모아 중국 유학생회를 꾸릴 수 있게 도와주기도 하고, 한국 학생들과 교류할 수 있도록 모꼬지나 운동회를 마련하기도 했지. 한 중국 유학생이 휴대전화를 마련할 때 보증을 서 주었는데 그 유학생이 급하게 중국으로 돌아가 버려 학생으로서는 감당하기 어려운 돈을 물기도 했다. 그래도 진우는 그 학생도,

중국인도 욕하지 않았다. 그 친구도 그럴 만한 사정이 있었을 거라고 믿었다. 아빠는 진우가 너무 딱해서 바보 같다고 나무랐지만, 자기가 아는 수많은 중국 학생 중에 겨우 한 명이라고, 괜찮다고 했다. 자기도 중국에 여행 가서 여권을 잃어버렸을 때, 어느 중국인한테서 잊을 수 없을 만큼 큰 도움을 받았다고 하면서.

믿음은 헛되지 않더구나. 어느 날 그 학생은 진우에게 연락을 했고, 돈을 부쳐 왔다. 나중에 그 학생은 진우를 중국으로 초청했다. 진우는 친한 직장 상사와 휴가를 내어 중국을 방문했고, 그 학생의 친구들과 어우러져 흐드러지게 놀았다. 술을 짝으로 마셨다나 어쨌다나. 생각만 해도 그날 술이 얼마나 맛있었을까 짐작이 된다. 아마도 두 사람은 앞으로도 국경을 넘어 서로를 이해하고 끌어안고 감싸며 갈 것이다. 둘의 연대는 중국인들과 우리가 사람과 사람으로 만날 수 있는 귀중한 씨앗이 되겠지. 중국인들도 대개는 우리처럼 선하다는 것을 믿을 때 그들도 화답한다는 것을 진우가 보여 준 것이다.

안타까운 건 진우 같은 한국인들이 그리 많지 않다는 사실이다. 서양인 친구를 둔 한국인들과는 사뭇 자세가 다르다. 개인의 문제가 아닌 것이다. 우리 안에 작동하는 어그러진 중국 인식이 상황을 그렇게 배타적으로 몰아간다.

2008년 베이징 올림픽 성화 봉송이 서울에서 이루어졌다. 1988년 서울 올림픽 때 우리가 그랬던 것처럼 수많은 중국인들에게 베이징 올림픽은 20세기를 마감하는 상징적 행사였다. 반식민지로 전락해 전쟁과 폭력으로 얼룩진 불행한 시대를 끝내고, 자신의 힘으로 온전한 국가를 세우고 새로운 역사를 만들어 온 자부심과, 더 나은 새 시대를 열어 가려는 중국 인민의 염원을 전 세계에 알리는 자리였다. 하지만 중국이 20세기에 스스로 만들어 놓은 상처를 완전히 치유한 것은 아니었다. 파룬궁 신도들과 티베트 지지자들, 몇몇 시민단체 회원 들이 나서 이날 성화 봉송을 막았다.

그날 서울 시청 앞에는 성화를 무사히 봉송하고자 하는 많은 중국인들과 그것을 막고자 하는 이들이 충돌했다. 대한민국 언론은 대부분 이 사건을 두고 성화 봉송을 호위한 중국인들을 신랄하게 비판했다. "이곳이 한국인가 중국인가?"를 따져 물으며 주권 침해라고 대서특필했다. 경제적으로 성장한 중국이 안하무인이라며 연일 성토했다. 우리의 중국인 혐오증이 다시 한 번 증폭된 것이다. 그런데 중국인들이 그렇게 과했던가? 정말 우리의 주권을 침해했을까?

봄아. 2002년 월드컵 때 중국에 있던 한국인들은 어땠을까? 아빠는 그때 터키와 벌인 3·4위 결정전을 중국 라싸에서 보고 있었다. 월드컵 때 중국에 머물던 한국인들은 서울 시청 앞에 모인 그 흥분과 광란의 군중과 크게 다르지 않았다. 한국이 경기에서 이길 때마다 중국의 성지, 톈안먼 광장을 태극기를 달고 누볐다. 자동차로 경적을 울려 댔고, 담벼락에 술병을 던지고, 술집에서 거리로 뛰쳐나와 소리를 질렀다. 한국인들의 행동이 거의 난동에 가까워 주민들과 크고 작은 실랑이가 수없이 벌어졌다. 하지만 그때 중국 언론들은 우리처럼 일심동체가 되어 한국인들을 범죄자로 몰아가지 않았다. 주권을 운운하거나 혐한론을 부추기지도 않았다. 축하한다고 박수쳐 주고, 응원해 주는 중국인들도 많았다.

봄아. 우리도 중국의 올림픽 개최를 축하해 주는 것이 마땅한 일 아닐까? 20세기를 지나며 13억 인구가 겪어 온 그 고난을 생각한다면, 올림픽이 진정으로 스포츠의 잔치가 맞다면 우선 박수부터 쳐 주어야 하지 않을까? 서구의 일부 중국 혐오론자들과 같은 편에 서서 중국의 올림픽이 어떻게든 얼룩지기를 바라는 것이, 함께 억압받으며 20세기를 보낸 우리가 지녀야 할 태도였을까?

사실 중국의 축구 팬들은 한국 축구 팀이 유럽 팀들을 누르고 4강에 오른 것을 그리 달가워하지 않았다. 한국 사람들은 이것도 못마땅해했다. 왜 같은 아시아 국가를 응원하지 않고 유럽 팀을 응원하냐고 말이다. 이럴 때만 같은 아시아끼리, 같은 이웃끼리 그럴 수 있느냐는 논리를 편다. 언제 우리가 한 번이라도 중국을 같은 아시아로, 같은 이웃으로, 같은 편으로 본 적이 있었던가? 중국은 이래저래 어쨌든 나쁘다.

중국이 유럽 팀을 응원한 것은 한국이 싫어서가 아니었다. 그저 유럽 팀들이 좋아서였다. 중국인들은 우리보다 훨씬 일찍부터 유럽 축구를 즐겨 왔다. 아빠가 처음 중국에 갔을 때 말이다. 개혁·개방이 막 시작되어 서구화된 것이라곤 아무것도 없던 그때도 이미 많은 중국인들이 유럽 선수들 이름을 줄줄이 외고 있더구나. 중국 축구가 저렇게 못하는 게 도저히 이해가 안 될 만큼 영국의 프리미어 리그와 이탈리아 세리에 리그에 빠져 있었다. 공중파에서도 시도 때도 없이 유럽 리그를 중계해 주었다. 많은 중국인들은 지금 우리 축구 팬들처럼 그때 벌써 유럽 축구의 팬이 되어 있었다. 그러니 이탈리아하고 한국이 붙었을 때 이탈리아를 응원하는 게 자연스러울 수밖에.

봄아. 이제 우리도 일상의 중국인들을 볼 수 있어야 한다. 아빠는 일상을 살아가는 평범한 중국인들이 여전히 참 괜찮은 이웃이라 생각한단다. 그것을 제대로 바라보아야 한다. 그들의 취향을 마구잡이로 비난하기 이전에 이해하고자 노력해야 한다. 우리는 취향의 문제까지 아무렇지 않게 간섭한다. 남이 뭘 입고 뭘 먹고 어디에 살고 뭘 하는지에 지나치게 관심을 두고 심지어 개입한다. 이것이 지나쳐 중국인들에게는 일종의 혐오증까지 보이는 형편이다. 중국인들은 그들이 좋아하는 축구팀을 응원할 권리가 있다. 그들이 한국 팀보다 유럽 팀을 좋아하는 것은 그들 취향의 문제이다.

아빠가 미국과 중국에서 생활하는 동안 가장 편했던 것 중에 하나는 내가 뭘 먹고 뭘 입고 어디에 살고 무슨 차를 타든 남의 눈에서 자유로웠다는 거다. 내가 신경 쓰지 않아서라기보다 남의 취향을 못마땅하게 보는 사람이 거의 없기 때문이다. 중국에서는 반바지를 입고 선생님 집에 가고, 슬리퍼를 신고 수업에 들어갔다. 선생님도 그러고 수업을 하셨다. 미국에서도 운동복 바람으로 하루 종일 온갖 일을 다 해도 썩 불편한 시선을 받아 본 적이 없다.

봄아. 중국 사람의 취향을 빈정거리지 말거라. 그것은 그들의 취향이다. 물론 그런 것이 싫은 것도 너의 취향이다. 그런 것이 싫다면 중국에 안 가면 그만이다. 중국인을 친구로 두지 않으면 된다. 하지만 결코 취향의 문제를 국민성이나 국가의 문제로 돌리지는 말아라. 그러는 순간 그것은 너의 취향을 넘어서는 정치적 행위가 된다. 한두 명의 경험이나 한두 장의 사진으로 중국을 판단하지 말거라. 늘 평범한 중국인이 어떻게 생각하는지, 그들의 일상이 어떤지를 살펴본 다음 중국인과 중국인에 대해서 이야기하고자 노력해야 한다. 취향의 문제를 국민성의 문제로 여기고, 자잘하고 특수한 문제를 중국과 중국인 전체의 문제라고 생각하는 순간 너는 이미 누군가에게 이용당하고 있다는 것을 꼭 명심해야 한다.

열세
번째
편지 /

공짜 정신으로
우뚝 선
싸이처럼

봄아. 오늘은 아리랑 이야기로 시작해 볼까 한다. 우리가 신청한 아리랑이 유네스코 무형문화재에 등록되었다는 소식이 들리더구나. 잘된 일이다. 이 땅에서 우리말을 써 온 수많은 이들의 희로애락을 담아낸 그 가락이 이제 세계의 문화재로 자리매김하게 되었다니 어찌 기쁜 일이 아닐 수 있겠느냐. 이제 이 지구 어디에선가 누군가 아리랑을 듣고 그 애달픈 선율에 담긴 아름다움을 느끼고 마음에 평화와 위로를 얻을 수 있다면 그 얼마나 좋은 일이냐.

그런데 봄아. 중국도 중국에 있는 아리랑 판본을 유네스코 무형문화재로 등록하고자 했다는 걸 아니? 덕분에 또 이 나라 몇몇 전문가들과 많은 누리꾼들이 나서 우리 문화를 중국이 강탈해 가려고 한다며 목소리를 높였다. 봄아. 너도 아리랑에 국경이 있다고 생각하니? 중국 판본이 우리와 어떻게 다르든지 간에 유네스코 세계문화유산에는 아리랑이 우리 국적으로만 실려야 한다고 생각하니?

너희 과에서도 그러는지 모르겠다만, 아빠 학과 학생들은 해마다 5월 이 오면 스승의 날을 맞아 감사의 자리를 마련한다. 매년 그런 날들이 올 때마다 쥐구멍이라도 찾고 싶은 심정이다. 내가 이 아이들을 위해서 뭐 해 준 것이 있다고 해마다 "스승의 은혜는 하늘 같아서" 같은 상찬 을 들을 수 있단 말이냐. 참으로 곤혹스러운 자리다만 한 해에 그렇게 행복한 날도 드물다. 사람과 사람 사이가 너무 멀어져 한시가 멀다 하고 휴대전화를 만지작거리며 누군가를 그리워하는 이 시대에 누군가 나를 위해 세레나데를 불러 준다는 사실만큼 행복한 일이 어디 있겠니. 하물 며 그 아이들은 내 학생이 아니더냐. 아빠한테 그건 너무 큰 보람이란 다. 단 하루뿐이더라도 내가 그 아이들에게 이렇게 소중한 존재일 수 있 다는 것만으로도 내 평생을 바쳐 이 길을 걷고, 내 하루 대부분을 그들 을 위해 보내는 것이 결코 아깝지 않다.

아이들이 선생들을 챙기는 날들 중에 곤혹스러운 날이 몇 차례 더 있다. 사은회도 그중에 하나다. 4학년 학생들이 그동안 애써 주신 은혜 에 보답한다며 선생들을 모아 놓고 밥도 사 주고 선물도 전하는 날이다. 이날도 어김없이 "스승의 은혜는 하늘 같아서"로 시작하는 그 노래를 부 르지. 한데 언제부턴가 그 노래가 시작은 창대한데 끝은 얼버무리며 끝 나는 경우가 허다하더구나. 어쩔 때는 '스승의 은혜'로 시작해서 '어버이 날 노래'로 끝나기도 한다. 그런 노래를 부를 일이 점점 없어져서 그런 거겠지.

'스승의 은혜'나 '어버이날 노래'만 사라져 가는 것은 아니다. 어쩌면 진정한 의미에서 노래가 사라져 가고 있는지도 모른다. 아이돌의 군무

와 퍼포먼스에 노래가 눌리기 시작하면서 이제 노래가 가슴에 남아 있지 않고 노래방 선곡집에만 들어 있게 되었다. 언제부턴가 내 가슴 속에서도 노랫말이나 노랫가락이 조금씩 사라져 가고 있더구나.

아빠가 대학 다닐 때만 하더라도 거의 모든 모임에 노래가 빠지지 않았다. 신입생 환영회는 거의 노래자랑이었다. 신입생들이 한 곡씩 다 불러야 식이 끝나기가 일쑤였다. 리듬은 젓가락 장단과 소주병에 수저 한 벌 꽂아 맞췄다. '엽전 열닷 냥' 같은 노래도 추임새로 쓰기에는 제격이다. 노래방 반주 따윈 없을 때라, 부르는 사람에 따라, 분위기에 따라, 들어간 술의 양에 따라 리듬도 음정도 심지어 가사도 달라졌다. 슬픈 날은 한없이 슬픔이 묻어났고, 기쁜 날은 술집이 떠나갈 듯 '떼 창'을 했다. 실연을 당하거나 술 취한 사람은 가슴에 맺힌 가사를 끝없이 되풀이하기도 했다. 지금도 그때 추억들은 그 독특한 리듬과 음률과 함께 되살아난다. 그립다.

아리랑은 한 사람의 그리움과 흥취가 아니라 이 땅에서 살아온 수많은 이들의 애환과 정서가 서려 있다. 말 그대로 우리 모두의 노래이다. 김기덕 감독이 베니스 영화제에서 대상을 받으면서 시상 소감을 대신해 아리랑을 불렀지. 모르긴 해도 그날 그 기분을 그 노래만큼 잘 드러내 줄 무엇이 없었을 성싶다.

그런데 봄아. 그렇다고 우리가 꼭 아리랑을 대한민국의 것이라고 못 박아 아리랑에 국경을 짓고, 소유권을 내세우는 방식으로 아리랑을 보호해야 할까? 아리랑의 중국 판본을 중국 것이라고 인정해 주면 어떤 일이 일어날까? 행여 중국이 아리랑을 팔아서 돈벌이를 한다고 하더라도 좀 감내하면 어떨까? 아리랑에 중국 판본이 있다는 건 아리랑을 중국에 사는 사람들도 즐겨 부른다는 얘기다. 그렇게 공유하는 것이 오히려 문화의 본질을 살리는 일 아닐까?

일본이 김치를 담가 팔기 시작하자 우리 것을 일본이 손댄다고 법석을 친 적이 있다. 그런데 결국 일본이 김치를 만들기 시작한 덕분에 우리한테는 김치 시장이 새롭게 열렸다. 한국의 김치 맛을 전 세계인이 누리는 데 좋은 디딤돌이 된 것이다. 일본인들조차 김치의 원조 한국을 찾아 모여들었다.

엊그제 아빠가 머무는 어바인 우드버리 초등학교에서는 아이들 학예회가 열렸다. 네 동생 하주도 댄스 팀에 참가했다. 그놈이 춤에 소질이 있는 줄은 이날 처음 알았다. 대부분 어설픈 수준의 장기였다. 하지만 가족과 교사들은 아낌없는 환호와 박장대소를 보내 주더구나. 노력하는 아이들에게는 누구에게나 손뼉을 쳐 주고, 아이들은 뭐든 자기 방식대로 눈치 보지 않고 표현하고자 하는 것을 보고 왜 스티브 잡스가 미국에서 나왔는지 알 수 있을 듯했다.

재미있는 것은 두 시간짜리 학예회에 싸이의 '강남 스타일'이 두 번이나 등장했다는 거다. 한 번은 완전히 노란머리 아이들로 이루어진 댄스팀이고, 한 번은 초청된 학부모 팀이었다. 그중에 한국인으로 보이는 사람은 아무도 없었다. 두 공연 모두 열렬한 환호를 받았다. 같이 합창하고 말 춤을 추었다. 미국의 힘을 보는 순간이다. 몰락해 가는 제국이지만, 미국의 교육과 문화의 개방성만큼은 여전히 세계 최고였다.

싸이가 왜 이렇게까지 성공했을까? 나는 무엇보다 그의 배포 큰 '공짜 정신'에서 왔다고 생각한다. 그것이 바로 문화의 심장이다. 만약 싸이가 처음부터 단돈 1달러씩이라도 받고 '강남 스타일'을 팔았다면 결코 그 유튜브 동영상은 10억 뷰를 돌파할 수가 없었을 거다. 물론 그게 일단 싸게 팔아 중독시키고 보는 코카콜라의 영업 전략처럼 기획사가 짜낸 전략이었을 수도 있겠지. 하지만 그렇더라도 그들이 감행한 도박과도 같은 전략 속에는 공짜 정신이 풍성하게 숨어 있다. 싸이도 양 사장도 돈에만 연연했다면 결코 공짜로 유튜브에 그 동영상을 올리지 않았을 거다. '이 노래 재미있다. 내가 마음잡고 만들었으니 한번 들어 봐라. 나는 이런 노래를 하고 싶다. 우리 같이 한번 재미있게 놀아 보자.' 그런 싸이와 양현석의 세계관이 유튜브를 탄 것이다.

새로운 세계관 없이 새로운 세계가 만들어지는 법은 없다. 그 노래를 멜론이나 아이튠즈에 올려놨더라면 지금의 세계적인 가수 싸이는 아마 없었을 게다. 싸이는 돈보다 '우리 같이 한번 재미있게 놀아 보자!'를 택했다. 초상권도 버렸다. 잘생기지는 않았지만 개성 넘치는 그의 얼굴을 디밀고 누구라도 사진 찍게 내버려두었다. '그래, 네가 나를 좋아하니 참 고맙다.' 하고 그리 잘생기지 못한 그 얼굴을 기꺼이 다른 사람들 카메라 앞에 내주었다. 그런 정신에 한 사람 두 사람이 취했고, 이곳 어바인 조그만 읍내 아이들까지 취한 것이다. 아마도 오늘 이 학예회가 지나고 나면 여기 모인 미국인들 중에 누군가는 한국 문화에 호기심을 가질 것이고, 한국 사람에 대한 호감이 좀 더 늘어날 게다. 세계는 그렇게 오늘 조금 더 서로 가까워지지 않았을까.

봄아. 아빠는 우리가 아리랑을 이런 정신으로 좀 내놓았으면 좋겠다.

따지고 보면 아리랑이 과연 우리 것일까? 아리랑을 우리 것이라 목청을 높이는 사람들의 주장을 아무리 살펴보아도 우리가 누구냐 하는 실체를 분명히 정의하지 않고 있다. 그럴 수밖에 없겠지. 그게 결코 쉬운 일이 아니기 때문이다.

아마도 그 사람들 얘기 속의 '우리'라는 말은 한민족을 뜻할 거다. 그렇다면 중국에 사는 우리 겨레가 그것을 우리 것이라고 주장하고, 그 조선족이 선택한 국가인 중국이 유네스코에 등재해 보호받도록 하는 것이 그렇게 큰 문제일까?

우리란 '지금 현재 대한민국에 사는 국민'이라고 편협하게 정의한다면 더 큰 모순이 존재한다. 아리랑이라는 노래가 그토록 소중한 이유가 무엇이더냐. 우리 민족이 대대로 불러 왔다는 거다. 조선 시대에 이 땅에 살았던 사람도 대한제국 시기에 살았던 사람도, 심지어 일본 제국의 신민이었던 때에도 아리랑을 불렀다. 그렇다면 그들은 '우리'가 아니다. 그런데 그들이 물려준 노래를 이제와 우리 것이라고 주장할 수 있을까?

문화란 것이 원래 국적이 없는 것이다. 그것에 국경을 지으려면 궁색하기 짝이 없다. 만약 중국인들이 중국에서 건너간 모든 문물이 자기네들 것이고 우리가 그네들 문화에 매인 채 이제껏 베끼나 해 왔다고 하면서, 우리를 문화 속국쯤으로 취급한다면 어떨 것 같니? 지금 우리가 문화에 국적을 매기기 시작한다면, 되로 주고 말로 받을 수도 있는 일이다. 케임브리지 대학의 교수였던 조셉 니덤이 쓴 책《중국의 과학과 문명》을 한번 보거라. 무려 13권에 달하는 방대한 분량이 중국이 세계 최초로 만든 것들로 채워져 있다. 중국 사람들이 그것을 자기네 것이라고 우기기 시작하면 어떻게 해야 할까?

　우수한 문화적 유산이라는 것은 그렇게 널리 사랑받는 그 문화만의 고유한 가치가 있다. 내가 아는 한 적어도 아리랑은 그렇게 소유권 다툼하고, 국적 만들고, 이런저런 까닭을 내세워 이웃과 척지라는 철학이 담긴 노래가 아니다. 아리랑 속에는 비움의 정신이 있고, 소통의 정신이 있다. 용서의 정신이 있고, 화해의 정신이 있다. 이 노래는 가르는 데 쓰는 물건이 아니라 아우르는 데 쓰는 물건이다.

　중국은 고구려 고분군을 유네스코에 등록할 때도 그랬듯이 아리랑을 자기들만의 것이라고 내세우지는 않는다. 고구려 고분군도 유네스코에 2004년 북한과 공동으로 등재했다. 중국으로서는 자국에 있는 고구려 고분군을 인류의 유산으로 남기고자 북녘 땅에 남겨진 고구려 고분군과 함께 등재하는 것이 결코 이상할 것이 없는 일이다. 우리도 그런 공유 정신으로 중국을 대하면 어떨까? 설사 그렇게는 못하겠더라도, 아리랑을 성급 문화유산, 국가급 무형문화유산으로 등록한 것을 두고 중국인들을 탐욕스럽다며 비난하거나 중국이 그것을 발판 삼아 또 다른 무엇을 노리고 있다는 음모론을 근거 없이 퍼트릴 일은 아니다.

　지금 우리나라에는 한민족이 아닌 다른 민족들이 많이 살고 있다. 이미 몇 대에 걸쳐 살고 있는 화교들부터, 동남아에서 온 사람들도 제법이고, 중국 동포들 또한 점점 늘고 있다. 그들은 가리봉동 같은 독특한 거주 지역을 만들기도 하고, 연남동 일대와 같은 상권을 이루기도 하며, 대학로에서 일요일마다 장터를 열기도 한다. 우리와 혈통이 다른 이주민들이 이 땅에 살면서 조금씩 자신들의 문화를 만들어 가고 있는 것이다. 10년, 20년, 50년이 흐른 뒤에 우리는 그게 우리 문화라고 주장할까, 아니라고 주장할까? 한국도 어쩌면 한 세기 후에는 단일민족국가가 아닐 가능성이 높다. 그때 우리는 어떤 것을 '우리 것'이라 정의해야 할까?

그렇다면 왜 중국 정부가 나서 고구려 고분군과 아리랑을 유네스코 문화재에 등록하는지 궁금할 거다. 중국은 다민족국가란다. 한족이 중심이지만 스스로 56개 민족이 함께 만들어 가는 다민족국가라는 걸 분명히 하고 있는 나라다. 모국이 있는 회족도, 조선족도 모두 중국의 민족이다.

아리랑은 우리만 부르는 것이 아니다. 식민지 시기, 중국 땅으로 건너가 지금껏 살고 있는 조선족도 불러 왔고 부르고 있다. 이런 역사와 현실 아래에서 중국 정부가 취할 수 있는 자세는 무엇일까? 다수를 이루는 한족이 부르는 노래만 중국 노래라고 하고, 다른 소수민족들이 부르는 노래나 문화는 내쳐야 할까?

누군가는 유네스코 등재는 아리랑을 부르는 이들이 가장 많이 사는 한국이나 북한만이 해야 한다고 주장할지도 모르겠다. 그런데 왜? 우리 것이니까 독점하려고? '우리 것'이라는 말은 그 의미가 원체 아리송하다는 얘긴 아까 했으니까 놔두고, 공유하거나 공짜 정신으로 나누어 주면 안 되나? 유네스코에 등재하면 무슨 일이 일어날까? 독점 사용권을 얻나? 아니면 엄청난 보조비를 받나? 차라리 유형문화재라면 관광 수입이라도 얼마쯤 바랄 수 있겠다. 하지만 아리랑 부르는 사람한테 전 세계를 돌아다니며 일일이 돈을 받을 수도 없는 노릇이다.

중국인들 또한 문화에 국적을 매기고 배타적으로 소유하려는 사람들이 늘어나고 있다. 한류 열풍을 따라 중국에서 선풍적인 인기를 끈 〈대장금〉을 두고도 중국의 전통문화를 한국인들이 훔쳐 갔다는 주장이 나왔지. 중국이 자본주의로 더 나아갈수록 그런 주장을 하는 사람은 점점 불어날 거다.

우리는 지금 두 가지 선택을 할 수 있다. 하나는 중국의 소유권 주장에 대비해 지금처럼 가능한 한 많은 것을 우리 것이라 침 발라 놓는 것이고, 다른 하나는 중국과 우리 사이에 되도록 많은 것을 공짜로 주고받을 수 있도록 틀을 짜는 일이다. 아빠는 후자를 전적으로 지지한다. '아리랑'도 〈대장금〉도 서로 소유권 주장하지 말고 서로 같이 쓰자. 이런 데 낭비할 힘으로 나무 더 심고, 핵폭탄에 버금가는 핵 발전소 줄이는 데 쓰자. 그 정신으로 유네스코한테 말하자. 문화를 국가별로 등재하게 하는 너희들 정책이 얼마나 문화의 본질을 해치는 일인지 알라고. 철폐해라, 문화 국적 만들기. 살려 내라, 공유 정신.

싸이는 배포 큰 공짜 정신으로 살얼음판처럼 무서운 이 자본주의 시장에서 오히려 큰 성공을 거뒀다. 그런데 정작 중요한 건 돈하고 맞바꿀 수 있는 그런 것이 아니다. 그는 멋진 한국 놈이 되었다. 그 멋진 한국 놈 때문에 아마도 멋진 미국 놈이 또 나올 것이다. 아마도 나는 지금 싸이 덕분에 이곳 미국에서 인종차별을 좀 덜 받으며 지내고 있는 거겠지.

봄아. 우리는 중국과 수많은 문화를 공유해 왔고, 또 공유하고 있다. 그것들을 뿌리를 따지고, 국적을 따져서 네 것 내 것 다투기보다 되도록 폭넓고 손쉽게 함께 누릴 방법을 찾아야 한다. 그래야 좋은 이웃이 될 수 있고, 좋은 친구가 될 수 있다. 문화의 국적을 따지는 일이 우리에게 유리한 것도 아니다. 중국 또한 세계와 그렇게 공유해 왔다. 문화를 넘어, 가능한 한 모든 것을 함께 누리고자 노력하고, 그 결실이 맺힐 때라야 비로소 동북아시아는 진정으로 평화로울 수 있을 거다.

"태백선 기차 소리는 매봉산을 울리고, 깊은 막장 발파 소리는 내 마음을 울리네. 가기 싫은 병반 생활 어느 누가 알겠나. 샛별 같은 자식 생각에 또 한 짐을 지네. 오늘 떠날지 내일 떠날지 뜨내기 인생길, 돈 떨어지면 술집 문전도 박대받네. 아리랑 아리랑 아라리가 났네. 아리랑 고개 고개로 날 넘겨주네."

얼마 전, 어느 기업이 연 아리랑 경연 대회에서 대상을 받은 '광부 아리랑'이다. 1930년부터 광산이 개발되면서 광부들이 부르기 시작한 노래란다. 아빠는 이 노래가 입에서 입으로 퍼져 나가, 중국 어느 지역에서 힘든 하루를 보낸 노동자가 이 노래를 부를 그 날을 기다린다. 아리랑 아리랑 아라리요, 아리랑 고개를 넘어간다. 나도, 너도, 중국의 그 노동자도 이 노래를 부르며 또 한시름, 고개를 넘겼으면 좋겠구나. 아마도 그 중국인 노동자는 이 노래를 통해 우리와 분명히 좋은 친구가 되겠지.

눈에 비친 중국
주인님들의

열네
번째
편지 /

중국 붕괴론의
역설

봄아. 요즘 서점에 자주 가니? 사실 인터넷으로 책을 사는 것보다 직접 서점에 들러 보면 생각보다 많은 것을 얻을 수 있단다. 미루고 미루다가 시골에 있는 할아버지 산소에 들렀는데 흐드러지게 물든 가을 산야를 만난 것 같은 기분이 들 때가 많지. 자주 서점에 들러 보아라.

지금 서점에는 중국에 관한 책들이 넘쳐 나고 있다. 중국이 G2로 대우받을 만큼 성장했고, 우리한테도 최대 교역국이 되었으니 당연한 결과겠지. 아빠가 유학을 떠나던 1993년에는 한국어로 된 중국 여행서조차 한 권 제대로 없었는데 말이다. 그런데 하루가 멀다 하고 쏟아져 나오는 그 많은 중국 관련 책들을 꼼꼼히 살펴보면 재미있게도 두 개의 주장이 극단으로 맞서고 있다. 한 부류는 중국은 결국 여러 가지 문제들이 겹쳐 붕괴할 거라고 주장하고, 다른 한 부류는 중국이 미국을 능가하는 세계 제국으로 성장할 거라고 예측하고 있다.

앞의 것은 사회주의 국가인 중화인민공화국이 건립된 이후부터 지금까지 사그라지지 않고 계속 이어져 내려오는 중국 붕괴론이다. 사회주의를 택한 중국은 언젠가는 사회주의의 비민주성과 비효율성 때문에 무너질 거라는 게 이 주장의 핵심이지. 뒤의 것은 중국이 개혁·개방에 성공하면서부터 등장하기 시작한 주장이다. 아직 중국 붕괴론을 넘어서지는 못하지만 중국의 성장 속도와 더불어 힘을 얻고 있다. 중국은 성장하면 할수록 세계에 무엇인가 기여하기보다는 그만큼 더 세계를 위협할 거라는 게 이 주장의 핵심이다. 이 논리가 바로 중국 위협론이지.

봄아. 한국 사람들이 중국을 보는 시각에는 이 두 주장이 교묘하게 공생하고 있다. 두 주장의 밑바탕에는 중국 혐오론이 깔려 있다. 어느 쪽이든 중국은 나쁘다는 것이다. 중국은 너무 나빠서 망하거나, 중국은 나쁘니까 성장하면 우리에게 해가 될 거라는 지극히 단순한 인식.

오늘은 중국 붕괴론을 꼼꼼하게 살펴보려고 한다. 좀 어려운 이야기가 될 수도 있겠다. 너희들에게 그나마 익숙한 사진이나 그래픽으로 떡칠해 놓지 않아 알아먹기도 힘들 것이고, 연예인 연애 이야기가 아니라서 썩 재미도 없을 게다. 그런데 네가 꼭 알아야 할 것이 있다. 무엇이든 모르면 당한다. 아는 놈들이 다 해먹는다.

주인님들이 예나 지금이나 잘 쓰는 방법이 있다. 자기들 일에 대중들이 못 끼어들게 한다. 옛날에는 힘으로 막았지만 지금은 그냥 재미없게 만든다. 사람들에게 더 재미있는 걸 던져 주는 거지. 봄이 너, 왜 독재 권력이 섹스, 스포츠, 영화를 앞세운 3S 정책을 쓰는지 아니? 중독성이 있어 잘 빠진단다. 우리더러 그런 것에 빠져 자기네들 정치·경제·문화 권력에는 관심도 재미도 두지 말라고 던져 준 거다.

아빠가 보기에 지금 우리 청년들은 그들 손에 보기 좋게 놀아나고 있다. 어제 한 대학에 "모두 안녕들 하십니까!"라는 대자보가 붙었다. 철도 민영화 반대로 수천 명이 직장에서 일자리를 잃고, 밀양 송전탑 때문에 일흔을 넘긴 노인이 음독자살을 해도 우리 대학생들은 안녕하다. 별 탈 없이 오늘을 살고 있다. 내일은? 불안해하지만 관심은 없다. 오늘은 모두 안녕하시다.

겨우 인터넷이나 텔레비전에 나온 뉴스에나 관심이 머물고, 그 정도 수준만 알아들을 수 있다면 너는 주인님 심부름 노릇이나 계속할 수밖에 없다. 인터넷이나 텔레비전은 여전히 권력을 가진 주인님들의 무대이다. 거긴 국정원 대선 개입과 수지의 공항 패션이 같은 기삿거리로 대접받는 곳이다. 양비론만이 공정 언론이라 정의되는 곳이다.

현실 권력의 힘이 절대적일 때 양비론은 꼬리 자르기, 물 타기 수단이 되는 거란다. 권력은 국정원을 제대로 수사하겠다는 검찰총장을 '혼외 아들이 있다' 한마디로 날려 버릴 수 있는 힘이 있다. 관심을 돌릴 수 있는 사건을 터뜨리거나 둘 다 문제라는 식으로 핵심을 흐리면 언제나 주인님 뜻대로 된다. 현실은 그 와중에 힘 있는 자가 만들어 놓은 대로 그냥 그렇게 흘러가거든.

중국에 관해서도 마찬가지다. 인터넷과 텔레비전에는 대개 단 하나의 중국만이 존재한다. 네가 거기서만 중국에 관한 정보를 구하는 이상 너는 '어떤' 주인님을 모실 수밖에 없을 게다. 네가 더욱 폭넓게 책을 찾아 읽고, 생각을 깊이 있게 가다듬고, 조금이라도 더 균형 잡힌 시각을 지니기 위해 매 순간 애쓰지 않는 이상, 너는 그 주인님의 눈으로 중국을 볼 수밖에 없다.

중국 붕괴론은 오랜 역사를 지니고 있다. 서구에서 시작된 뒤로 유럽에서도 제법 힘을 얻기는 했지만, 이론의 양과 질을 따져 보면 미국이 압도적으로 주도권을 쥐어 왔다. 중국 붕괴론이 본격적으로 퍼진 것은 1949년 중화인민공화국이 세워지면서부터다. 서구는 중국 공산당이 중국을 통일할 거라고는 전혀 내다보지 못했다. 소련에 본부를 둔 세계 공산당 연맹, 코민테른조차도 꽤 오랜 기간 국민당을 지원했다. 중국에서 중국 공산당이 혁명을 이뤄 낼 가능성이 거의 없다고 보았으니까.

그 무렵 중국은 미국과 구소련 모두에게 어느 편이 되느냐가 무척이나 중요한 나라였다. 마오쩌둥이 서구에 알려지기 시작한 것은 에드거 스노의 그 유명한 책《중국의 붉은 별》때문이다. 이 책이 1936년에 나왔고, 1949년에 중화인민공화국이 건립되었으니, 사회주의혁명이 성공하기 불과 10여 년 전까지도 서구는 마오쩌둥의 실체조차 제대로 파악하지 못하고 있을 정도였다.

서구에게 중화인민공화국은 결코 탄생해서는 안 되는 나라였다. 공산당은 성공해서도 안 되고, 성공할 수도 없는 조직이었다. 그들에게 중국 붕괴는 신화이자 당위였던 셈이다. 그런 인식 속에서 중국 붕괴론이 나왔다. 중국은 언젠가는 무너지고 말 거다, 하는. 중화인민공화국이 들어선 뒤에도 기아와 경제 위기, 정치적 혼란이 닥칠 때마다 중국 붕괴론은 불쑥불쑥 튀어나왔다. 문화대혁명이 실패했을 때에도, 마오쩌둥 사후, 덩샤오핑 사후에도 그랬다. 1995년 미국 국방부는 덩샤오핑이 사망하면 2년 안에 중국은 분열될 것이라는 보고서를 내놓았다. 개혁·개방

을 시작하면서도 그랬다. 심지어 장쩌민이 물러날 때도 중국 붕괴론은
예외 없이 등장했다. 천안문 사태 때는 그 정점을 찍었다.

하지만, 중국은 붕괴론에 아랑곳없이 살아남았다. 무너지기는커녕 지
금 중국은 지구 상에서 가장 뛰어난 문명을 자랑하던 명·청 시대에 다
가서고 있다. 생존을 넘어 더욱 번창해 나가는 신기한 일이 벌어지고 있
는 것이다.

봄아. 중국이 붕괴될 수밖에 없는 이유로 서구가 가장 많이 꼽는 것
이 무엇일 것 같니? 기독교인으로서, 설마 종교를 탄압하는 국가라서
그렇다고 생각하는 건 아니겠지. 가장 큰 이유로 들고 있는 것이 공산당
이 지배하기 때문이라는 거다. 공산당은 인민을 억압하고, 철저히 비민
주적이고, 이익을 독점해서 결국은 내부 반란으로 중국이 무너질 거라
고 여겼다. 소련이 무너진 뒤 이 논리는 더 힘을 얻기도 했지.

중국이 사회주의혁명을 거쳤다는 것도 주요한 붕괴 요인으로 꼽혔다.
혁명을 이루는 과정에서 인민들을 너무 혹사시켰고, 사회주의 체제 자
체가 인민을 수탈해서 버티는 체제라 반혁명이 일어날 수밖에 없다는
논리다. 그들은 중국 근현대사에서 일어난 수많은 일 가운데 사회주의
의 가장 참담한 실패로 기록된 문화대혁명이라는 참사를 중국 사회주
의의 당연한 결과인 양 여겼다. 그래서 언젠가는 그 비슷한 참사가 다시
닥칠 것이라 믿었지. 천안문 사태 때도 그때가 왔다고 생각했었단다.

가난도 한 몫 할 거라고 보았다. 사회주의로는 가난을 이겨 내지 못할
테니 자연재해나 바깥에서 어떤 충격이 닥치면 쉽게 무너질 거다 그랬
지. 사회주의의 길을 걸어온 나라치고 경제 발전에 성공한 예가 없기도

했다. 사실 중국이 지금처럼 부강해질 거라고 내다본 서구인은 거의 없었다.

다민족국가인 것도 붕괴 요인으로 비쳐졌다. 중국은 우리와 달리 50개가 넘는 민족으로 이루어진 나라다. 한족이 90%가 넘기는 하지만. 미국이 65% 정도가 백인이고, 히스패닉이 15%, 흑인이 12% 정도로 이루어진 다인종 국가라는 걸 생각하면 아주 독특한 경우지. 서구는, 한족이 중심이 된 다민족 사회 중국에서 나머지 55개 소수민족들이 한족의 자기중심주의를 견디다 못해 반란을 일으킬 테고, 중국 공산당의 장악력이 떨어지게 되면 그러다가 무너질 수도 있을 것이라 보았다. 민족 분쟁이 몰락의 시발점이 된 소련처럼 말이다.

냉전 시기 우리는 제힘으로 중국을 판단할 능력도 의지도 없었다. 서구 언론이 만들고 퍼뜨린 정보를 그대로 받아쓰기해 왔고, 그네들 정보 기관표 가짜배기 정보에 기대 우리의 중국 정책을 결정해 왔다. 그러니 우리의 중국관이라는 것이 있을 턱이 없었다. 서구의 중국 붕괴론을 그대로 빌려 왔을 뿐이다.

아빠가 중국으로 공부하러 갔던 1990년대 초반까지만 하더라도 한국은 이 중국 붕괴론을 그대로 들여와 써먹고 있었다. 아무도 중국이 지금처럼 성장하리라 예측하지 못했거니와, 구소련이 해체된 그 길을 벗어나리라 보는 이도 거의 없었다. 내가 중국으로 유학을 간다고 할 때도 모두 도박이라고 말렸다. 거기서 박사를 받는다 해도 어느 대학에서도 나를 받아 주지 않을 거라고들 장담했다.

상하이 푸동은 이제 몰라보게 발전한 중국의 상징이다만, 내가 학위를 시작하던 1993년만 하더라도 그곳은 말 그대로 전부 논밭이었다. 그때 거길 지나가면 드문드문 거창한 개발 계획이 나붙은 말뚝이 보였다. 다른 한국인들처럼 '쇼'하고 있다고 빈정거리지는 않았지만 아빠도 이런 게 사회주의 전시 행정의 표본이겠거니 내심 생각했다. 1997년 학위를 마치고 돌아오던 그해, 거기엔 빌딩 몇 개만 덩그러니 서 있었을 뿐이다. 그때도 저 건물들이 채워지면 내 손에 장을 지진다는 한국 사람들이 수두룩했다. 하지만 그로부터 10년 뒤 그곳은 마천루가 즐비한 빌딩 숲을 이루었다. 세계적 기업들이 명함을 내밀고자 그곳에 앞다투어 사무실을 냈다. 중국은 붕괴되지 않고 그렇게 살아남았다. 그 사람들, 장을 지졌는지 모르겠다.

아직도 서점가에는 새로운 버전의 중국 붕괴론이 성행하고 있지만 사실상 우리의 중국 붕괴론은 완전히 헛다리를 짚었다. 당연하다. 리영희 선생이 말씀하셨듯이 우리는 있는 그대로 중국을 보고, 중국의 앞날을 가늠해 본 적이 별로 없기 때문이다. 늘 편견이 잔뜩 담긴 안경을 끼고 중국을 보아 왔다. 제 관점이라는 것도 없이 미국이 그렇다니 그렇겠거니 해 왔지. 하기야 중국을 알려고만 해도 국가보안법에 걸리던 시대에 미국의 중국관을 수입해다 쓰는 것 말고 뭘 더 할 수 있었겠니.

냉전이라는 틀에 갇힌 이데올로기는 자본조차 꽁꽁 옭아맸다. 돈 버는 재주로 세계를 깜짝 놀라게 했던 이 나라 자본조차 중국에 투자하지 않았다. 하기야, 아무리 영민한 대한민국의 자본이라고 한들 망해 자빠질거라고 믿는 나라와 뭘 할 수는 없었을 거다. 내가 유학을 하던 1990년대 초반 상하이에는 한국 것이라고는 롯데 껌밖에 없었다. 시장에는 이미 일본 가전제품이 넘쳐 났고, 거리에는 폭스바겐과 중국 회사가 합자해서 생산한 자동차가 돌아다니던 때였다. 얼마 뒤 오리온 초코파이가 들어왔다. 상점에 갔다가 초코파이를 발견하고 나도 모르게 환호성을 질러 댔다. 아, 그때의 감격이란. 허영호 씨가 에베레스트 정상을 밟은 기분도 그때 같지는 않았을 거다. 봄아. 이 아빠도 알고 보면 뼛속까지 애국자란다.

그때 아빠한테 초코파이는 상당히 위대해 보였다. 어떻게 그 상점까지 들어왔는지는 모르겠지만 '초코파이를 파는데 사회주의면 어떻고 자본주의면 어떤가!' 그런 정신이 느껴졌다. 본질에 충실하면 성공한다. 덩샤오핑도 그랬다. 인민들 잘살게 하는데 사회주의면 어떻고 자본주의면 어떠냐. 잘살게 해 주면 되는 거다. 지금도 여전히 초코파이는 한국 기업이 중국에서 가장 성공한 사례로 꼽힌다. 그 성공 전략의 핵심은 '현지화'에 있었다. 다른 말로 하자면 중국에 대한 이런저런 편견에서 그런대로 자유로웠다는 얘기다.

나중에 수많은 한국 기업들이 중국 시장을 두드렸지만 대개 좌절하고 말았던 것도 잘못된 선입견과 비틀린 인식이 빚어낸 오판이 큰 역할을 했다. 더러운 중국인, 나쁜 사회주의 국가, 곧 망할 중국과 거래를 하고, 회사를 맡기고, 투자를 하고, 합작을 한다는 건 애당초 불가능한 일이었던 거다. 중국에 있는 한국 기업들 컨설팅을 맡고 있는 제자 세희가 그러더구나. 그곳 한국 기업에서 일하는 중국 노동자들의 가장 큰 불만이 한국 기업가들이 그들을 믿어 주지 않는 것이라고.

봄아. 그럼 중국 공산당은 왜 붕괴되지 않고 살아남았을까? 아빠는 지금 너에게 중국 붕괴론의 역설을 이야기하고자 한다. 왜 중국은 무너지기는커녕 놀랄 만큼 성공을 거두었을까? 그 요인을 분석해 보면 중국 붕괴론의 역설이 보인다. 재미있게도 중국 붕괴론자들이 중국이 곧 무너질 거라며 꼽았던 바로 그 요인들이 중국을 성공시킨 주요한 동력이었다.

중국이 성공을 거둔 으뜸 요인은 바로 중국 공산당이다. 간단한 논리이다. 조직 없이 이룰 수 있는 성공이란 있을 수 없다. 중국 공산당은 중화인민공화국을 세울 때부터 지금까지 중국을 이끌어 온 핵심 조직이다. 중국 공산당이 처음부터 모든 것을 마음대로 할 수 있는 권력을 쥐고 온 나라를 쥐락펴락해 온 것은 아니란다. 대장정을 거치며 살아남은 중국 공산당원은 몇만 명에 불과했다. 중화인민공화국을 건설하고 나서도 중국은 공산당 조직 아래 확고하게 편입되어 있지 않았지. 독재자로 비쳐지는 마오쩌둥조차 부르주아 계급을 몰아내고 자본주의로 나가려는 흐름을 꺼꾸러뜨리자고 외치며 문화대혁명이라는 대중 운동을 일으켜야 했을 정도였다.

하지만 중국 공산당은 인민들의 오래된 희망을 모아 실현시켜 나가는 데 성공했다. 마오쩌둥의 중국 공산당이 중국의 정치·경제 제도를 근대적으로 정비했다면, 덩샤오핑은 개혁·개방을 통해 잘 먹고 잘 입고 배부르게 해 달라는 인민의 바람을 당 안으로 끌어들였다. 미국이 공화당과 민주당의 견제와 균형 아래 발전했다면, 중국은 공산당 안에서 서로 다른 노선끼리 쉼 없이 대화하고 타협하며, 때로는 반역에 혁명을 거쳐 발전해 온 거다.

우리가 알고 있는 중국 혁명은 잃은 것밖에 없다. 문화대혁명 같은 재앙만 존재하는 줄 아니까 말이다. 봄아. 그런데 중국은 혁명을 거치면서 많은 것을 얻기도 했다. 그들은 제힘으로 제국주의 열강과 일본한테서 벗어났다. 빼앗긴 영토와 주권을 스스로 되찾았다. 그것이 얼마나 큰일인지는 분단된 우리의 현실을 보면 잘 알 수 있을 게다. 지금 어느 나라가 중국을 넘볼 수 있겠니. 분단된 영토에서 다른 나라에 군사 주권을 내맡긴 채 전쟁의 위험에 늘 내몰려 있는 한국과는 상황이 다르다.

중국은 혁명을 통해서 낡은 사회 구조를 뒤바꿨다. 토지제도 개혁이 그 중심에 있었다. 혁명 이전까지는 몇몇 지주가 중국 땅 대부분을 차지하고 있었다. 대다수 중국인들은 얼마 안 되는 소작료로 살아야 했고. 나라에서 시키는 공납이나 노역도 대부분 그들 몫이었다. 중국 공산당은 혁명을 거치며 중국의 모든 땅을 국가 소유로 몰수했다. 그리고 경자유전의 원칙 아래 실제 농사를 짓는 사람에게 나누어 주었다. 농사를 짓는 사람이 그 땅에서 거둔 것을 가질 수 있도록 하는 경자유전의 원칙은 수천 년간 중국 사람들의 염원이었다. 다시 말하면 수천 년간 중국 농민이 꾸었던 가장 크고 간절한 꿈을, 태평천국의 농민이 꾸었던 그 꿈을 중국 공산당이 이루어 준 것이다.

봄아. 누가 나더러 중국 경제가 그렇게 짧은 시간에 그렇게 급속하게 성장할 수 있었던 요인을 단 하나만 들라고 한다면 아빠는 혁명이 일군 토지제도라고 대답할 거다. 만약 중앙정부에 대한 인민의 지지가 시원찮았다면, 땅을 국가가 소유하고 있지 않았더라면, 지금처럼 대대적이고 급속한 성장을 이뤄 내기란 불가능했을 테니까.

서울이라면 어땠을까? 서울에서 도로를 새로 닦고자 한다면 엄청난 비용과 복잡한 절차가 필요하다. 개발 사업비 대부분이 땅 사는 데 들어간다. 대규모 토목 사업을 벌이자면 수많은 땅 주인들과 지루한 협상도 벌여야 한다. 만약 땅을 일일이 사들이지 않아도 되고, 땅 주인과 협상을 건너뛸 수 있다면? 그 발전 속도가 어떨지는 너도 충분히 가늠할 수 있을 테지.

한족 중심주의 또한 다시 살펴볼 필요가 있다. 중국에 한족 중심주의가 없다고 할 수는 없다. 그런데 그것이 그렇게 심각한 문제냐 하는 건 따져 보아야 한다. 중국이 다민족국가가 된 것은 어제오늘 일이 아니다. 미국이 다인종 국가로서 이백 년 역사를 가지고 있다면, 중국은 수천 년을 다민족국가로 살아왔다. 한족이 이민족을 정벌해서 통합하기도 했지만, 반대로 이민족이 중국 땅으로 들어와 한족을 한동안 다스리기도 했다. 요나라, 금나라, 원나라, 청나라를 생각해 봐라.

그러면서 중국은 중국식 민족문제 해결법을 찾아 왔다. 이민족이 중국 땅에서 왕조를 세우면, 건국 초기에는 대부분 한족을 빼놓은 채 자기 민족을 중심으로 정치 편제를 꾸린다. 하지만 시간이 지나면 대립에서 병존 단계를 거쳐 결국에는 이민족이 한족을 중심으로 동화되거나 두 민족이 공존하는 절차를 밟아 왔다. 말갈족, 거란족, 여진족, 흉노족, 만주족이 다 그랬다. 지금 티베트 지역은 대립에서 공존으로 넘어가고 있고, 조선족은 공존에서 동화로 들어섰다고 볼 수 있다.

대립에서 공존으로, 공존에서 동화로 자연스레 넘어가기까지는 한족의 태도가 큰 역할을 한다. 그들은 결코 유럽처럼 인종차별적 상하 질서를 다른 민족에게 강요하지 않았다. 수차례 이민족이 중국을 점령했을 때도 결국은 모두 이민족이 한족에게 동화되고 만 것은 한족의 강압때문이 아니었다. 이민족 스스로가 자기들 중심의 제도를 포기하고 한족에게 동화된 것이다.

지금도 중국은 소수민족들과 공존하기 위해 다양한 정책을 실시한다. 중국은 여전히 강력한 인구 억제 정책을 펴고 있는 나라지만, 소수민족에게는 지금껏 한 가정에 두 자녀까지 허용해 왔다. 소수민족 자치구에서는 반드시 소수민족 말로 책을 펴내야 하고, 소수민족 말로 교육을하는 학교를 세우도록 법으로 정하고 있다. 게다가 일정 비율 이상 소수민족을 관료로 뽑아야 한다. 그 결과 대부분의 소수민족은 중국인이라는 정체성을 가지고 산다. 조선족도 마찬가지이다. 모국은 조선이지만 스스로를 중국인이라 생각한다.

중국 붕괴론을 다시 본다는 건 곧 중국을 있는 그대로 바라본다는 이야기다. 중국 붕괴론자의 시선으로는 중국을 제대로 보기란 앞으로도 영영 불가능할 거다. 현실보다 상상이, 삶보다 이데올로기가 먼저인 세상에서는 21세기에도 우리는 불행해질 가능성이 높다.

냉전이라는 좁고 이상한 틀에 갇힌 중국 인식은 많은 이들을 불행하게 했다. 내가 지금도 잊을 수 없는 분 중에 정수재 할머니가 계신다. 그분을 만난 것은 1997년이었다. 그 무렵 중국 후난 성에서 열린 한 학회에 참석했다. 그런데 그곳 방송국 기자들 몇이 아빠를 찾아왔더구나. 한국인이 학회에 참석한다는 소식을 듣고 왔다는 거다. 그 기자들은 참으로 딱한 조선인 할머니가 여기에 살고 있으니 한번 만나 보라고 권했다. 그분이 한국 사람을 너무 보고 싶어 한다고. 심하게 덜컹거리는 농촌 길을 차로 한 시간이 넘게 달려, 도저히 사람이 살 것 같지 않은 산골에서 정수재 할머니를 만났다.

정수재 할머니는 내가 "50년 만에 처음 만난 고국 사람"이라 했다. 할머니는 언젠가는 고국으로 돌아가리라 믿고, 중국 국적을 얻지 않은 채 임시 거류증을 매년 갱신하며 살고 있었다. 우리말은 이미 다 잊어버리셨더구나. 단 두 가지 기억하고 계셨다. 봄아. 그 두 가지가 뭐였는지 아니? 민요 도라지와 오래전 사시던 고향 집 주소였다. 그 긴 세월을 저 주소를 얼마나 되뇌었을까. 할머니가 조용히 읊조리는 도라지를 듣고 있는 내내 가슴이 무너질 듯 아팠다.

할머니는 충청도 분이셨다. 1943년 공장에서 일하게 해 주겠다는 먼 친척의 말에 속아 쌀 한 가마니와 옷 몇 벌을 받고 기차로 압록강을 건넜다. 중국 우한에 도착한 뒤에야 자신이 일본군 위안부로 팔려 왔다는 걸 알았다. 그 뒤 생활은 알려진 그대로였지. 언제 풀려날지 모르는 '짐승 같은 생활'을 이어 갔다. 다행히 2년 만에 일본은 패망했다. 다시 자유의 몸이 되었지만 할머니는 그 자유를 누리지 못했다. 도저히 고향으로 돌아갈 엄두를 못 내셨다고 했다. 처 죽일 '화냥년'이 되어 평생을 사실 수는 없었던 것이다. 그렇게 우한에 정착했고, 그 무렵 남편을 만났다. 다행히 국민당 군인이었던 중국인 남편과는 잘 지냈다. 남편은 할머니의 과거를 알고 있었는지 몰랐는지 알 수는 없지만 1978년, 먼저 세상을 뜨기까지 한 번도 입 밖에 꺼내지 않았다.

남편이 죽자 단 한 번만이라도 고향에 가 보고 싶은 할머니의 꿈은 더욱 간절해졌다. 수교가 되자 더욱 용기를 얻었다. 1993년 8월 마카오 한국 영사관에 고국 방문 신청을 했다. 그런데 회답조차 없었다. 할머니를 돕던 기자들은 여권에 국적이 조선이라 되어 있는 것이 문제였던 것 같다고 했다. 이듬해 다시 베이징 주재 한국 대사관에 고국 방문을 요청했다. 이번에도 대답이 없었다. 그 무렵 간암이 발병했다. 그러자 아빠가 한국 사람이라는 사실만으로도 낯모르는 이에게 매달려 보고 싶을 만큼 고향에 대한 그리움은 더 커져 갔다. 죽기 전에 꼭 한 번만이라도 가 봤으면 좋겠구나. 아빠는 지금도 강산에의 '라구요'가 들리면 할머니의 그 애절함을 떠올리곤 한단다.

다행히도 할머니는 그 뒤 한국 땅을 밟을 수 있었다. 내가 할머니를 만나고 와서 할 수 있는 일이라고는 혹시나 도와줄 사람이 없을까 수소문하는 일이었다. 아빠가 스스로 대견해하는, 내 인생에서 몇 안 되는 자랑스러운 일 가운데 또 하나다. 그때 〈한겨레 신문〉의 권태호 기자가 발 벗고 나서서 할머니 이야기를 썼다. 그 기사가 계기가 되어 할머니 이야기가 KBS 방송을 타게 되면서 반향이 일어났다. 덕분에 할머니는 꿈에 그리던 고향 땅을 밟게 되셨다.

하지만 할머니는 한 번이라도 보고자 했던 가족을 결국 만나지 못했다. 외우고 있던 주소는 정확하지 않았고 그 지역은 이미 몰라보게 변해 있었다. 그 둘레 어디에서도 가족들을 찾을 수가 없었다. 그렇게 며칠간의 한국 방문이 끝나고 말았다. 아마 지금쯤 할머니는 세상을 떠나셨을 거다. 그나마 고향 땅을 한 번이라도 밟은 것이 그분에게 위안이 되었을까? 우리가 좀 더 빨리 냉전 이데올로기에서 빠져나올 수 있었더라면 정수재 할머니는 어땠을까?

중국 붕괴론은 언제라도 중국이 망할 것처럼 말했지만, 중국은 무너지지 않았다. 오히려 전 세계를 놀라게 할 만큼 엄청난 발전을 이루었다. 물론, 21세기 판 중국 붕괴론자들의 분석처럼 여전히 중국은 불안한 구석이 많다. 하지만 이미 중국 붕괴론은 냉전 이데올로기가 없이는 제대로 설 수 없다는 게 충분히 증명되었다.

이제 우리는 무엇을 해야 할까? 냉전이라는 틀에 갇힌 절름발이 중국관부터 버려야 한다. 그동안 우리가 외면해 온 것들을 제대로 보아야 한다. 그것이 우리 눈으로 중국을 보는 첫걸음이다.

열다섯 번째 편지 / 미국 발 중국 위협론을 꼭 들여와야 할까?

　봄아. 오늘은 우리의 중국 인식을 지배하는 식민성에 대한 이야기로 시작해 보려고 한다. 식민성 이야기는 참 조심스럽다. 누구더러 '누구의 꼬붕이다.' 하는 건 누구한테든 심한 욕이다. 더구나 생각이 그렇다고 한다면 더욱 참을 수 없겠지.

　그런데 곰곰이 한번 생각해 보자. 우리는 일본의 지배 아래 36년 동안이나 식민 통치를 받았고, 남의 손에 기대 해방을 맞은 뒤, 미국이 이끄는 냉전 체제 하에서 줄곧 살아왔다. 그러니 우리 안에는 그때 일본과 미국한테 배운 인식 체계가 당연히 존재할 거다. 그 시기 우리의 의식주가 바뀌어 온 폭을 보면 우리의 인식도 얼마만큼 그들의 영향을 받았을지 가늠할 수 있다.

　냉전 체제가 끝난 뒤 우리는 민주화 시대를 열며 식민지 체제와 냉전의 유산을 청산할 기회를 얻었다. 하지만 그 기간은 너무도 짧았고, 우리는 우리 안의 식민성을 제대로 씻어 버리지 못했다. 요즘 미국이 다시

아시아 회귀를 선언하며 신냉전 체제를 구축해 나가자 우리는 신속하게 민주화 이전으로 세계관을 되돌리며 그 그늘로 발을 들이밀고 있다. 설마 하는 사람들도 많더라만, 냉전 체제로 되돌아가는 건 생각보다 쉬울 수도 있다. 그 속에 살고 있는 사람들 다수의 세계관이 냉전 체제에 머무르는 한 마치 타임머신을 탄 듯 한순간에 이루어질 수 있는 일이다. 일본을 보려무나.

냉전 시대 우리가 지녔던 중국 인식이 민주화 시대로 넘어왔다고 해서 갑자기 변한 건 아니었다. 우리는 그저 남들이 이끄는 탈냉전 분위기에 별생각 없이 휩쓸린 채 마치 새로운 세계가 열린 듯한 착각에 빠졌을 뿐, 냉전 시기 미국에서 들여온 식민적 세계관을 청산한 것이 아니었다. 노란 렌즈와 빨간 렌즈를 벗어 버린 것도 아니었다. 민주화와 더불어 불어닥친 신자유주의적 세계화라는 돌풍 속에서 우리는 중국 위협론이라는 검은 렌즈까지 들여와 중국을 바라보기 시작했다.

우리가 손쉽게 이 같은 렌즈들을 낄 수 있었던 건 우리 학계가 미국에 매인 탓이 컸지. 체제는 냉전 시기에 견주어 자율성이 높아졌는지 모르지만 우리의 인식 체계는 전혀 그렇지 않았다. 특히 중국을 보는 눈은 철저하게 미국 똘마니 모양새다. 우리는 한 번도 거기에 스민 식민성을 제대로 청산한 적이 없으니까 말이다.

봄아. 식민성이라는 게 그리 어려운 이야기가 아니다. 눈앞에 존재하는 현실을 우리 시각으로 있는 그대로 보는 것이 아니라 주인님이 만든 틀, 어쩌면 신화에 가까울지 모르는 그 이데올로기로 현실을 보고 행동한다는 얘기다. 중국 붕괴론도 일종의 신화란다. 현실을 있는 그대로 놓고 치밀하게 분석한 뒤에 만든 게 아니거든. 현실에서 몇 가지 특징만 멋대로 가져와 우리 세계관의 주인님들이 하나의 신화 체계를 만들고 그 인식을 세계로 퍼뜨린다. 그러면 원해서든 아니든 그 생각의 똘마니가 되어 버린 나라들은 눈앞에 뻔히 펼쳐지는 현실조차 그 신화 체계 속에서 해석해 낸다. 이건 다음 기회에 한국이 어떻게 티베트를 인식하느냐를 놓고 자세히 한번 살펴보자꾸나.

어쨌거나 한번 자리 잡은 인식은 쉽사리 바뀌지 않는다. 중국이 무너지지 않았다고 해서 중국 붕괴론이라는 신화 체계가 무너지지는 않는다. 그것은 식민화된 주체들이 자기 눈으로 현실을 직시하고, 그 현실을 가리고 있는 신화를 역사 속에서 검증할 수 있어야 가능한 일이다. 우리가 미국이 만들어 놓은 허황한 인식 체계에서 벗어나 현실을 있는 그대로 바라보기 시작할 때 비로소 우리는 우리 눈으로 중국을 볼 수가 있다.

봄아. 식민성이 무슨 말인지 잘 모르겠다면 〈버틀러 : 대통령의 집사〉라는 미국 영화를 한번 보거라. 버틀러란 하인 가운데 제일 높은 사람을 이르는 말이라더구나. 이 영화는 백악관에서 34년간 8명의 대통령을 섬긴 한 흑인 집사 이야기이다. 이 집사가 평생 간직하고 살았던 정신을 '식민성'이라 볼 수 있다.

그는 어머니를 겁탈하고 아버지를 총으로 쏘아 죽인 백인조차도 백인이기에 그럴 수 있다고 생각한다. 결정은 백인만이 하는 것이며, 자신은 따르는 것이 숙명이고, 부모의 죽음조차 보아도 못 본 척해야 하는 존재라고 여긴다. 심지어 영부인의 구두가 몇 켤레인지조차도 아내에게 비밀로 하지. 그것은 직업적 사명감이 아니었다. 주인님의 일은 주인님만 해야 한다는 뼛속 깊이 박힌 생각 때문이었다. 주인공은 자신을 집사 일을 하는 흑인이 아니라 백인을 잘 섬길 수 있는 '검둥이'라고 여겼던 것이다.

주인공은 아들이 둘 있다. 하나는 백인들이 만든 조국에 충성하고자 베트남전쟁에 참전한다. 그것이 가장 큰 행복이라 여겼다. 아버지의 식민성을 그대로 물려받은 것이다. 그러나 다른 아들은 아버지의 유산을 거부했다. 백인처럼 사람으로 살고 싶어 했다. 그는 식당에서 백인과 다름없이 자신이 원하는 자리에 앉아 원하는 음식을 먹고자 했다.

하지만 그런 꿈을 꾸는 것만으로 식민성은 없어지지 않는다. 그는 식당에서 백인들 자리에 앉기 시작했고, 흑인도 백인과 같은 학교에서 공부할 수 있게 해 달라고 '싸우기' 시작했다. 같은 꿈을 꾸는 사람들을 모았고, 그들부터 지금까지와는 다르게 살기 시작했다. 언젠가는 그들이 누리는 권리와 자존감이 다른 흑인들의 몫이 될 수 있도록 투표했고, 정당을 꾸렸다. 그는 그렇게 사는 것이 자신이, 흑인이, 사람들이 사람답게 살 수 있는 방법이라 생각했다. 그렇게 사는 것이 아버지처럼 살면서 편안하고 안정된 생활을 하는 것보다 행복하다고 느꼈다. 아버지와 달리 자신의 정체성에 맞는 주체성을 가지고 살고 싶어 했다. 그는 그것이 가장 큰 행복이라 여겼다.

봄아. 너는 지금 아무리 백인이거나 권력자라도 어떻게 부모를 유린한 자를 용납할 수 있을까 생각하겠지. 너도 그런 점에서는 근대적 주체성을 얼마쯤은 지닌 사람이다. 그런데 과연 네 세계관은 네 정체성에 맞게 잘 형성되어 있을까? 미국이 우리나라에서 전시 작전권을 가지는 것을 어떻게 생각하니? 핵 확산 방지 정책을 쓰는 건? 갑자기 머리가 멍해지지? 만약 그렇다면 너는 아직 이미 지구'촌'이 되어 버린 세계에서 한 사람의 시민으로 제대로 서지 못했다고 볼 수 있다. 당연하다. 그게 너만의 문제는 아니다.

우리는 아직 '버틀러'처럼 주인님의 세계관에서 벗어나고자 노력해 본 적이 별로 없다. 새로운 세계는 새로운 세계관에서 만들어지기 시작한다는 이야기, 지난 번 편지에서도 아빠가 썼지? 새로운 세계관은 꿈을 꾸고, 그 꿈을 현실로 만들기 위해 과거의 세계관과 치열하게 싸우지 않고서는 결코 거저 세울 수 없다. 이명박 대통령이 '잃어버린 10년'이라 말했던 그 '민주화 10년'을 얻기 위해 우리가 군부독재 정권과 얼마나 치열하게 싸웠는가를 살펴보아라.

미국이 우리 대신 군사 작전권을 가지는 게 당연하다, 미국만 핵을 보유해야 한다, ─아, 종북 환자들은 오해 마시라. 그렇다고 북한이 핵을 가져야 한다는 얘긴 아니니까.─ 미국이 우리 앞바다에 핵 잠수함을 띄우는 게 뭐 어때서, 그렇게 여긴다면 네 세계관이 전근대적 식민성에 젖어 있다고, 아니 간단히 말해서 주인님 것이 아닌지 의심해 볼 필요가 있다. 아빠는 그런 것들이 마치 흑인을 검둥이라 부르는 것만큼이나 낡은 사고라고 생각한다. 검둥이와 흑인이 다르듯 전시 작전권을 미국이 손에 쥐는 것이 옳다고 믿는 것과 어쩔 수 없이 당분간 맡긴다고 여기는 것은 많이 다르다. 그것은 버틀러가 일을 '한다'고 생각하는 것과 주인님을 '섬긴다'고 생각하는 것 사이에 존재하는 차이만큼이나 큰 차이이다.

중국은 언제든지 침공할 테고 우리 힘으로 그것을 막기란 힘들다, 미국이 대장 노릇을 해야만 그 위협을 막을 수 있다고 판단한다면 전시 작전권을 미국한테 당분간 맡기는 것이 옳겠지. 그런데 우리는 한 번도 중국이 정말 침공할 것인지 제대로 따져 보지 않았다. 중국은 호랑이 담배 피던 시절부터 지금까지 늘 우리나라를 호시탐탐 노리는 국가라는 식의 실체 없는 이야기만 판친다. 한국의 대표적 보수주의자 가운데 한 명으로 꼽히는 복거일 씨는 《한반도에 드리운 중국의 그림자》에서 그런 뜬구름 잡는 논리를 바탕으로 아예 미국 제국주의보다 중국 제국주의가 더 나쁘다고 선언한다.

우리는 이제 따져 물어야 한다. 중국이 우리나라를 침공할 필요가 뭘까? 약육강식이 판치던 전근대 시기조차 그 긴 기간 우리는 독립을 유지하며 살아왔다. 우리가 잘났기 때문일까? 중국이 그런 공존을 선택한 까닭은 없을까? 갑자기 이제 와서 중국이 그 오랜 공존의 역사를 깨고 막무가내로 나설 이유가 있을까?

또 물어야 한다. 중국의 침공을 우리 힘으로 막기 힘들다면 미국과 함께하면 막을 수 있을까? 미국이 한국을 전진 기지로 삼으면 아메리카 대륙은 지킬 수 있을지 모른다. 하지만 우리는 아니다. 우리가 만에 하나라도 중국과 전쟁을 벌이게 된다면 미국이 아니라 미국 할아버지가 온다 해도 한반도가 고스란히 전장이 되는 것을 피할 수 없다.

그럼 미국한테 전시 작전권을 쥐여 주면 좀 더 효율적으로 중국의 침공을 막을 수 있을까? 바보 같은 소리다. 이 지구 상의 그 어떤 국가도 자국민을 보호하기보다 다른 나라 국민을 보호하는 데 앞장서는 나라는 없다. 미국이라는 나라는 더 그렇다. 자국민 몇을 보호하자고 전쟁도 불사하는 나라가 미국이다.

미국이 전시 작전권을 다시 쥐게 된다면 틀림없이 미사일 방어 체제를 동아시아에 설치할 거다. 한국에서부터 미사일을 차단하는 게 미국 대륙을 보호하는 데 가장 이로우니까. 신무기를 왕창 팔 수 있으니 더욱 좋겠지. 그런데 그 MD 체제가 우리한테는 무슨 도움이 될까? 웃기지 말라고 해라. 그런 헛소리에 속는 것이 바로 식민성이다.

이라크전쟁을 벌일 때 미국은 호언장담했다. 금방 끝날 거라고. 그들은 자기들이 만드는 무기를 너무 믿는다. 아마도 팔아먹으려니 그렇게 선전할 텐데, 우습게도 그들마저 그 선전에 속았다. 이라크전쟁은 지금까지도 사실상 계속되고 있다. 미국에겐 언제 빠져나올지 모르는 수렁이다. 중국과 어떤 형태로든 전쟁을 벌이게 된다면 그 순간 우리에겐 멈출 수 없는 비극이 시작되는 거다. 미국의 '뻥'을 너무 믿지 마라. 그것이 우리 속에 자리한 가장 위험한 식민성이다.

봄아. 중국과 관련된 식민성은 네가 생각하는 것보다 훨씬 체계적이고도 교묘하게 우리의 의식 속에 들어와 있다. 민주화 시기를 거치며 우리는 한국 사회 곳곳에 밴 식민성을 극복하고자 상당히 많은 노력을 기울여 왔다. 그런 덕분에 이제 미국하고 얽힌 웬만한 문제들은 자기 눈으로 보려는 사람들이 더러 있다. 하지만 중국에 얽힌 문제들은 전혀 아니라고 할 수 있지. 하물며 우리 사회에서는 제대로 된 논쟁조차 없다. 그냥 부전승이다.

앨버트 O. 허시먼이 《보수는 어떻게 지배하는가》에서 경고한 대로 우리는 모두 보수적 논리에 빠져 있다. 이 양반 논의에 비춰 보면 한국의 보수는 중국하고 무슨 일을 하려다가는 "오히려 정반대의 결과를 초래할 것"이라고 생각한다. 미국 부통령 조 바이든이 박근혜 대통령을 만나러 와서 "미국의 반대편에 서는 것은 좋지 않은 선택이 될 것이다."라고 해도 순순히 받아들인다. 진보 진영조차 미국의 내정 간섭이라는 식의 비판에 그친다. 중국이 거기에 관련돼 있더라도 중국을 제대로 검토해 본 적이 없으니, 미국의 반대편인 중국에 '베팅'하는 것이 좋은 선택이 아니라는 보수 담론을 수용하거나 침묵한다. 그러니 미국 제국주의보다 중국 제국주의가 더 나쁘다는 복거일 씨의 주장을 두고도 진보 진영에서는 제대로 된 반론 하나 없었던 거지.

"그래 봐야 기존의 체제가 바뀌지 않을 것이다." '중국에 걸어 봐야 우리가 미국이 이끄는 세계 체제에서 빠져나오는 게 가능하겠어? 위험 부담을 안고 줄을 서 봐야 피만 볼 뿐이야.' 이렇게 생각하는 것이다.

"그렇게 하면 우리의 자유와 민주주의가 위태로워질 것이다." 허시먼이 파악한 보수 담론의 마지막 수법이다. 우리의 중국 담론은 이 틀 안에서 움직이고 있다. 봄아. 우리는 그렇게 '미국이 보는 중국'이라는 덫에서 빠져나오지 못하고 있다.

미국이 보는 중국은 크게 세 가지 축 위에 서 있다. 하나는 19세기에 등장한 이른바 백인들의 '황화론'이다. 19세기 미국인들은 서부 횡단 철도를 놓기 위해 동양인 노동자들—대부분 중국인이었지.—을 데려다 노역을 시켰다. 그런데 서부 횡단 철도가 완성되자 태도가 돌변했다. 노란

원숭이들이 몰려와 미국과 미국 문화를 해친다며 온갖 억지를 썼지. 그들을 내쫓거나 차별하는 법안까지 만들면서. 노동계까지 나서서 힘을 실었다.

황화론은 일종의 오리엔탈리즘이자 인종차별주의이다. 지금도 미국에서는 흑인을 차별하는 백인의 시선 못지않게 힘이 있지. 이것은 중국이 경제적으로 부강해진다고 없어지지 않는 존재론적 구분이거든. 중국이 지닌 정치·경제적 힘이 미국을 치고 올라오기에 이르자 이 황화론은 오히려 급속히 되살아나고 있다.

두 번째는 냉전 시기부터 쌓인 적대감이다. 중국 공산당은 자유를 말살하고, 민주주의를 파괴하며, 심지어 평등하지조차 못한 집단이라고 여겼지. 그래서 그런 집단이 중국을 통일하지 못하게 안간힘을 썼다. 미국은 장제스가 이끄는 국민당에게 엄청난 화력을 지원했다. 하지만 중국을 통일한 것은 중국 공산당이었다. 국민당은 대만으로 몰려났다. 이때부터, 사회주의 노선을 택한 중국은 미국에게는 가지 말아야 할 길을 간, 하루빨리 없어져야 할 적성국이 되었다. 또한 '비민주적인' 사회주의를 택했으니 언젠가는 자기모순으로 무너지고 말 나라이기도 했다. 사회주의와 중국은 악이며, 자본주의와 미국은 선이라는 이분법적 등식이 성립되었다. 냉전이 풀리자 이 등식은 잠시 흔들렸지만 중국이 부상하면서 다시 힘을 얻고 있다.

세 번째가 중국 위협론이다. 무너져야 할 중국이 붕괴되기는커녕 미국의 패권을 견제할 수 있는 힘을 지니게 되자 급격히 떠오른 논리이다. 이제부터 이 미국 발 중국 위협론을 좀 더 자세히 들여다보자.

새뮤얼 헌팅턴이라는 미국 학자를 아니? 아마 너도 《문명의 충돌》이라는 책 제목은 한 번쯤 들어 봤을 거다. 헌팅턴은 그 책에서 "중국은 동아시아의 지배국이 되려고 한다."고 주장하고 있다. 중국이 경제 발전으로 거머쥔 돈을 군사력과 정치적 영향력과 맞바꿔 동아시아 패권을 차지하려 한다는 것이다. 저명한 정치학자 즈비그뉴 브레진스키도 비슷하다. 서구가 옳다고 믿는 방식으로 민주화가 이뤄지지 않은 채 경제·군사적으로 강국이 되어 버린 중국이 동아시아에서 미국을 몰아낼 거라는 불안감을 내비치고 있다. 그 밖에도 일일이 늘어놓기 힘들만큼 많은 미국의 학자들이 중국 위협론을 내세우고 있다. 중국은 이제 북한만큼이나 위험한 국가가 되어 가고 있다.

학자들만 그런 것이 아니다. 미국 정부도 마찬가지지. 미국의 21세기 안보 전략 보고서라 할 수 있는 〈조인트 비전 2020〉은 중국을 가상의 적국으로 상정해 놓고 21세기 세계 전략을 짜고 있다. CIA의 지원을 받아 미국 국가정보자문회의가 내어놓은 〈GT2015 보고서〉나 랜드 연구소의 〈군사전략 보고서〉도 마찬가지이다.

미국의 중국 위협론은 중국의 개혁·개방 정책이 성공적이라는 게 드러나기 시작하는 1990년대 후반부터 본격적으로 등장했다. 리처드 번스타인과 로스 먼로가 함께 쓴 《임박한 중국과의 충돌The Coming Conflict With China》이라는 책이 중국 위협론의 서막을 알리는 대표적인 저작이란다. 1997년에 나왔지. 1995년 대만 총통이었던 리덩후이의 미국 방문이 계기가 되었다. 이때부터 힘을 받기 시작한 미국의 중국 위협론은 중국이 경제적으로 커 나갈수록 증폭되다가 남중국해 영토 분쟁과 댜오위다오/센카쿠 열도 분쟁을 기점으로 폭발했다. 지금도 미국은 중국이 남중국해와 동중국해 문제에 개입하는 것이나 천안함 사건 이후 한미 합동 군사훈련을 반대했던 사실 따위를 들며 중국이 지역 패권을 차지하고자 한다며 위협론을 퍼뜨리고 있다.

미국 발 중국 위협론의 핵심은 중국의 군비 증강이다. 실제로 중국은 지난 10여 년 동안 한 해에 10%가 넘는 군사비를 늘려 왔다. 미국을 제외한 다른 국가들에 대면 증강 폭이 월등히 높은 셈이지. 게다가 이 추세는 아마도 당분간 지속될 거다. 왜냐하면 군사비는 대개 GDP 대비 고정 비율로 책정하거든. 중국은 지난 20여 년간 그래 왔듯 당분간 세계 어느 나라보다 높은 경제성장을 지속해 나갈 가능성이 높다. 그러니 군사비도 늘어날 것이다. 미국은 무엇보다 이 점을 크게 비난하며 중국 위협론을 부추기고 있다.

그런데 미국의 이런 말장난에 쉽게 넘어가면 안 된다. 왜냐하면 중국의 군비 증강이 미국의 패권을 흔드는 데는 위협이 될지도 모르지만 미국의 안보에 위협적이라고 볼 수는 없기 때문이다. 현재 중국의 국방비는 미국의 약 17% 수준에 불과하다. 매년 증가액도 미국을 넘어서지 못한다. 미국은 전 세계 국방비의 약 40%를 차지하는 반면 중국은 여전히 한 자리 수다. 미국은 8천 개가 넘는 핵무기를 보유하고 있지만, 중국은 250개 수준이고. 봄아. 군사력이란 언제나 상대적인 거란다. 중국은 여전히 미국의 군사력에 상대가 안 되지. 지금 추세대로라면 21세기 전반기 안으로 중국이 미국의 군사력을 능가하기란 불가능하다.

물론 중국의 군비 증강이 동아시아 국가들의 군비 경쟁을 부추길 수는 있다. 당장 일본만 하더라도 중국 위협론을 내세우며 군비를 적극 늘리고 있고, 미국은 MD 체제 구축을 서두르고 있다. 그런데 우리가 따져 보아야 할 일은 누가 먼저 군비 경쟁을 부추기고 있나 하는 거다. 동아시아의 군비 경쟁은 아무리 보아도 미국이 이끌고 있다.

1994년~1995년은 중국이 가장 큰 폭으로 군사비를 늘린 시기다. 대만의 리덩후이 총통이 미국을 방문한 해지. 미국은 그 이전까지 내세우던 '하나의 중국' 정책을 뒤흔들며 리덩후이 총통의 방문을 허용했다. 대만은 곧바로 미국에서 무기를 대량으로 사들였고, 중국도 따라가지 않을 수 없었던 거다. 당시만 하더라도 중국의 무기는 낡았고, 무기 체계는 한참 뒤떨어져 있던 때였다.

1999년에 미국이 구 유고 연방 베오그라드 주재 중국 대사관을 폭격한 것도 중국이 군사비를 대폭 늘리는 계기가 되었다. 지금도 중국은 미국의 중국 대사관 폭격은 우연이 아니라 다분히 의도적인 공습이라고 보고 있다. 슬로보단 밀로셰비치 전 유고 연방 대통령은 전범 재판에 나와 폭격을 미국이 직접 지시했다고 증언했지.

남중국해 영토 분쟁 또한 미국이 개입하면서 적극적인 분쟁 지역으로 바뀌고 있고, 댜오위다오/센카쿠 열도 역시 미국이 일본의 우경화를 한껏 부추기는 가운데 첨예한 대립 지역으로 떠오르고 있다. 이 기회를 틈타 미국은 일본을 포함한 한반도를 MD 체제로 끌어들이려고 한다. 중국은 20세기에 자국의 영토를 식민지로 만들었던 일본과 냉전을 진두지휘해 온 미국이 코앞에서 손잡는 것을 지켜보고만 있을 수 없으니 군비 확장을 서두른다. 핵무기로 미국과 일본의 위협에 맞서는 전략을 써 온 중국으로서는, 미국이 MD 체제를 구축하고 요격미사일을 배치한다면 자신이 지닌 핵무기가 무용지물이 되기 때문이다.

미국 정부도 이 사실을 잘 알고 있다. 미국이 MD 체제를 구축하면 이를 무력화하기 위해 중국이 더 많은 핵탄두를 보유하고, 방어망을 뚫을 수 있는 이동식·다탄두 미사일 개발을 추진할 거라고 내다본다.

그렇다면 정말 중국은 이 기회를 틈타 미국에 수두룩한 중국 위협론자들이 주장하는 대로 패권이나 팽창을 도모하고 있을까? 우선 중국은 어느 국가보다도 적극적으로 군비를 줄이자고 주장해 온 나라이다. 미국이 탄도탄요격미사일 협정을 파기하겠다고 했을 때 가장 반대한 것도 중국이다. 중국이 지금 세우고 있는 국가 전략의 핵심은 경제개발이다. 군비 경쟁에 예산을 쏟아 넣기보다 지금처럼 경제성장을 지속하는 데 온 힘을 쏟고 싶어 한다.

중국은 미국의 중국 대사관 폭격이 중국을 군비 경쟁으로 몰아가 소련의 전철을 밟게 만들고자 하는 전략이라고 파악했다. 지금도 댜오위다오/센카쿠 열도를 자기네 땅으로 만들려는 일본 우익들의 급진적 시도나 미국의 아시아 회귀 정책, 그리고 그에 따른 동아시아 국가들 사이의 영토 분쟁이 그러한 전략 가운데 하나라고 본다.

물론 군비 증강이 미국처럼 그 자체로 경제성장을 이끄는 동력이 될 수도 있다. 그런데 중국은 아직 군산복합체가 경제의 핵심이 아니다. CIA 발표를 따르더라도 중국의 무기 수출은 보잘것없는 수준으로 급격히 줄었다. 최근에 군사비 증가로 군비가 현대화되면서 늘고 있지만 여전히 미국하고는 비교가 안 된다. 군부 또한 중국 정치의 헤게모니를 장악하고 있지도 않고, 장악할 가능성이 높지도 않다. 중국 공산당은 군부의 영향력과 상관없이 여러 차례 평화롭게 권력을 넘겨 왔다.

1998년 주룽지가 군의 기업 활동을 몽땅 금지시킨 것을 봐라. 그뿐 아니라 군부의 권력을 통제해 군부가 더 커지거나 군비를 지나치게 늘리지 못하도록 막아 왔다. 1997년 15차 전국대표자대회에서 류화칭이 물러난 뒤로 군부 대표는 상무위원에 오르지 못하고 있지. 잊을 만하면 들리는 군부 쿠데타설과 달리 마오쩌둥, 덩샤오핑, 장쩌민으로 이어지는 순조로운 권력 이양 또한 이를 잘 보여 주고 있다. 이렇듯 군산복합체가 형성되지 않은 상황에서 군비를 늘리게 되면 경제성장에 쏟아야 할 힘이 한풀 꺾이는 결과를 낳을 뿐이다.

물론 군비 증가와 상관없이 중국이 핵을 보유하고 있다는 사실이 미국에게는 군사적 위협으로 비칠 수 있다. 〈콕스 보고서〉에서도 드러나듯 이미 대륙간탄도탄을 갖춘 중국이 MD 체제도 얼마쯤 무용지물로 만들 수 있는 이동식·다탄두 대륙간탄도탄 개발에 성공한다면, "옐친과 달리 자신들이 하고 싶은 일을 어느 날 느닷없이 실행하는, 한마디로 예측불가에 통제가 불가능한" 이 나라가 위협이 될 거라고 본다.

하지만 중국 처지에서 보자면 250개 남짓한 핵탄두를 보유하고 있는 나라가 8천여 개의 핵탄두를 보유하고 있는 나라를 공격한다는 건 제정신으로는 불가능한 선택 아닐까? 미국은 일본과 한국이라는 군사적 전진 기지도 확보해 놓고 있다. 이미 태평양에 2백여 대에 이르는 군함과 전투기 2천여 기, 30여 만의 전투병이 있는 데다가, 10만은 남한과 일본을 포함한 중국 둘레에 배치되어 있다.

봄아. 우리가 식민성에서 벗어나려면 그 일로 누가 이득을 보는지를 잘 살펴봐야 한다. 설사 미국에 매인 중국 인식이더라도 그 눈으로 본 결과가 우리를 이롭게 하는 거라면 당연히 받아들여야겠지. 물론 여기서 '우리'라는 것은 이 땅에서 평화롭게 살아가고자 하는 다수를 뜻한다.

그런데 미국은 중국 위협론을 왜 내세울까? 한반도 위기가 미국의 무기 판매로 이어지듯 대만해협의 위기도 늘 그렇다. 1995년 리덩후이는 F-16 전투기를 150대 산 뒤에, 미국 입국 비자를 손에 쥐었다. 1999년 미국은 다시 리덩후이의 방문을 허용했고, 리덩후이가 대만과 중국을 가리켜 "국가 대 국가"라는 발언을 하면서, 중국과 대만 사이에 긴장이 높아졌다. 중국의 무력시위나 침공 위협은 대만 증시를 폭락시켰고, 이는 대만 정부의 무기 구매와 MD 체제 편입을 적극 찬성하는 분위기로 이어졌다.

이 시점에 시야를 동아시아 전체로 한번 넓혀 볼까? 우리는 한반도에서 미국의 이해가 걸린 사건을 또 하나 만나게 된다. 1993년~1994년 북한 핵 사찰을 둘러싸고 한반도에 전쟁 위기가 감돌았다. 이 시기가 미국으로서는 또 다른 의미에서 위기였다. 남한의 반대와 북한의 핵 사찰 수용으로 한반도의 위기는 전쟁으로 이어지지는 않았다. 북한이 그렇게 연착륙하게 되자, 미국으로서는 동아시아의 지배권을 다지고 무기를 꾸준히 팔아 치울 방안을 새로이 찾아야 하는 시점이 되었다. 그래서 미국은 동아시아에서 북한을 대신할 방안이 필요하게 된 것이고, 휴화산이었던 대만을 끌어들여 중국을 위험한 국가로 만들어야 했던 거다. 지금도 마찬가지 일이 벌어지고 있지. 미국이 '아시아로 귀환'한다는 건 자기네 국익을 아시아에서 힘닿는 대로 챙기겠다는 뜻이다. 미국 처지에서 중국 위협론은 동남아시아와 일본, 그리고 한국에서 무기를 팔아 돈을 버는 데 결정적 역할을 해 주고 있는 셈이지.

미국은 전체 과학자와 기술자 40%가 군수산업 언저리에 종사하고 있고, 군산복합체에 고용된 사람만 2백만 명이 넘는다고 한다. 그런 미국 군산복합체가 이익을 내려면 동아시아에 군사적 긴장이 꼭 필요하다. 중국 위협론은 그들이 동아시아에서 제법 쏠쏠한 벌이를 할 수 있는 훌륭한 무기란다. UC버클리 정치대학장을 지낸 찰머스 존슨은 미국이 정말 싫어하는 것은 "동아시아에 평화가 오는 것"이라고 했다. 옳은 말이다.《한반도의 선택》이라는 책을 보면 미국은 "존재하지 않는 위협에 맞서 제한적 미사일 방어망을 배치하려고 러시아와 미국에 있는 군수 공장을 대량으로 축소하는 길을 포기"하고 있다는 언급이 나오지. 새겨들어야 하는 말이다.

중국 위협론을 들먹이며 긴장을 이어 가려는 미국의 전략은 동아시아에만 머물지 않는다. 1998년 필리핀의 올란도 메르카토 국방장관은 난사군도를 둘러싼 긴장을 빌미로 "미국이 없으면 중국이 침략한다."고 주장하면서 필리핀 상원에 필리핀·미국 방문군 지위 협정, VFA를 비준해 달라고 촉구했다. 봄아. 이것을 보면 동남아시아 국가들 사이에서도 이미 미국이 중국 위협론을 적극적으로 활용하고 있다는 걸 알 수 있단다. 물론 미국은 중국에 책임을 떠넘기는 것을 잊지 않지. 미국은 한반도와 대만해협, 남중국해에서 벌어지는 분쟁을 동아시아 안정을 가로막는 세 요소로 꼽으면서 이게 다 중국 탓이라고 주장하고 있다.

중국이 이 지역에서 먼저 도발을 감행할 위험성이 얼마나 될까? 최근 중국이 이어도 상공에 방공식별구역을 선포했지. 동중국해와 남중국해에서 벌어지고 있는 영토 분쟁이나 댜오위다오/센카쿠 열도에 대한 공세적 태도를 놓고 미국은 중국이 이제 힘을 가지자 팽창하려는 야욕을 드러내고 있다는 식으로 중국 위협론을 부풀리고 있다. 그런데 이 역시 중국이 먼저 도발했다는 미국 얘기를 그대로 받아들일 수는 없는 거란다. 이 문제는 나중에 따로 이어도 문제를 놓고 자세히 검토해 보자.

다만 중국은 지금까지 되도록 무력을 쓰지 않겠다고 밝혀 왔고, 타국에 어떤 군대도 파견하지 않고 타국의 영토를 절대 침탈하지 않는다는 원칙을 비교적 잘 지켜 오고 있다는 것만은 알아 두어야 한다. 대만 문제만 보더라도 중국은 지금껏 무력보다는 대화와 타협으로 문제를 풀고자 애써 왔다.

난사군도를 둘러싼 남중국해 문제도 마찬가지다. 이 지역에서도 중국이 힘을 믿고 막무가내로 나가고 있는 건 아니다. 중국은 1997년에 이미, 이해가 걸린 나라들에게 이 지역을 함께 개발하자고 제의했다. 1999년에는 주룽지 총리가 동남아시아국가연합 정상회담에서 가장 중요한 이해 당사국 가운데 하나인 필리핀과 남중국해 문제를 평화적으로 해결하기로 합의했지. 같은 해 8월 중국을 방문한 말레이시아 마하티르 모하마드 총리와도 외부 세력을 빼놓고 당사국들끼리 평화적으로 해결하자고 뜻을 모았다. 이런 역사를 들춰 보면, 최근 일어난 분쟁들은 미국의 아시아 회귀 정책이 주변국을 부추겨서 반중국 전선을 형성한 결과로 볼 수도 있다.

중국은 미국이 세계정책을 펼치면서 내세우는 인권과 민주, 자유에 신뢰를 보내지 않는다. 미국이 대만에 관심을 두는 것은 대만의 민주주의 때문이 아니라 무기 수출을 비롯한 경제적 이익이 쏠쏠한 데다가 '미국의 가라앉지 않는 항공모함'으로서 중국을 통제할 수 있는 대만의 전략적 위치 때문이라고 여긴다.

중국 처지에서 보자면 미국이, 중국이 이웃하고 있는 모든 곳에서 중국을 흔드는 소위 '포위 정책'을 실시하고 있는 셈이다. 남쪽 필리핀으로는 수백 만의 클라크 공군기지보다 두 배나 넓은 기지가 건설되었고, 1999년 5월에 체결된 방문군 지위 협정으로 대규모 합동 군사훈련이 재개되었다. 게다가 미국 군함이 필리핀에 배를 대거나 상륙할 수도 있다. 남서쪽에는 미국의 지원을 받아 핵실험을 하고 있는 인도가 있다. 미국은 티베트 독립운동에도 발을 들이고 있지. 북서쪽으로는 소수민족 분리·독립 운동을 지원해 꼭두각시 정부를 세우려 하고 있으며, 북쪽으로는 몽골을 지원하는 정책을 쓰고 있다. 동쪽으로는 중국 위협론을 앞세워 냉전적 반중국 전선을 펴 나가기에 여념이 없는 일본과 한국이 있다. 특히 일본은 미국을 방어막으로 삼고 동아시아를 신냉전 체제로 연일 몰아가고 있다. 중국으로서는 사방에서 미국의 위협을 받고 있는 셈이다.

봄아. 어제는 중국이 이어도 상공을 방공식별구역으로 선포했고, 오늘은 미국이 전투기를 이끌고 중국이 선포한 지역을 넘어서 시위를 벌였다. 중국은 전후에 미국이 일방적으로 그어 놓은 경계를 이제 자기 힘으로 다시 가르고자 하는 것이고, 미국은 이 지역에서 자기 이익을 굳히고자 하는 것이다. 우리는 어떤 자세를 취해야 할까?

너는 지금 아빠가 너무 중국 편만 드는 거 아닌가 생각하겠지. 하지만 봄아. 우리가 가진 중국 인식이 식민성에서 벗어나려면 이제 미국의 관점에서만 바라보아서는 안 된다. 중국은 왜 그러는 것인지, 무슨 생각을 하고 있는지도 보아야 한다. 그 결과를 놓고 뭐가 우리에게 이익인지 면밀히 따져 보아야 한다는 얘기다.

이제 우리는 '버틀러'처럼 미국이 그렇다고 하니까 그런가 보다 하는 식민성은 버려야 한다. 물론 우리의 최종 선택이 미국일 수도 있다. 하지만 그것은 우리가 고민하고, 우리가 내린 결정이어야 한다. 주체적이고 합리적으로 말이다. 미국만이 할 수 있고, 미국이 해야 잘 할 수 있고, 우리는 어째도 미국만큼 잘 할 수 없다, 그렇게 여긴다면 그것은 식민성이다. 그래 봤자 정반대 결과만 나올 거고, 기존의 체제가 바뀌기는커녕 우리만 손해고, 자유와 민주주의를 위태롭게 하는 일이라 생각한다면 그것이야말로 보수의 지배 담론에 종살이하는 셈이지. 명심해야 한다.

열여섯 번째 편지 / 우리 안의 중국 위협론

봄아. 최근에 LG U+에서 중국 화웨이의 통신 장비를 수입해서 쓰기로 했다는구나. 성능에 비해 저렴하다니 기업으로서는 당연한 선택이겠지. 〈조선일보〉는 이 일을 두고 미국 〈월스트리트 저널〉과 〈파이낸셜 타임스〉 보도를 언급하면서 "동맹국 간에 통신을 감시하는 스파이 용도로 사용할 수 있다는 점을 위협으로 간주하며, 우려하고 있다."고 미국 정부의 입장을 감싸고돌았다.

봄아. 아빠는 이 보도를 보고 〈조선일보〉에 참으로 감사했단다. 미국의 중국 위협론이 어떻게 우리에게 받아들여지는지, 너한테 잘 보여 줄 수 있는 방법을 고민하던 참에 이렇게 간결하고도 적나라한 사례를 만들어 주다니 말이다. 예전 같으면 이런 일은 아주 은밀하게 이루어졌다. 미국 학자 데이비드 샘보우는 "중국인들에게 미국이 아름다운 나라로 불리는 건 유럽 제국주의와 달리 미국은 중국의 영토와 주권을 직접 침범하지 않는 우아함을 보여 주었기 때문"이라고 했다. 그런 미국이 이제는 참 거칠어졌다. 이런 자질구레한 문제로도 드러내 놓고 딴 나라를 마구 협박한다. 미국이 급하긴 급해졌나 보다.

이 기사는 미국의 중국 위협론이 어떻게 한국에 들어와 널리 퍼지는지, 어떤 역할을 하는지 한눈에 보여 준다. 미국은 최근 들어 중국이 미국 경제를 침해하고 있다며 꾸준히 위협론을 제기해 왔다. 중국의 통신 장비도 그중 하나다. 2012년에는 의회와 정부까지 나서 중국의 통신 장비가 미국의 안보를 해칠 거라고 주장했다. 빌미의 핵심은 보안이었다. 만약 미국이 중국의 통신 장비를 사용하면 미국의 중요 정보들이 중국에 넘어갈 거라는 얘기였다. 중국 기업들은 반발했다. 이미 미국을 포함한 전 세계 45개국과 거래하고 있지만 단 한 건도 보안과 관련된 사고가 없었고, 인증 기관에서 철저한 시험을 거쳐 아예 불가능하다는 게 밝혀졌다고 주장했으나 소용없었다. 결국 2012년 중국 통신 장비 업체들은 미국 시장에서 단 한 건도 계약을 맺지 못했다. 매카시즘이란 본래 그런 것이지. 일단 덤터기를 씌우기만 해도 꽤 효과가 있거든.

미국 의회와 정부는 보안 그 자체를 문제 삼았다기보다 보안을 트집 잡아 자국과 세계 시장에서 미국 통신 장비 업체를 보호하고, 세계로 뻗어 나가는 중국 기업을 경계하려는 듯하다. 중국 위협론이 대부분 그러하듯 이 문제 또한 실체보다 가정이 힘을 발휘했다. '보안에 문제가 있다.'가 아니라 '문제가 있을 수 있다.'는 것이다. 중국 기업들이 강력하게 요청했지만 결국, 미국 측은 보안에 문제가 있다는 증거를 내놓지 못했다.

LG U+가 중국의 화웨이와 통신 장비 계약을 체결하자 로버트 메넨

데즈 미 상원 외교 위원장은 미국 행정부에 "화웨이가 한국의 LTE 통신망 장비 공급 업체로 선정됐는데, 안보에 문제가 생길 수 있다."고 편지를 보냈다. 미국의 언론들은 곧바로 이를 보도했지. 〈월스트리트 저널〉과 〈파이낸셜 타임스〉도 그중에 하나다. 미국 정부가 직접 한국 정부에 항의를 했는지 어떤지는 알려지지 않았다. 하지만 이 일이 미국 정부가 한국 정부에, 혹은 해당 기업에 직접 문제를 제기하기는 어려운 일이라는 것을 미국 정부도 잘 알겠지. 주권 문제이기도 하고 공식적으로 문제를 삼기에는 아직 '가정'에 불과한 얘기니까 말이다.

미국 정부는 조 바이든 부통령이 방한해 이 문제를 제기할지는 모르겠다고 했다. 그가 와서 직접 그런 얘기를 꺼냈는지는 알 수 없지만 우리의 〈조선일보〉는 발 빠르게 이 보도를 받아 안보에 심각하게 구멍이 뚫릴 수 있다는 듯 보도했다. 박근혜 정부 또한 발 빠르게 대응하기는 마찬가지였다. 최문기 미래창조과학부 장관은 2013년 10월 국정감사에 나와 "보안 문제를 걱정하고 있"다고 말했다.

봄아. 나는 LG U+의 이번 중국 장비 도입은 보안 문제와 그다지 상관없는 일이라고 본단다. 우선 LG U+가 장비를 도입한 부문은 원천적으로 감청이 불가능한 부분이다. 화웨이도 이 사실을 여러 차례 밝혔다. 영국, 호주, 일본을 비롯해 40개가 넘는 나라가 인증을 거쳐 사용하고 있는 장비이기도 하다. 게다가 화웨이는 LG U+가 원한다면 어떤 방식으로든 인증을 받겠다고 하고 있다.

오늘 아빠가 봄이 너한테 이야기하고 싶은 것은 미국이 쏟아 내는 중국 위협론이 어떤 경로를 거쳐 이 땅에 사는 사람들한테 먹히고 있나 하는 거란다. 우선 미국은 중국 위협론을 제기한다. 문제가 있나 없나 확인하는 것은 중요하지 않다. 필요가 있으면 일단 문제를 삼고 본다. 주로 이해관계가 있는 주의 의원이나 주요 언론이 이 문제를 띄운다. 중국이 문제가 있다 카더라. 한국 언론은 그런 언급을 곧장 들여와 그것이 사실인 듯 보도한다. 그럼 비틀린 중국관에 절어 있는 한국의 대중들은 이렇게 생각한다. '중국 놈들이 다 그렇지. 결코 믿어서는 안 된다. 그래도 미국이 낫다.' 한국 정부는 미국이 문제가 있다고 하니 당연히 문제가 있을 거라고 생각하거나 여론이 그러니 사용하는 것은 좀 더 심각하게 검토해 보아야 한다고 말한다. 대개 이런 방식으로 미국의 중국 위협론이 한국에서 먹혀든다.

LG U+ 이전에도 한국의 다른 기업들은 중국의 통신 장비를 사용해 왔다. 왜 하필 LG U+의 이번 선택을 문제 삼을까? 아마도 미국의 이해관계와 얽힌 탓인 것 같다. 그동안 세계 통신 장비 시장은 스웨덴의 에릭슨을 비롯해 서구 업체들의 독무대였다. 2004년에는 에릭슨이 20억 달러쯤 벌어들였고, 미국의 루슨트도 10억 달러 안팎의 매출을 올렸다. 중국은 화웨이와 ZTE 같은 기업이 2억 달러 남짓 벌었다. 그런데 최근 10년 사이 중국의 통신 장비 판매는 급속히 늘었다. 급기야 2012년에는 화웨이가 에릭슨을 넘어 세계 1위가 되었다. 미국에게 화웨이는 단순히 중국의 기업 하나가 아니다. 중국의 수많은 위협 가운데 하나를 의미하는 것이다. 무엇보다 미국이 아시아로 눈을 돌려 적극적인 한·미·일 삼각 공조 체제를 재구축하고자 하는 지금, 한국의 한 대기업이 미국이 내세우는 중국 위협론에도 아랑곳없이 이런 선택을 하는 것은 생각보다 여파가 클 거라고 판단했을 거다.

이제 한국의 중국 위협론은 미국의 중국 위협론으로부터 독립하여 완전히 독자적 인식 체계를 갖춘 듯하다. 중국인들의 제주도 투자를 다루는 한국 언론의 태도에서도 이런 징후가 분명하게 느껴지더구나. 최근 몇 개 언론은 제주도가 중국 땅이 될 판이라고 난리다. 지난 1년 동안 꾸준히 이런 보도가 쏟아졌다.

SBS는 '중국 자본의 제주 땅 공습'이라는 제목 아래 "지금 중국의 나라가 되어 간다."는 제주도민의 말을 그대로 내보내고 있었다. 이 방송을 보면 중국 사람들이 제주도 땅을 사고, 중국 기업들이 제주도의 산업을 빠르게 장악하고 있다 한다. 지금 중국 기업들이 60만 평에 이르는 제주 땅을 소유하고 있고, 369명이 건물을 사서 등록하고 있는데, 심각하다 뭐 그런 얘기였다.

최근 MBC도 비슷한 보도를 했다. '몰려오는 중국 자본'이라는 꼭지였는데 선조들에게 물려받은 땅을 중국인이 빼앗아 가고 있다는 식으로 뉴스를 내보냈다. 심지어 제주도 리조트에 중국인들이 많이 오는 것까지 문제 삼고 있더구나. 그러면서 이 방송은 중국의 제주도 투자에 대해 "자본의 옥석"을 가려야 한다고 결론짓고 있었다.

봄아. 네가 보기에는 이 보도가 뭐가 문제인 것 같니? 나는 이 보도가 최근 한국에서 기승을 부리고 있는 중국 위협론의 한 예라고 생각한다. 우선 이 보도는 매우 불공정하다. 지금 정도로 중국인들이 제주도에 투자를 하는 것을 두고 '중국 자본의 제주 땅 공습'이라고 보도하는 것이 옳은 일일까? 60만 평이면 우리나라 큰 대학 한두 개 정도 넓이다.

하지만 대학 한두 개라고 하지 않고, 축구장 340개쯤 되는 넓이라고 포장한다. 문제를 부각시키기 위한 일종의 보도 기법이다. 그건 그렇다 치자. 축구장 340개, 그러니까 대학 한두 개쯤 샀기로서니 중국이 제주도를 정말 '점령'할 수 있는 건지 궁금하다. 실제로 중국인들이 지금 소유한 땅은 제주도 전체 면적의 0.13% 수준이다. 게다가 2013년까지 중국인이 분양받은 제주도 리조트는 8개 470객실이다. 전체 객실의 1.4%에 불과하다. 이걸 가지고 제주도의 영토 주권을 운운하기에는 좀 민망한 수치 아닐까.

이런 보도 태도가 어디에서 나올까? 긍정적으로 해석하면 미래의 위험에 대비하자는 것일 테지. 보도를 보면 중국 위협론이 다 그렇듯 앞으로 펼쳐질 상황에 대한 경고가 큰 흐름을 이루고 있다. 우리의 중국 관련 보도는 유독 지금 여기의 문제보다 숨은 위협을 더 강조한다. 이번 보도도 마찬가지더구나. 지금 제주도에 백만 달러 이상 투자한 중국 기업은 9개 정도다. 제주도에 투자한 이 기업들은 서울 시, 경기도, 인천 시에도 투자하고 있다. 서울 시에 백만 달러가 넘는 돈을 투자한 중국 기업은 32개이다. 인천 시도 11개에 이른다. 중국인들이 특별히 제주도를 집어삼키려고 투자하고 있는 건 아니라는 얘기다. 그런데도 우리 언론들은 이런 추세라면 문제가 된다는 식이다.

중국인들은 지금 한국에만 투자하는 것이 아니다. 미국의 상징이라고 할 수 있는 뉴욕의 엠파이어 스테이트 빌딩도 중국인 소유고, 모토로라도 중국인이 사들였다. 중국 자본도 여느 자본과 마찬가지로 이익이 많이 나는 곳에 투자한다. 결국 이번 보도는 미래를 대비하자는 게 아니라 중국과 중국인에 대한 막연한 불안감을 드러내는 것이거나, 의도적으로 불안을 부추기고 있는 것이다.

제주도 자치 정부는 중국인들의 투자를 받는 데 매우 적극적이다. 제주도의 산업이나 관광업은 이제 외부 투자와 새로운 관광객 유치 없이는 돌아가기 쉽지 않기 때문이다. 그래서 자치를 선언한 뒤로 투자자를 찾기 위해 힘써 왔다. 때마침 갈 곳을 찾는 중국 자본과 중국인 관광객에 주목하고 적극적인 유치 정책을 펴고 있다. 일정한 자본을 투자하면 영주권을 주는 방안도 내놓았지.

내 생각에는 특히 이 정책이 우리 비위를 거스르는 것 같다. 막연하게 깔려 있던 중국에 대한 거부감과 중국인에 대한 혐오감이 구체적 위협으로 다가오는 지점일 테니까. 하지만 이게 특별히 중국인을 우대하는 정책은 아니다. 제주도에 투자하는 외국인이면 누구라도 같은 혜택을 누릴 수 있다.

실제로 제주도 땅을 가장 많이 가지고 있는 나라는 어디일까? 바로 미국이다. 2013년 현재 미국은 약 90만 평을 보유하고 있다. 중국의 60만 평보다 훨씬 많지. 일본도 50만 평이 넘는다. 미국인도 일본인도 법률에 따라 동등한 혜택을 받고 있다. 그런데 유독 중국과 중국인들이 영주권을 얻는 것만 문제 삼고 있는 거다.

중국과 중국인에 대한 거부감은 중국 위협론과 더불어 날로 커 가고 있다. 요즘 텔레비전 프로그램에서 활약하며 인기를 끌고 있는 샘 해밍턴을 보렴. 그가 한국인이 되어 가고 있는 것을 많은 사람들이 흐뭇해하고 자랑스러워한다. 한국관광공사 사장을 지낸 이참 씨는 불미스러운 일로 그만두는데도 그걸 빌미로 독일이나 독일인을 욕하지는 않는다. 돈을 얼마 이상 투자하면 영주권을 주는 제도는 제주도뿐만 아니라 세계 각국에서 돈을 끌어들이기 위해 흔히 사용하는 방법이다. 한국인들도 그런 제도를 통해 캐나다나 미국, 호주 같은 나라에 이민을 하고 있다. 캐나다에 가면 전 세계 여행객들의 혼을 쏙 빼놓게 아름다운 빅토리아나 밴쿠버 등지에 중국인 이민자들이 수두룩하다. 그들은 그곳에서 별 탈 없이 살고 있다.

물론 아빠도 제주도마저 외국 투기 자본의 손아귀 아래 놓이는 건 절대 반대다. 그렇지만 요즘 터져 나오는 언론 보도들은 그런 신자유주의적 투기 자본을 막자는 이야기가 아니더구나. 그 자본이 중국 것이라 안 되고, 그곳에 중국인들이 많아서 불쾌하다는 것이다.

우리나라 전체로 시야를 넓혀 보아도 문제는 중국 자본이 아니라 미국이나 일본 자본이다. 땅 문제도 그렇다. 외국인이 우리나라 땅을 얼마나 소유하고 있나 한번 볼까. 외국인이 가진 땅 가운데 미국이 54.3%를 사들였고, 그 다음이 7.6%를 가진 일본이다. 중국은 2.9%에 그치고 있지. 하지만 한 번도 '미국 자본의 한국 땅 공습' 그런 식으로 법석을 떤 적은 없었다. 미국 자본을 비판할 때는 신자유주의적 투기 자본이라고 뭉뚱그린다. 사실, 자본의 국적을 논하는 것 자체가 방송에서는 무척 드문 일인 거지.

그러니까 자본의 옥석을 가리자는 말은 잘 새겨 보면 미국 자본이나 일본 자본은 괜찮고, 중국 자본은 안 된다는 말이다. 중국에 대한 불안감과 혐오감을 적나라하게 드러낸 것이다. 심지어 중국인들이 제주도에서 눈에 자주 띄는 것만으로도 불쾌하고 불안하다. 그런 분위기를 만든다. '여러분들이 제주도에 가서 머무는 리조트가 중국인 것이라면 어떤 기분이 들까요?' 하는 식이다. 제주도 리조트에 중국인이 머물고 있는 것이, 그 리조트가 중국인 소유라는 게 불쾌하다면 중국인 혐오증이 심각한 수준인 거다.

물론 요즘 제주도에 오는 중국인 관광객들이 그다지 수준 높아 보이지는 않는다. 하지만 이건 앞에서도 말했다시피 중국인의 민족성과는 별개다. 저가의 단체 관광객이란 어느 국적을 막론하고 시끄럽고, 무질서하고, 세련과는 거리가 멀기가 십상이다. 중국 당국도 이런 문제들을 풀고자 2013년 10월부터 해외로 나가는 자국민의 권익을 보호하고 관광 질서를 세운다며 헐값 상품을 금지하는 관광 관련 법안을 시행하고 있다. 그 탓에 제주 여행객은 거의 절반으로 줄었다는구나.

아마도 이제 제주도에서는 압구정동에서나 볼 수 있는 세련된 중국인들을 자주 만날 가능성이 크겠지. 대신 제주의 관광 수입은 줄어들었다. 우리가 중국인 혐오증을 드러내며 못마땅해하지 않아도 중국 또한 여러 선진국들이 그랬던 것처럼 무례한 자국 관광객들의 태도를 하나씩 바로잡아 나갈 거라는 걸 믿지 못한 대가다. 언론과 대중들이 야단을 부린 덕분에 제주도는 영주권을 주는 투자 금액도 5억 원에서 10억 원으로 올렸고, 영주권도 도민의 1%로 제한해 버렸다. 정부의 외국 투자 활성화 방안과는 정반대의 정책이 시행된 것이다. 아마 제주에서 중국인은 이제 더 줄어들겠지. 중국 위협론 만세다.

우리 중국 전문가들이 제기하는 중국 위협론은 대략 세 가지 갈래로 나눌 수 있다. 첫 번째는 경제 위협이고, 두 번째는 군사 위협이며, 세 번째는 영토 위협이다. 그런데 우리한테 중국은 정말로 위험한 나라일까? 중국은 이미 우리의 군사력을 앞지른 지 오래됐다. 군사력 대결로 치달린다면 우리가 대응하기 어려울 만큼 압도적 우위에 서 있지. 최근 중국이 군비를 급속히 늘리고 있다지만 한국으로서는 새삼스러울 것이 없다. 중국이 미국의 군사력을 앞지르는 것이 당분간 불가능하듯, 우리가 중국의 군사력을 넘어서는 것도 이번 세기 안으로는 불가능하다.

우리가 중국의 군비 증가와 압도적 군사력에 위협을 느낀다면 우리가 해야 할 일은 결코 미국한테 신무기나 사들이며 중국과 대립각을 세울 일이 아니다. 20세기의 실패를 되풀이할 수는 없지 않겠니. 우리가 중국의 군사적 위협에서 근본적으로 자유로울 수 있는 방법은 평화 체제를 일구는 수밖에 없다. 봄아. 결코 불가능한 꿈이 아니다. 그리고 설사 불가능하다 해도 우리의 생존을 위해 끊임없이 시도해야 한다.

물론 미국의 핵우산 아래 머무는 것도 방법일 수는 있다. 하지만 그게 군비 확장이나 군사적 종속을 낳는 일이라면 단호히 거부해야 한다. 전쟁과 폭력보다 더 나쁜 것이 어디 있겠니. 지금은 중국과 우리가 평화 체제를 논의할 절절한 시점이다. 마구잡이식 군비 경쟁에서 벗어나, 평화로운 한반도를 만들어 가기 위해서는 반드시 중국과 서로 돕고 함께 살아갈 방법을 찾아야 한다. 일본이 미국을 등에 업고 다시 군국주의 국가로 치달리는 지금, 중국은 우리가 평화 체제를 구축하는 데 오히려 좋은 짝이 될 수 있다.

경제 위협론은 중국 경제가 급격하게 성장하면서 등장했다. 중국 제품이 밀려와 한국 제품이 세계 시장에서 경쟁력을 잃거나, 거대한 중국이 언젠가 우리 경제를 먹어 치울 거라는 논리다. 이런 경제 위협론이 등장한 지도 10년이 넘었지만 우리 경제는 오히려, 중국에 엄청난 흑자를 보고 있다. 2013년에도 우리는 다른 지역에서 벌어들인 돈을 다 합한 것보다 더 많은 돈을 중국에서 벌어들였다. 상상보다 실제를 보아야 한다. 세계경제 체제 안에서 우리 경제와 중국은 공존할 방법이 얼마든지 있다는 뜻이다. 미국 발 금융 위기 때 중국은 우리 예상보다 훨씬 큰 규모의 외환을 빌려 주었지. 미국이 해결해 주지 않을 때 이처럼 중국의 도움을 받을 수 있는 기회를 더 마련해야 한다.

봄아. 최근 우리 자동차 기업이 중국에서 일본 자동차 판매를 제쳤다. 전 세계 시장에서 한국 차가 일본 차보다 많이 팔린 나라는 중국이 거의 유일하다. 군국주의로 나아가는 일본에 대한 중국인들의 거부감이 일본 차가 아니라 한국 차를 사게 하는 데 큰 몫을 했거든. 36년 간이나 일본의 식민 지배를 당한 터라, 반식민지였던 중국과 공감할 수 있는 정서를 지니고 있다는 점에서 중국 시장은 늘 일본보다 우리가 유리한 측면이 있다. 중국은 여전히 국가나 국민 의식이 시장을 강력하게 통제하고 있기 때문이다. 그런 요소들을 두루 살펴야 한다.

앞으로 중국 기업이 우리 기업들보다 자주 앞서게 될 거다. 그런데 경제 문제란 감상적 민족주의나 배타적 인종주의로 풀 수 있는 일이 아니란다. 이미 세계경제는 한 덩어리가 되었다. 세계경제 체제 아래에서 기업은 국적보다 경쟁력이 더 중요하다. 미국이나 일본 기업보다 중국 기업이 더 문제일 수는 없는 것이다. 누구든 생산력과 기술 수준을 최대한 끌어올리지 않는다면 어디에서도 물건을 팔기 어려운 환경에 놓여 있다. 몇몇 전자 제품의 경쟁력이 떨어진 건 중국의 위협 때문이 아니라 세계화의 위협인 거다. 삼성이 만드는 휴대전화는 노키아, 애플과 경쟁하는 것이지 핀란드, 미국과 경쟁하는 게 아니다.

우리에게 중국은 당분간 새로운 기회가 될 것이다. 2015년이 되면 중국이 세계 최대의 수입국이 될 것이고, 2020년쯤 되면 중국이 세계 최고의 소비 국가가 될 것이라는 연구 보고들이 나오고 있다. 중국은 앞으로도 우리에게 가장 가깝고 큰 시장이 될 것이 틀림없어 보인다.

지금 우리에게 이런 위협들보다 훨씬 더 심각하게 다가오는 건 영토 위협이지. 북한이 무너지고 나면 그 땅을 먹으려고 중국이 동북공정으로 미리 포석을 깔고 있는 거라는 의혹이 불거진 뒤 영토 위협론이 등장했다. 그리고 중국이 일방적으로 '방공식별구역'을 선포하자 더 빠른 속도로 퍼져 나가고 있지.

이건 간단하게 정리할 수 있는 일이 아니다. 아주 복합적인 문제거든. 우선 우리는 중국이 무얼 노리고 동북공정을 추진했는지 살펴보아야 한다. 방공식별구역 선포 또한 중국이 왜 이런 일을 벌였고, 무슨 의미가 있는 일인지 알아보아야 한다. 중국이 정말로 팽창하고자 하는 의도를 품고 있는지도 따져 보아야 한다. 다음 편지들에서 이 이야기를 하나씩 나눠야겠구나.

열일곱 번째 편지 / 이어도를 중국이 정말 침공한 것일까?

　며칠 전, 중국이 이어도 상공을 '방공식별구역'으로 선포하면서 한바탕 난리가 났었지. 봄아. 너도 보았겠지만 우리나라 언론들은 드디어 중국이 우리 영토를 침략하기라도 한 듯 법석을 떨었다. 동북공정 사태 때 예언했던 일이 드디어 벌어지고 있다는 식으로 보도했다. 어쩌면 너도 이것이 일종의 침공이라고 생각했을 테지.

　봄아. 지금 우리는 매우 중요한 시기를 맞이했다. 지금까지는 미국과 같은 배를 타고 가기만 하면 됐다. 일본은 잠잠했고, 중국은 잠자고 있었으며, 북한은 강대국이 힘으로 억누를 수 있었다. 하지만 이제 일본은 다시 팽창주의로 치달리고 있고, 중국은 동아시아에서 자기 뜻대로 움직일 수 있는 힘을 지니기 시작했다. 북한은 핵무장에 나서 미국이 힘으로 눌러 버릴 수만은 없는 형편이 되었다. 미국과 일본은 "모든 문제는 중국 때문이다."라고 몰아가고 있다. 지금 어떤 일이 일어나고 있는지 정확하게 파악해야만 제대로 대응할 수 있는 법이다.

자. 그럼 질문. 봄아. 정말로 이번 일이 중국의 침공일까? 나아가 중국은 이렇게 점차 패권주의로 나아가고 있는 것일까?

우선 이어도는 우리 영토가 아니다. 배타적 주권을 행사할 수 있는 지역이 아니라는 뜻이다. 거긴 우리가 배타적경제수역으로 정해 놓은 곳이다. 그 둘레의 자원을 탐사·개발할 수 있는 권리를 가지는 것이다. 그 원칙에 따라 우리는 그곳 바다 위에 과학 기지를 설치하고 10년 넘게 사용해 오고 있다. 이번 중국의 방공식별구역 선언은 이 권리에는 영향을 미치지 않는다.

방공식별구역은 국제법상으로는 주인이 없는 하늘이다. 그래서 다른 나라에 위협이 되지 않으면 누구나 이용할 수 있다. 다만 어떤 나라가 자기네 땅을 보호하기 위해 가까이에 있는 하늘 일부를 방공식별구역으로 정할 수 있게 되어 있지. 다른 나라들이 그 설정에 동의하면 그곳을 비행할 때 그 국가가 위협을 느끼지 않도록 그곳을 통과한다는 것을 통보하고 승인을 얻어야 한다. 중국은 2013년 11월 이어도 지역을 방공식별구역으로 설정하면서, 자국의 안전을 보호하려고 한다는 까닭을 들었다.

그런데 이어도 지역은 이때까지 우리 방공식별구역이 아니었다. 진즉 배타적경제수역으로 설정하기는 했지만 방공식별구역 선언은 하지 않았거든. 이어도는 그동안 일본의 방공식별구역에 속해 있었다. 우리는 여태 아무런 문제 제기 없이 그곳을 지날 때마다 일본에 알리고 승인을 받아 왔다. 어떻게 그럴 수 있냐고? 그래, 이해할 수 없는 일이지. 마치 동북공정 이전에는 아무도 고구려사에 관심이 없었던 거나 매한가지 상황이란다.

왜 우리는 이어도 상공에 방공식별구역을 설정할 생각을 않고 충실하게 일본의 요구를 따라 왔을까? 방공식별구역을 재구획하는 것은 미국이 짜 놓은 전후 질서를 뒤흔드는 일이다. 방공식별구역은 1951년 미군이 설정해 놓은 것이니까. 일본도 연합군 최고 사령부가 그어 놓은 선을 거의 그대로 써 오고 있다. 우리도 그걸 60년이 넘게 군말 없이 따라왔다. 중국이 이어도 상공을 두고 문제를 삼자 그제서야 부랴부랴 방공식별구역을 재설정한다고 이리저리 뛰고 있는 중이다.

중국이 선언한 이 방공식별구역을 트집 잡아 우리는 중국이 침공했다고 목소리를 높이고 있다. 그런데 봄아. 이것이 그리 간단한 문제가 아니다. 우리 방공식별구역은 한중 양국 사이의 중간 지점이 아니란다. 중국을 감시하기 좋게 미국이 멋대로 그어 놓았거든. 미국은 철저하게 사회주의 중국을 봉쇄하기 위해 방공식별구역을 설정했다. 아빠도 이번에 자세히 살펴보니 우리의 일부 방공식별구역은 산둥반도 코앞까지 가 있더구나. 자칫 이번 사태가 방공식별구역 전면 재설정 논쟁으로 번지면 배가 어디로 갈지 알 수 없는 노릇인 게지.

중국은 전략적으로 이 점을 노리고 있는 게 아닐까 싶다. 중국은 지금 1945년 일본의 패전 이후 미국이 제 맘대로 그어 놓은 영토와 영해, 그리고 영공을 다시 가르고자 하고 있다. 동아시아 나라들이 근대적 영토를 확정할 무렵 자신들의 견해가 반영되지 못한 채 일방적으로 당했다고 여기고 있거든. 댜오위다오/센카쿠 열도 분쟁도 그중 하나지.

댜오위다오/센카쿠 열도는 일본이 지금은 실제로 지배하고 있지만 중국 또한 꾸준히 영유권을 주장해 온 지역이란다. 이 지역을 일본 땅이라고 단정하기에는 복잡한 역사가 얽혀 있다. 일본이 댜오위댜오/센카쿠 열도를 두고 논쟁의 여지 없이 자국의 영토라고 하는 것은, 동아시아 국제 관계를 연구하는 학자 개번 맥코맥이 "손바닥으로 하늘을 가리는 일에 가깝다."라고 표현할 만큼 간단치 않은 문제지. 미국 또한 클린턴 행정부 이전까지는 그곳이 어느 나라 땅인지에 대해서는 어느 쪽 편도 들지 않겠다고 중립 선언을 해 왔다.

댜오위댜오/센카쿠 열도는 18세기 말까지 일본이 중국의 영토라고 인정해 오던 지역이다. 1895년 청일전쟁에서 승리하면서부터 일본이 이 섬을 실질적으로 지배하기 시작했지. 일본은 한반도를 식민지로 삼기 직전에 대만을 식민지로 만들었다. 그 과정에서 이 섬도 일본 식민지가 된 거다. 1900년까지 일본에는 센카쿠라는 이름조차 없었다. 일본의 이노우에 기요시 교수는 이미 약 40년 전에 "이 섬이 대만처럼 조약을 맺어 공식적으로 강탈한 것은 아니지만 전쟁의 승리에 편승해 어떠한 조약과 교섭에도 의거하지 않고 청에서 훔쳐 온 것"이라고 말했단다.

일본은 패전한 뒤에도 이 섬이 오키나와의 일부라며 반환하지 않았지. 하지만 1879년 오키나와 현을 설치할 때도 이 섬은 일본 영토가 아니었다. 전쟁이 끝난 1945년부터는 미국이 전승국으로서 이 섬을 실효 지배했다. 그러다가 미국이 1972년 오키나와를 일본에게 주게 된 거다. 이 섬은 그때 자연스럽게 일본에 인도되었다. 더 놀라운 건 1995년이 되어서야 이 섬이 오키나와 현에 편입되었다는 것이다. 미국은 이 섬을 일본에게 넘기면서도 댜오위댜오/센카쿠 열도에 대한 일본의 '주권'을 인정하지 않고, 임시로 통치할 수 있는 '시정권'만 인정했다.

왜 미국은 그런 모호한 태도를 취했을까? 미국은 전후에 동아시아에서 냉전을 구축하며 일본을 짝패로 삼았다. 그 대가로 미국은 일본에게 유리하게 영토, 영해, 영공을 가르고, 꽤 많은 지역을 모호한 경계로 남겨 둠으로써 나중에 자신들이 이 지역에서 이익을 꾀할 수 있도록 했다. 캐나다의 하라 키미에 교수는 이렇게 말한다. 미국은 이미 그때 "오키나와 인근에서 중국과 일본 사이에 영토 분쟁이 일어난다면 일본을 지키기 위해 미군이 오키나와에 주둔하는 것이 더욱 정당화될 것"이라고 예상하고 있었다고 말이다. 오키나와는 미국과 일본을 한 몸으로 묶는 핵심 고리인 셈이다.

중국이 방공식별구역을 선포한 다음 날 미국은 여태 지녀 온 모호한 태도를 버리고 전략폭격기 B-52를 이끌고 중국이 선포한 구역에서 시위를 벌였다. 첵 헤이글 미 국방장관은 일본이 실효 지배하는 이 섬이 미일 안보 조약의 대상이라고 선언했다. 미국은 이제 중국 위협론을 더 적극적으로 활용하고 싶은 거지. 지금 미국 언론은 중국을 편협하고 이기적이며, 호전적이고 초국가주의적인 면모를 갖추어 나가고 있다고 한껏 비난하고 있다. 중국 재봉쇄정책이 미국에서 본격 개시되고 있는 것이다.

일본은 언론뿐만 아니라 온 나라가 동원된 같더구나. 댜오위댜오/센카쿠 열도를 본격적인 분쟁의 진원지로 만드는 데 결정적 역할을 한 도쿄 도지사 이시하라 신타로는 2010년 9월 7일 중국 어선과 일본 순시선이 충돌한 사건이 일어나자 "중국의 방식은 폭력단과 다름없다. 일본이 아무것도 하지 않고 수수방관한다면 티베트의 전철을 밟을 것"이라 했다. 일본 공산당까지 나서서, 중국의 제국주의적 자세가 일본의 국익을 훼손했으니 일본도 제국주의적으로 나서야 된다며 단호한 대응을 촉구하고 있다.

일본은 중국의 대응을 빌미로 댜오위다오/센카쿠 열도 문제에 미국을 적극적으로 끌어들였다. 일본의 우익들은 미국의 보호가 필요하다. 자위대도 증강하려면 전쟁 포기를 규정한 평화 헌법을 폐기해야 하는데, 미국 도움 없이는 불가능하지. 미국은 중국을 견제하고 동아시아 정세를 쥐락펴락할 기지로서 오키나와가 필요하다. 자기네 군수산업을 먹여 살릴 '고객'도 필요하다. 일본은 미국의 입맛을 맞춰 주었다. 미국에서 조기경보기를 도입하고, 무인정찰기 글로벌 호크도 사들였다. 일본은 사실상 MD 체제로 성큼 들어서고 있는 중이다.

중국은 지금까지 영토·영해·영공 문제를 되도록 대화와 타협으로 풀고자 해 왔다. 댜오위다오/센카쿠 열도뿐만이 아니다. 난사군도 문제를 대할 때도 그랬다. 덩샤오핑은 대만과 이 문제로 갈등을 빚자 "우리 세대는 이 문제에 관해 공통점을 찾아낼 만큼 현명하지 않다. 다음 세대는 좀 더 현명할 것이라 확신한다. 모두가 납득할 만한 해결책을 반드시 찾을 것이다."라고 말했다. 중국은 이런 원칙 아래 분쟁을 평화롭게 해결하고자 애써 왔다.

이것은 난사군도 중에 하나인 타이핑다오에 대한 태도를 보더라도 잘 드러난다. 1949년 장제스가 구축함을 이끌고 이곳을 점령한 뒤부터 말썽을 빚게 된 섬이다. 대만은 필리핀, 미국과 합세해 타이핑다오를 지키고자 노력했다. 중국은 힘으로 이 섬을 재정복하기보다는 대만에 있는 온건파들과 협조하면서 공생과 협력의 길을 모색해 왔다. 그들이 중요하게 여긴 것은 그 섬을 누가 소유하느냐가 아니라 어떻게 발전시키느냐였다. 지금 대만의 일부 세력은 화해와 협력으로 나아가다가는 중국에게 이곳을 빼앗기거나, 미국과 더 멀어지게 될까 염려하며 실효 지배에 박차를 가하고 있다. 하지만 또 다른 일부는 소유국이 누구냐를 아랑곳 않고 그 섬에 계속 투자를 하면서, 평화를 일굴 수 있는 방법을 찾고 있다.

미국 전투기가 이어도를 선회한 며칠 뒤, 이번에는 중국이 조기경보기와 전투기를 끌고 이 지역을 순찰했다. 전후에 미국이 일방적으로 그어 놓은 경계를 다시 짜겠다는 생각을 포기할 뜻이 없음을 분명히 한 거다.

그동안 중국은 미국이 이 지역을 군사 분쟁으로 몰고 갈까 경계하면서, 철저하게 당사국들끼리 대화하자고 요구해 왔다. 댜오위다오/센카쿠 열도를 대하는 일본의 태도에는 강력하게 대응하면서도 미국, 한국과는 여전히 대화 가능성을 놓지 않았다. 그런 만큼 이번 선언으로 대화와 타협을 중시해 온 중국의 영토 분쟁 해결 방식이 바뀌었다고 평가하기에는 아직 이르다. 하지만 지금까지 대만을 둘러싼 중미 간 충돌 양상을 볼 때 한쪽의 태도에 따라 일부 지역에서 마찰이 일어날 수도 있을 거다. 중국의 반식민지 경험을 감안하면 영토 문제에 관한 한 강경하게 대응할 가능성이 높거든.

이번 방공식별구역 선언은 최근 들어 강화된 미국과 일본의 중국 봉쇄정책에 적극적으로 대응하겠다는 뜻으로도 읽힌다. 베이징 외교 소식통은 이번 조치가 댜오위다오/센카쿠 열도 문제 말고도 동중국해 언저리에서 미국이 벌이고 있는 대중국 정찰 활동을 막기 위한 목적도 있음을 분명히 하고 있더구나. 미국은 중국 근해까지 살필 수 있는 정찰기와 글로벌 호크, 잠수함을 감시하는 대잠초계기, 장거리 레이더를 갖춘 조기경계기 따위를 동원해 중국을 늘 감시해 왔다고 한다. 최근에는 미일·한미 대규모 군사훈련을 여러 차례 벌였다. 특히 일본의 호전적 태도는 중국한테 결정적으로 기름을 부은 꼴이다.

봄아. 이번 이어도 사태를 놓고 우리는 어떤 태도를 취해야 할까? 이나라 주류는 벌써 중국이 문제라고 외치며 한·미·일 삼각 공조 체제로 당장이라도 되돌아갈 태세다. 박근혜 정부는 발 빠르게 미국이 이끄는 다자간 FTA, '환태평양 경제 동반자 협정' 가입을 검토하기로 했다고 전격 선언했다. 이미 MD 체제에도 얼마쯤 발을 담근 상태이다. 강정 해군기지도 건설하기 시작했다. 조기경보기와 글로벌 호크 도입도 모색 중이다.

중국 또한 박근혜 정부가 미국의 영향력에서 벗어나고자 하는 자유의지가 없다는 것쯤은 이미 잘 알고 있는 듯하다. 그러니 방공식별구역 선포를 재검토해 달라는 한국 정부의 말을 단번에 거절했겠지. 회담조차 열지 않겠다는 건 대화를 해 본들 별 희망이 없을 거라고 생각했거나 적절한 대화 상대가 아니라고 보아서일 거다. 북 핵 문제를 놓고 우리와 협상 테이블에 앉아 본 중국으로서는 한국이 독자적으로 움직일 가능성이 별로 없다는 걸 잘 알고 있을 테니까 말이다. 우리 태도에 상관없이 중국과 미국은 자기 갈 길을 갔다. 중국도 미국도 실리를 포기하지 않았다. 예상대로 미국은 조 바이든 부통령이 중국을 방문하면서 중국의 방공식별구역 설정을 묵인하기로 가닥을 잡았다.

봄아. 우리는 어떻게 해야 할까? 우선 주체성 있는 사고가 필요하다. 이제껏 외우다시피 해 온, 미국은 좋고 중국은 나쁘다는 정답지가 과연 이번에도 우리에게 이득일지 심각하게 고민해야 한다. 미국의 패권주의도 문제지만 중국의 대국주의도 문제라는 식의 양비론도 정답은 아니다. 아빠는 "진리는 편파적인 것이고 우리가 어느 한쪽을 편들 때만 가까이 갈 수 있다."는 슬라보예 지젝의 말을 신뢰한다. 양비론은 침묵이나 무관심을 낳기 일쑤이다. 달리는 기차를 얻어 타기만 한다면 결국은 어떤 식으로든 주류를 돕는 거다.

다시 중국에 빗장을 걸어 잠근다고 우리가 얻는 것이 무엇일까? 미국의 이익이야 분명해 보인다. 그런데 우리는? 민족의 자존심? 중국한테만 세계 나가는 게 민족의 자존심일까? 자존심 지키자고 전쟁까지 마다하지 않겠다는 건 바보짓이지. 영해와 영공을 두고도 싸이의 공유 정신이 반드시 필요하다. 거기 아무리 많은 자원이 묻혀 있다고 한들 전쟁과 폭력으로 거머쥐어야 할 만큼 중요한 것은 아니다. 싸워서 이길 가능성도 없다. 게다가 중국은 지금까지 대화와 타협으로 이런 문제들을 풀어 온 나라다. 아직은 대화와 타협으로 일을 해결하기에 나쁘지 않은 상대란 얘기다.

우리는 냉전을 허무는 데 결정적인 노릇을 한 헨리 키신저의 말에 귀 기울일 필요가 있다. 그는 그 어떤 바다도 영토 문제로 다루어서는 안 된다고 말했지. 서로 공유하고 협상으로 처리해야 한다는 것이다. 그가 왜 중국과 미국 사이에서 냉전을 뚫는 다리 노릇을 해냈는지 알 수 있게 하는 혜안이다.

우리도 그런 방식으로 이 문제를 풀어야 하지 않을까? 장거리 미사일을 사들이고 조기경보기와 글로벌 호크를 도입해서 해결할 일이 아니다. 봄아. 미국과 일본의 꽁무니에 서서 그네들 해법을 그대로 따라하는 일은 이제 그만두어야 한다. 우리의 길을 더듬어 찾아야 할 때가 되었다. 길이 보이지 않을 때, 아직 어디로 가야할지 모를 때는 작은 일부터 해 나가면 된다.

일본 항공사들은 중국이 방공식별구역을 선포한 다음 날부터 비행 계획서를 중국에 보냈다. 일본 정부가 말려도 듣지 않았다. 그들의 판단은 간단하다. 만에 하나 일어날지 모르는 안전사고에 대비하는 일이 정부의 지시를 어겨 받게 될 불이익보다 중요하다고 판단한 거다. 승객들의 생명이 영공 관할권보다 소중하다는 판단. 그것이 탁월한 선택이다. 별로 어렵고 힘든 일도 아니다. 뭘 그렇게 사소한 일에 목숨을 거나. 비행 계획서 하나 중국으로 보내 주면 되는 일이다. 어쩌면 그것이야말로 중국의 이번 꾀를 가장 우습게 깔아뭉개 버린 가장 탁월한 대응인지도 모른다. '그게 뭐 중요해. 그래, 그럼 비행 계획서 보내 줄게.'

하지만 늘 그렇듯이 우리의 대응은 거창하고 비장했다. 한참을 미국과 조율하고, 그것도 모자라 중국의 눈치를 얼마쯤 살핀 뒤에 우리식 방공식별구역을 선포했다. 앞으로 그게 우리한테 무슨 이득이 될지는 아무도 모른다. 다만 미국 마음대로 그어 놓은 방공식별구역은 이참에 깨어졌다. 원하지는 않았겠지만 우리 정부는 모처럼 중국 뜻에 딱 들어 맞는 일을 한 셈이다. 정부는 우리식 방공식별구역을 선포하고 난 다음에야 우리 민항기가 중국에 비행 계획서를 제출해도 된다고 허가했다. 항공사들은 그제서야 만일의 안전사고를 걱정하며 중국의 방공식별구역을 지날 때 비행 계획서를 보내겠노라고 발표했다.

봄아. 이 일을 어떻게 푸는 게 현명했을까? 승객의 생명을 보호하는 것, 그것을 최우선 원칙으로 삼고 이 사건을 재연해 보면 좋겠구나. 방공식별구역이란 결국 어떤 나라가 선언했을 때 그 나라로 비행 계획서 한 장만 보내 주면 되는 일이다. 우리가 지금까지 일본한테 그렇게 해 왔다. 중국이 방공식별구역을 선언했다고 해도 그냥 비행 계획서 한 장 중국에 보내 주면 끝난다. 괜스레 전투기 띄우고 미국한테 구조 요청 하고 그럴 필요가 없는 일이지. 그래 봐야 중국이 쫄기는커녕 우리만 아까운 세금으로 무기나 잔뜩 사게 된다.

일단 그렇게 승객의 안전을 보장한 뒤에 중국이 왜 그랬는지 알아볼 일이다. 중국은 미국이 일본, 한국과 더불어 자기네 앞마당에서 무력시위를 하는 게 싫고 불편하다. 그런 식으로 힘자랑을 계속한다면 이제 참지 않겠다 하는 경고장을 미국과 일본한테 날리고 싶었던 거지. 그래서 미국이 중국 감시하기 편하자고 그어 놓은 방공식별구역을 일부러 침범한 거다.

그렇다면 우리는 미국 편이니 중국 편이니 따질 것 없이 어떻게 하는 것이 이 땅에 사는 다수가 이로울지 생각해 봐야 한다. 그러자면 우선 미국이 그어 놓은 방공식별구역에 따르는 것이 나을지 중국의 재구획

요구에 은근슬쩍 편승하는 게 나을지 살펴야 한다. 그리고 되도록 마찰 없이 무기 사지 않고 해결할 수 있는 방법을 고르는 거다.

봄아. 평화로운 방법이 가장 중요하다. 전쟁만큼 많은 사람들을 힘들게 하는 것은 없거든. 두 번째는 돈 안 드는 방법이다. 돈 드는 방법은 대개 주인님들이 짜고 치는 고스톱이기 쉽다. 다시 말하지만, 이번 일은 엄청난 돈 들여 새로 전투기 사고, 공중급유기 도입하고, 미국의 MD 체제로 뛰어 들고, 뭐 그런 호들갑을 떨 일이 아니다. 중국은 분명 무력으로 이 문제를 해결할 뜻이 없다. 조용히 우리한테 이로운 방법을 찾는 것, 그게 필요한 시간이다.

영토 문제에서도 공유 정신이 필요하다. 영토란 그곳에 사는 사람들이 더 행복하게 살라고 있는 것이다. 그곳 사람들만 독점하라고 있는 것도 아니다. 다른 사람도 자유롭게 드나들고 이용하고 거주할 수 있어야 더 많은 사람들이 행복할 수 있다. "여기는 우리 땅이다!"라고 말하기 시작하면 상대도 그렇게 나온다. 그러다 보면 늘 일은 힘센 놈 승리로 끝난다.

헨리 키신저는 이렇게 말했다.

"떠오르는 중국을 군사적으로 막으려는 것은 대단히 위험하다. 중국은 지난 세기 동안 세계를 상대로 패권을 행사한 적이 없다. 지금 그럴 수 있는 형편도 안 된다. 중국의 자제력을 믿고 협상하라."

다시 그의 말을 새겨들어야 한다. 우리가 중국의 행보를 실제보다 더 큰 위협으로 여기고 군사적 조치로 일관하고자 하거나 간도 같은 지역조차 우리 땅이라 외치기 시작하면 결과는 뻔하다. 중국은 더 많은

GDP를 군사비로 할애할 것이다. 간도는 청대부터 중국 땅이었다고 주장할 것이고, 이곳에서 한국인들의 활동을 제약할 것이며, 조선족을 더욱 더 중국인으로 만들어 갈 것이다.

누가 이길까? 힘센 자가 이긴다.

그렇다면 중국이 이길까? 아니다. 정답은 주인님들이 이긴다.

그런 싸움은 결국 많은 중국 사람들에게도 한국 사람들에게도 하나 도움이 안 된다. 이 땅이나 그 땅에서 농사짓고, 노동해서 벌어먹는 사람들에게는 남는 것 없는 헛짓일 뿐이다. 우리 소중한 인생을 그런 일에 낭비할 수는 없는 일이다. 아빠 세대는 그렇게 살 수밖에 없었다 하더라도 너희 세대는 달라야 하지 않겠니. 우리 다시 이 땅에 사는 다수가 행복할 수 있는 이어도 해법을 찾자.

색안경 벗어던지기

열여덟
번째
편지 /

애국주의의 양면

봄아. 우리가 중국이 위협적이라고 판단하는 핵심에는 개혁·개방 이후 드러나는 중국의 민족주의가 큰 역할을 하고 있다. 중국의 민족주의가 높아 가고 있으니 위험하다, 그렇게 보는 거지. 오늘은 중국의 민족주의를 어떻게 보아야 할 것인가에 대한 이야기를 해 보자.

중국인들의 민족주의를 걱정하는 방송이나 신문 기사는 너도 더러 보았을 거다. 베이징 올림픽 때도, 동북공정 때도, 꽃게잡이 철에도 어김없이 고개를 쳐드는 이야기들이지. 댜오위다오/센카쿠 열도를 둘러싸고 일본과 마찰을 빚을 때도, 동중국해와 남중국해에서 영해 분쟁이 벌어질 때도, 중국이 얼마 전 방공식별구역을 선언했을 때도, 심지어 중국인들의 제주도 투자를 두고도 중국의 민족주의를 들먹였다. 중국의 민족주의는 이제 정말 팽창으로 질주하고 있는 것일까?

중국은 자신들의 민족주의를 '애국주의'라고 부른다. 중국이 다민족 국가라 각 민족들이 저마다 지닌 민족주의와 구별하기 위한 방편이기도 하고, 소수민족들의 자민족 중심주의가 고개를 쳐드는 것을 막고 단일한 근대적 민족주의를 북돋우기 위한 수단이기도 하다.

애국주의는 중국이 개혁·개방 정책을 펴면서 사회주의 이념을 대체하고자 대대적으로 내세운 이념이지. 체제가 빠르게 변화하게 되자 중국을 하나로 묶을 수 있는 이데올로기가 필요했거든. 그런 점에서 중국의 애국주의는 일종의 국민교육 이데올로기라고 할 수 있다.

중국에서 애국주의를 교육하고 중국인들의 애국주의를 북돋우기 시작한 건 중국이 사회주의적 폐쇄경제를 버리고 개혁·개방 정책으로 나선 것만큼이나 놀라운 변화다. 중화인민공화국이 들어선 뒤로 사회주의 중국은 줄곧 민족주의가 '자산계급 및 모든 착취계급의 사상이 민족 관계에 반영된 것'이라 여겨 왔거든. 사회주의는 중국이라는 국가가 아니라 만국의 노동자들이 어깨를 걸고 자본가 중심의 자본주의를 넘고자 한 이념이니까 말이다. 그런 이념 아래, 사회주의 중국은 외교 정책을 펴면서도 민족주의의 해악을 강조하면서 프롤레타리아 국제주의를 앞장서서 부르짖었던 나라다.

봄아. 프롤레타리아 국제주의가 뭔지 알겠니? 사회주의는 자본주의를 움직이는 몇몇 자본가가 아니라 다수를 차지하는 노동자들이 잘사는 세계로 나아가려 한단다. 그런데 자본가들은 힘이 세지. 필요하다면 수단과 방법을 가리지 않고 이 나라 저 나라 넘나들며 힘을 키운다. 그러니 한 나라 안에서 노동자들이 아무리 어깨 걸고 맞서더라도 힘에 부치기 쉽지. 그래서 사회주의 이론가들은 노동자들 또한 국가를 넘어 세계라는 큰 울타리 안에서 힘을 모아야만 자본가들에게 대항할 수 있고 자본주의 체제의 한계를 이겨 낼 수 있다고 생각했다. 그게 바로 국경을 넘어 노동자들끼리 단결하자는 '프롤레타리아 국제주의'이다. 한동안 전 세계 사회주의 운동을 이끈 코민테른이라는 조직은 이런 이념을 바탕으로 꾸려진 거란다.

중국은 중국 공산당이 결성된 뒤부터 꾸준히 프롤레타리아 국제주의를 내세워 왔다. 하지만 개혁·개방으로 들어서면서 노동자 계급의 이익을 좇기보다 중국이라는 국가가 부강해지는 게 더 절실해졌지. 결국 자연스럽게 중국의 국익을 앞세우는 애국주의라는 새로운 이념이 등장하게 된 거다. 소련과 국경 분쟁을 겪기도 했고, 사회주의 진영이 몰락하면서 프롤레타리아 국제주의를 더 이상 주창할 수 없게 된 탓도 있다. 하지만 개혁·개방 이후 급격한 변화 속에서 중국 인민을 잘 이끌고 나갈 새로운 이데올로기가 필요했던 까닭이 더 크지.

애국주의를 중국 처지에서 한번 들여다보자.

중국은 사회주의 진영이 무너지자 심각한 위기를 느꼈다. 외따로 선 채 경제개발을 해야 했고, 자본주의 세계 체제 안에서 살아남아야 했다. 사실, 서구의 포위 정책보다는 내부의 반란이 더 두려웠다. 중국은 인민들을 하나로 모아 이끌어 나갈 새로운 이념이 필요했다. 서구 여러 나라들이 성공적으로 써먹은 민족주의가 자연스럽게 눈에 들어왔겠지. 중국 안에도 이미 근대적 민족주의는 존재하고 있었으니까.

그런데 자칫 민족주의를 내세웠다가 소수민족들이 자민족 중심주의를 부르짖는 기폭제가 될까 두려웠다. 중국 공산당은 구소련이 민족 분열로 망했다고 여겼으니까. 그래서 등장한 것이 애국주의라는 개념이다.

서로 다른 민족들끼리 갈등은 최소화하면서 소수민족들을 끌어안을 수 있는 개념으로 본 것이다.

봄아. 만약 지금 세계의 패권을 중국이 거머쥐겠다는 중화주의가 애국주의의 탈을 쓰고 다시 등장한 것이라면 미국이 아니라 일본하고 손을 잡고라도 막아야 한다. 그런데 아빠가 계속하는 이야기 있지? 우선 네 스스로 따져 보아야 한다. 꼼꼼히 따져 보지도 않고 주인님들이 그런다고 그렇게 여겨서는 안 되지. 몇몇 힘 있는 전문가들이 하는 말을 그대로 믿어서도 안 된다.

봄아. 너도 혹시 주인님들처럼 일단 중국이 신중화주의나 중화 패권주의를 좇을 거라고 치고 우리가 미리 대비하는 게 좋다고 생각하니? 아니면 말고? 물론 우리한테 힘이 넘쳐 날 때야 그거야말로 최상의 방법일 거다. 주머니가 두둑하다면 보험을 많이 들어 놓는 게 좋은 줄 누가 모르겠니.

그런데 봄아. 이건 엄청난 돈이 들어가는 보험인 데다가 만기 원금 보장형 보험은 더더욱 아니다. 더 중요한 건 돈이 문제가 아니라는 거다. 한반도에서 살아가는 사람들의 삶의 질과 방향을 결정하는 문제거든. 이미 우리는 GDP 대비로는 중국의 1.25배, 일본의 2.5배에 이르는 군사비를 쏟아붓고 있다.

일어날지 안 일어날지도 모를 중국의 침략에 대비하자고 지금 스텔스기 사고 MD 체제로 들어가면 당장 이 나라 젊은이들의 삶은 어떻게 될까? 북한이나 중국과도 더 날카롭게 맞서게 될 거고, 그럼 군대에서 더오래 청춘을 썩혀야겠지. 정치인들이 턱도 없는 일이라고 그 난리를 떠는 반값 등록금도 그 돈이면 쉽게 할 수 있을 거다. 복지를 하겠다는 대통령보다 안보를 내세우는 대통령을 한동안 모시고 살 공산이 크다. 종북에 이어 '종중'도 감옥에 가야 할지 모른다. 그러고 보면 우리가 이 노선을 택하면 아빠도 잠재적 범죄자인 셈이구나. 이딴 중세 마녀사냥 놀이나 하면서 다시 21세기를 보내는 것, 그게 정말 네가 바라는 미래인지 잘 생각해 봐야 한다.

우리가 지금 미국의 패권주의도 막고, 일본의 군국주의 부활도 대비하면서, 중국의 신중화주의도 경계할 여력이 충분하다면 동시에 다 대비하는 것이 가장 좋은 방법이다. 하지만 그럴 만한 여력이 없지 않니.

신중화주의에 대비하는 손쉬운 방법은 바로 군비 증강이다. 그런데 놀랍게도 한국의 많은 중국 전문가들은 이 사실에 무감하다. 진보주의자 중에도 그런 사람들이 더러 있지. "신중화주의가 부상하고 있다."고 목소리를 높이는 게 현실에서 어떤 노릇을 하는지 도통 관심이 없다.

동북공정 이후 우리 사회에는 중국의 팽창에 대비하려면 군비를 늘려야 한다는 사람들이 늘고 있다. 국방부도 이런 얘기를 자주 입에 올린다. 어떤 미사일 방어 체제를 들여오고 어떤 전투기를 살 거냐 하는 게 그 사람들한테는 정말 중요한 문제거든. 우리가 중화 패권주의를 대비하고자 한다면 중국 전역을 감시할 수 있는 스텔스 기나, 북한 뿐만 아니라 중국까지 막을 수 있는 미사일 방어 체제를 도입해야 한다. 그야말로 엄청난 돈이 들어가는 일이지.

하지만 어떻게 될지 아직 모르는 일이고 일어날 가능성도 그리 높지 않다면? 봄아. 이제 알겠니. 지금 중국을 신중화주의로 보느냐 보지 않느냐에 따라 이렇게 엄청난 결과가 기다리고 있다. 결코 주인님들한테만 맡겨 놓을 문제가 아닌 거지.

중국의 애국주의가 곧 '신중화주의'라고 말하는 사람들은 중국이 급속한 경제성장으로 얻은 자신감을 바탕으로 중국 문화의 우월성을 다시 세우고, 중화주의적 세계를 부활시키고자 한다고 주장한다. 동북공정이나 애국주의 교육, 스포츠 경기를 응원하는 중국민들의 태도에서 중국 민족주의의 부정적인 모습들이 제법 보인다는구나. 정말로 거기에 신중화주의라고 부를 만한 요소가 있나 하는 이야기는 다른 기회로 미루자. 오늘은 이런 주장들의 논리가 타당한지만 살펴봐야겠다.

중국이 지금 보이는 이런저런 징후들을 신중화주의라고 주장하려면 몇 가지를 먼저 검토해야 한다. 우선 중화주의에는 두 가지 핵심적인 축, 즉 화이사상과 조공·책봉 체제가 필요하다. 미국의 패권주의가 오리엔탈리즘과 자본주의적 세계 체제라는 두 축 위에 서 있는 것과 마찬가지이다. 화이사상은 세계를 중심과 주변으로 나누고 주변을 오랑캐라 여기는 차별 의식이고, 조공·책봉 체제는 중국과 주변국이 정치적으로 상하 관계를 맺고 문화적 의례를 주고받는 일종의 세계 체제지. 지금 중국은 중화주의의 핵심 축인 화이사상을 부활시키지도, 중국이 중심이 되는 세계 체제를 이루지도 못하고 있다.

패권이란 상대적 힘의 크기 문제란다. 19세기 말 상황을 보려무나. 청나라는 임오군란이 끝난 뒤 그동안 맺어 온 형식적 조공·책봉 관계를 깨트리고 조선에 적극적인 팽창 정책을 폈다. 청군을 조선에 장기 주둔시키고, 종주국으로써 지위를 굳히고자 조선과 '조중상민수륙무역장정'

이라는 조약을 맺은 뒤, 영사 재판권도 확보했지. 일본과 러시아의 팽창 정책을 견제하고 둥베이 지방을 보호하고자 취한 조치들이었는데, 결국 실패로 끝났다. 열강을 압도하는 힘을 갖추지 않고 조선을 속국으로 만 드는 건 불가능했던 거다. 지금도 미국이라는 압도적 힘을 가진 패권국 을 두고는 중국이 중화 체제를 구축하기란 불가능하다는 얘기지.

중화주의가 정말 오늘날까지 이어졌는가 하는 문제도 따져보아야 한 다. 중화주의 부활을 강조하는 이들은 역사의 연속성에 주목한다. 중국 의 전근대와 현대를 손쉽게 연결 짓지. 위안스카이가 중화주의적 세계 관을 지녔다는 걸 강조하며 현재 중국이 전통적 중화주의를 이어받았 다는 식이거든. 마오쩌둥에서부터 후진타오 시대에 이르기까지 지난 세 기 내내 수많은 중국 인민들이 중화주의와 맞서 싸우며 새로운 근대로 나아가고자 애쓴 사실에는 별 관심이 없다. 이것은 마치 조선시대 사대 부들이 지녔던 중화주의적 세계관이 지금 우리에게도 이어지고 있다는 논법이나 같다. 우리가 지금 중국을 사대하고 있나?

청일전쟁을 기점으로 동아시아는 연속보다 단절의 역사를 걸어왔다. 우리 겨레가 조선이 일본의 식민지가 된 뒤, 타율적 해방을 맞으며 분 단을 경험하고, 서로 다른 체제 속에서 새로운 국가를 세우면서 전근대 적 중화주의 세계관에서 차츰 벗어난 것처럼, 중국 사람들도 반식민지 를 거쳐 사회주의 정권을 세우는 과정에서 새로운 근대를 이루었고, 그 와중에 중화 체제는 무너졌으며 화이사상도 설 자리를 잃었다. 중화인 민공화국은 이 지구 상 그 어떤 근대국가보다 치열한 단절의 역사를 거 쳐 세워진 체제이다. 중국이 피 흘리며 거머쥔 그 단절의 역사를 눈여

거본다면 중화주의가 중국에서 부활한다는 게 결코 간단한 일이 아니라는 걸 알 수 있지.

　그럼 중국의 애국주의를 새로운 중화 패권주의로 볼 수 있을까? 중국은 과연 넓게는 이 지구 상에서, 좁게는 동아시아에서 패권을 좇고 있나? 패권이란 "하나의 강대국이 그 체제 내의 국가들을 통제하거나 지배하는 상황"을 뜻한다. 패권 국가는 군사력이나 경제력과 같은 힘을 빌려 자신이 이끄는 국제 질서에 다른 나라들을 강제로 따르게 만든다. 이런 맥락에서 보면 구소련이 무너진 뒤로는 미국이야말로 전형적인 패권 국가인 셈이다. 미국이 패권을 지켜 나가는 데에 꼭 필요한 축으로는 군사력 말고도 UN, IMF, WTO 따위를 들 수 있겠지. 이런 기구들을 비롯해, 신용 평가 기관들조차 여전히 미국의 손 아래에 있다. 기축통화도 달러이다.

　중국은 미국과 달리, 다른 나라를 멋대로 '악의 축'으로 몰거나 자신들이 옳다고 믿는 민주주의적 가치를 실현시키고자 군사력까지 동원해 남을 자기들 이해관계의 희생물로 삼는 역사를 만들어 오지는 않았다. 군사력도 미국이 여전히 절대 우위에 서 있지.

　어떤 이는 중국이 좇는 건 전 지구적 패권이 아니라 아시아나 동아시아의 지역 패권이라고 주장하더구나. 그런데 동아시아 패권이라는 건 미국이 지구촌 패권국에서 물러난 뒤에나 상상해 볼 수 있는 일이다. 지금 이 지구 상 어느 지역에 지역 패권국이 있나. 남미? 아프리카? 유럽? 지금 중국은 대만에서 미국의 영향력을 몰아내는 것조차 뜻대로 못 하는 수준이다.

물론 중국이 강성한 국민국가가 되는 것만으로도 주변 나라들한테는 위협이다. 하지만 강성한 나라가 곧장 패권 국가가 되는 건 아니다. '그럴 가능성'과 '그런 것'은 엄연히 다르다. 중국 경제는 지금도 여전히 몰락할 가능성과 꾸준히 성장할 가능성이 공존한다. 군사력은 21세기 안으로 미국을 넘어설 거라고 보는 이조차 별로 없다. 미국 안에도 말이다. 더구나 패권이란 늘 상대적 힘 문제거든. 미국하고 경쟁하지 않고 거머쥐는 건 불가능한 일이란 얘기다.

중국의 이름 앞에 군이 패권이라는 말을 붙이려면 그나마 '잠재적'이거나 '패권적'이라는 수식어를 따라붙여야 하겠지. 꾸준히 늘고 있는 군사비, 난사군도나 댜오위다오/센카쿠 열도를 둘러싸고 주변국들과 벌이는 충돌, 동북공정이나 서남공정과 같은 적극적인 민족국가 정비 작업 따위를 단서로 들면서.

그런데 우리는 대개 이런 일들을 볼 때 중국의 입장을 쏙 빼놓는다. 다툼이 벌어졌다면 일단 양쪽 얘기를 다 듣고 서로 다른 처지를 헤아려 보아야 하지만, 우리는 늘 중국의 반대편에 서서 문제를 바라보아 왔다. 대부분 미국의 입장을 내 것처럼 받아들여 왔지.

중국의 군사비 증가는 동아시아 평화와 안정에 몹시 중요한 문제다. 그런데 우리 다른 면을 한번 볼까. 1996년 미일 안전 보장 공동 선언으로 동아시아에는 새로운 냉전 기류가 흐르기 시작했다. 게다가 미국은 중국의 군사비를 가뿐히 뛰어넘는 돈을 쏟아부으며 MD 체제를 구축하고 있지. 그 사업이 가상의 적국으로 삼은 나라는 바로 중국이다. 이런 현실을 쏙 빼놓고 중국이 군사비를 늘린다고 무조건 비난할 수는 없는 거다.

봄아. 네가 만약 중국의 지도자라면 어떻게 하겠니. 대만에 무기를 팔고, 북한과 전쟁을 불사하겠노라고 나서고, 공개적으로 아시아 회귀를 선언하고, 중국을 잠재적 적국으로 삼은 다음 국경선 바로 앞에서 한국과 일본 군대까지 끌어들여 전시를 방불케 하는 군사훈련을 벌이고 있다면 말이다. 어쩔 수 없이 군사비를 늘리지 않을까?

제이차 세계대전 이후 독도를 포함한 많은 태평양 연안의 섬들이 미국의 비호 아래 일본에 내맡겨졌다. 댜오위다오/센카쿠 열도도 그중 하나지. 이걸 일본 영토라고 단정 짓기 전에 우리는, 왜 전후에 오히려 전쟁 책임이 있는 일본에 유리하게 이 땅들이 할양되었나, 그건 옳은 일일까 하는 걸 검토해 보아야 한다. 난사군도에서 벌어지는 영토 분쟁의 책임을 중국한테 온전히 돌리기 이전에, 미국이 아시아 회귀 정책을 펴기 시작하면서 동남아 여러 나라들이 더욱 공세적으로 중국에 영토 문제를 제기하고 있다는 것도 아울러 살펴야 한다.

물론 중국이라서 문제가 되는 것이 있다. 중국은 어쨌거나 대국이니까. 거대한 땅덩어리와 인구를 가진 나라. 덕분에 중국이라는 국가가 지닌 힘의 총합은 그 어느 나라보다도 강력하다.

하지만 역사를 보면 중국이 힘이 세다고 무작정 주변국들을 넘보지 않았다는 걸 알 수 있다. 게다가 지금 중국은, 팽창하자면 미국을 비롯해 강력한 주변국들과 사활을 걸고 싸워야 한다는 걸 잘 알고 있다. 한데 지금 중국이 이루고자 하는 가장 큰 과제는 경제성장이지. 그러자면 주변이 안정되어 있어야 한다. 명나라 때부터 중국은 굳이 땅덩이를 더 넓히고자 하기보다 있는 영토를 잘 지키는 일에 더 힘을 쏟았다. 애국주의가 등장한 뒤로도 크게 달라지지 않았다. 아직도 중국의 식민지 경험은 중국 인민들의 인식과 경험 속에 대물림되고 있고, 일본의 신사 참배를 반대하고 분노하는 분위기에서 읽을 수 있듯, 팽창주의를 걱정하는 정서 또한 살아 있다.

그렇다면 왜 중국은 지금 동북공정이나 댜오위다오/센카쿠 열도 문제, 그리고 난사군도 들에서 주변국들과 충돌을 불사하고 있을까? 우선 이제야 중국이 근대 국민국가다운 틀을 손볼 여유와 힘이 생겼기 때문이다.

무인도까지 명확하게 국경을 가르는 건 근대에 들어와서야 시작된 일이다. 중국은 명·청 시대까지 막연한 천하 개념에 기대 영토를 명확하게 규정짓지 않았다. 반식민지 시기 근대적 영토 개념을 뼈저리게 배우기 시작했지만 자국의 의사를 반영해 국경과 영토를 확정하기에는 역부족이었다. 반식민지 상황에서는 관심조차 둘 수 없었고, 중화인민공화국 초기에는 힘이 부쳤다. 개혁·개방이 성공하자 중국은 비로소 그 힘을 바탕으로 국경을 새롭게 틀 지우고 정비하는 일에 나서기 시작한 거다. 가장 긴 국경선과 가장 많은 인접국을 가진 나라가 영토를 가르기 시작했으니 분쟁이 잦아지는 것은 당연한 일이겠지.

그런데 그 과정에서 중국이 팽창주의적 성향을 보이고 있다고 판단할 근거는 많지 않다. 대만 문제에서 보듯 중국은 힘으로 밀어붙여 단숨에 문제를 풀기보다는 천천히 평화적으로 해결하는 방식을 더 선호한다. 댜오위다오/센카쿠 열도나, 난사군도에서 분쟁이 과격해진 데에는 일본과 미국의 태도가 크게 한몫했다.

다만 중국이 영토와 주권의 문제에 관한 한 무력 충돌까지도 무릅쓸 것이라는 예측은 충분히 가능하다. 20세기 내내 그것을 되찾는 것이 그들의 꿈이었거든. 그건 우리가 일제 치하에서 해방되는 것만큼이나 거대한 꿈이고, 그 영토와 주권을 지키고자 하는 의지는 우리가 독도를 지키고자 하는 의지만큼 강력하다. 중국 처지에서는 되찾는 것이지, 늘리는 것이 아니다. 일본이 독도 문제를 들고나오는 것하고는 전혀 다른 문제지.

물론 1999년 베오그라드 주재 중국 대사관 폭파 사건에 격분한 인민들이 벌인 과격한 시위나 사이버 전쟁, 동북공정과 같은 고대사 재복원 사업, 애국주의적 서술로 바뀌고 있는 역사 교과서, 축구 팬들의 과열된 응원 따위에서 볼 수 있듯 중국의 애국주의는 결코 바람직하다고는 할 수 없는 시민사회의 모습을 드러내고 있다. 때로는 걱정스러울 만큼 국가주의적으로 치닫기도 한다. 하지만 이것만으로 오늘날 중국이 보이는 애국주의를 '신중화주의'로 풀이하는 것은 아직 오지 않은 역사를 지나치게 치우친 눈으로 가늠하는 것이다. 섣부른 일반화이기도 하고. 조금만 이해하고자 하는 관점에서 들여다보면 다른 국민국가에서도 드러나는 민족주의적 정서거든.

자국 축구 팀을 격렬하게 응원하는 중국 사람들의 열기는 이전에 비추어 볼 때 낯선 모습인 것은 분명하다. 하지만 아직 유럽이나 한국의 축구 경기장에서 볼 수 있는 모습을 넘어 중화 패권주의를 의심할 만한 행태를 보이는 것은 아니다. 고대사 재복원 열풍이 불어 중국 민족의 기원을 끌어올리고 신화를 역사로 만드는 데 힘을 쏟고 있는 것도 대부분의 근대국가들이 근대화 과정에서 보여 준 익숙한 행보일 뿐이다. 다만 남들은 좀 일찍 했지. 애국주의 교육도, 동북공정도 차분히 들여다보면 아직은 팽창주의라기보다는 민족주의에 가깝다.

물론 이러다가 패권주의나 신중화주의로 나아갈 가능성이 없지는 않지. 탈민족주의자들이 주장하는 것처럼 중국의 애국주의가 팽창적 민족주의나 배타적 민족주의로 나아갈 가능성은 여느 국민국가의 민족주의와 마찬가지로 늘 존재하고 있으니까. 그건 민족주의가 본래 지닌 한계다.

분명한 것은 중국 위협론을 급속하게 퍼뜨리며 중국이 지역 패권을 쥐고자 할 거라고 '예언'하는 데 가장 열심인 나라는 진짜 패권 국가인 미국이고, 미국 발 중국 위협론을 만들고 퍼뜨리는 데 온 힘을 쏟는 매체들이란 주로 한·미·일 삼각 동맹 체제를 신봉하는 주류 언론이다.

'중국 패권론'을 바라보는 많은 중국 지식인들은 중국 정부와 마찬가지로 마오쩌둥이 선언한 반제·반패권 주의의 연장선 위에서 '중국 패권론'을 부인하고 있다. 그들은 중국이 "자국의 영토가 아닌 곳에 여태 단 한 명의 군인도 파견하지 않았다."는 점을 자랑스럽게 여기며, 애국주의가 도를 넘지 않도록 경계하고 있다. 또 중국 정부가 미국의 패권주의에 단호히 맞서야 한다는 것도 분명히 하고 있다. 이라크에서 미국이 벌인 전쟁을 대하는 태도에서도 이런 점들이 잘 드러난다.

이라크전쟁에 대한 반전운동이 거세게 일어났던 프랑스와 독일의 태도와 비교해 볼까. 전쟁이 미국의 일방적 승리로 끝나자 프랑스의 자크

시라크 대통령은 "프랑스는 모든 민주 국가들과 함께 후세인 독재 체제가 무너진 것을 기뻐한다."고 선언했고, 독일은 "미국과 관계를 개선하는 것은 말할 필요도 없이 중요하다. 공조 체제를 구축해야 한다."고 말했다. 그들에게 시민들의 뜻은 안중에도 없었다. '평화의 축' 가운데 하나였던 러시아는 갖고 있던 이라크 채권을 포기하겠다고 선언하며 미국의 동정을 얻고자 했다.

하지만 중국 외교부는 달랐지. "이번 전쟁은 미국이 국제 질서를 거스른 침략 전쟁이다. 즉각 전쟁을 중단하고 평화적으로 해결하라."고 촉구했다. 인터넷에서도 이라크전쟁에 대한 토론이 이어졌고 그 대부분은 철저한 반전·반패권 주의 위에 서 있었다.

"해방이라고? 전쟁이 끝나면 이라크 공원에는 '이라크 인과 개는 들어오지 마시오.'라는 문구가 새겨지겠지."

이처럼 미국을 제국주의나 전체주의 국가로 규정하며 19세기 말부터 계속된 미 제국주의의 행태를 비난하는 글들이 주를 이루었다. 중국은 여전히 반제국주의 운동을 통해 해방을 이룬 역사를 소중한 유산으로 삼고 있다.

봄아. 아빠는 값비싼 보험 대신, 새로운 사고로 건강한 삶을 열고 싶다. 보험이 건강을 주는 건 아니니까. 더 나은 무기가 삶의 질을 끌어올릴 수는 없는 것처럼 말이다. 보험을 든다고 병이 안 나는 것이 아니듯 새로운 무기를 샀다고 전쟁이 안 터지거나 분쟁이 사라지는 것은 아니다. 오히려 역사는 그 반대라는 걸 보여 준다.

지금 우리가 처한 문제는 닥쳐올 분쟁이나 전쟁이 아니다. 이미 벌어지고 있는 분쟁과 전쟁, 그것을 막을 수 있는 사고의 전환과 방법이 필요하다. 지금 우리가 처한 이 동북아 국가들 사이의 위기를 중국 때문이라고 몰아가는 것은 보장도, 수익성도 변변찮은 보험만 잔뜩 들게 만드는 일이 될 수 있다. 미국의 무기를 왕창 사들이면서 말이다.

근대 국민국가의 민족주의가 지닌 한계라고 할 수 있는 배타성과 팽창주의는 중국뿐만이 아니라 모두가 어깨를 걸고 함께 넘어야 하는 산이다. 그것을 잊지 않을 때, 그리고 이 땅에 평화 체제를 일구려는 뜻을 굽히지 않을 때, 비로소 제대로 된 해결책이 나올 수 있을 거다. 그건 보험을 또 하나 드는 대신 새로운 사고와 방식으로 다른 세상을 여는 출발점이 되겠지.

중국은 여전히 패권과는 거리를 두고 있다. 우리는 지금 21세기가 중국 차지가 될 가능성을 점치며 영양가 없이 시간을 보낼 게 아니라, 헨리 키신저가 말했듯 중국이 "좀 더 보편적인 국제 체제 안으로 들어"올 수 있는 21세기를 차근차근 만들어 나가야 한다.

열아홉   우리 안의
번째   이념 전쟁,
편지 /   동북공정

봄아. 너도 이제 이 정도 얘기에는 고개를 끄덕여 주겠지. 한국에서
'중국을 어떻게 보느냐' 하는 문제는 아프리카 아무개 나라를 어떻게 인
식하느냐 하는 문제하고는 다르단다. 심지어 프랑스나 독일을 어떻게 보
느냐 하는 문제와도 다르지. 그 국가들을 보는 눈은 좋다, 싫다에 머물
러도 그만이지만, 중국을 보는 눈은 우리를 둘러싸고 있는 세계가 어떤
모습이기를 바라는가 하는 세계관과 직결되어 있거든.

냉전 시대 미국 중심의 세계관에 갇혀 한·미·일 삼각 동맹 체제만이
유일한 길이라고 여기던 우리가 동북아 질서를 새롭게 짜 보려던 꿈을
꾸기 시작한 때가 잠시 있기는 했단다. 오늘은 그런 장밋빛 흐름을 송두
리째 앗아간 동북공정 이야기를 해 보자.

지금 와서 다시 돌아보아도 동북공정은 우리 안의 이념 전쟁이었다.
냉전이 무너진 뒤 우리나라 정치가들이나 외교학자들이 이제 냉전이라
는 틀을 넘어 동북아시아에 새로운 질서를 세워야 한다고 모처럼 한목

소리를 냈다. 하지만 구호에 그쳤지. 다자간 협력이나 다변화된 외교라는 건 미국 중심으로 짜인 상하 질서를 허문 뒤의 얘기니까 실제로는 미국에 견줄 만한 또 다른 힘이 어딘가에 존재해야 한다. 다변화 외교를 하겠다는 건 우리가 그 또 다른 축을 적극 활용한다는 뜻이기도 하다. 그런데 중국이 떠오르면서 미국의 힘을 견제할 수 있는 한 축이 등장하게 되었다. 한·미·일 삼각 동맹 체제가 만들어 낸 적대적 냉전 체제를 무너뜨리고, 이데올로기보다 우리의 국익을 앞세우는 외교로 나아갈 수 있는 기회가 온 거다.

동북공정은 그 모든 가능성을 한 번에 날려 버렸다. 중국은 다시 위험한 적대국으로 자리 잡았다. 중국의 위협에서 우리를 구해 줄 구세주로는 어김없이 미국이 재림했다.

오늘은 동북공정이 숨 가쁘게 진행되던 그 무렵 아빠가 썼던 글을 간추려 보내 주려고 한다. 조금 어렵고 딱딱한 글이다만, 그 무렵 우리 안에서 전개되던 이념 전쟁을 너한테 좀 더 생생하고 분석적으로 보여 주고 싶었다. 봄아. 모처럼 아빠랑 같이 시간 여행을 한번 해 보지 않겠니.

수교 이후 한중 관계는 냉전 시기가 있었다는 것이 믿을 수 없을 만큼 우호적으로 풀리고 있었다. 한미 동맹만이 한반도의 살길이라고 주장하는 한국의 보수 언론에게 21세기 초반 한국 사회 안팎에서 일어난 몇 가지 변화는 가히 세계관의 위기로 비쳐질 만큼 충격적인 것들이었다. 그중 가장 큰 것은 미국의 쇠퇴와 중국의 부상이었다.

보수 언론의 위기의식은 외부보다 내부의 변화에서 비롯되었다. 우선 미국에 대한 한국민의 인식이 급속도로 변하기 시작한 것이다. 미군의 여중생 치사 사건과 이라크 침공, 부시의 악의 축 발언 등을 계기로 일반 국민들에게 급속하게 반미 감정이 확산되었다. '동북공정' 논란이 본격화되기 이전인 2003년 1월 〈중앙일보〉 여론조사를 보자. 미국 중심의 외교·안보 정책을 전면 재검토해야 한다는 의견이 11.8%, 미국 중심의 정책을 벗어나 다변화로 나아가야 한다는 의견이 48.0%로, 거의 60%에 이르는 응답자가 미국 중심의 한반도 세계 인식을 부정적으로 여기고 있었다.[1]

미국에 대한 거부감과 동시에 자라난 것은 중국에 대한 호감이었다. '동북공정' 문제가 불거지기 이전 〈동아일보〉의 조사를 보자. 경제적 측면에서 한국이 가장 중시해야 할 나라로 중국을 꼽은 응답자가 61.6%로 미국이라고 답한 26.2%보다 월등히 높았다. 외교·안보 측면에서 중국을 중시해야 한다는 응답이 48.3%로 미국을 중시해야 한다는 의견(38.1%)보다 10.2%나 높았다.[2]

2004년 4월 열린우리당 당선자 워크숍에서 130명에게 설문 조사를 했다. 그 결과 가장 중점을 두어야 할 외교·통상 상대국은 중국이라는 응답이 63%로 나타났다. 미국(26%)보다 훨씬 높았던 것이다. 보수 언론에게 열린우리당 당선자들이 으뜸 교역 대상국으로 중국을 꼽은 것은 별로 문제가 되지 않았다. 〈조선일보〉조차 "최대 교역 대상국이자 최대

---

1. 동아시아연구원과 〈중앙일보〉가 공동으로 일반인 1,200명을 대상으로 실시한 여론조사.(정한울, 〈한국 사회의 반미 의식 다원화 현상에 대한 연구—2003년 정책 여론 데이터 분석을 중심으로〉, 고려대 정치외교학과 석사 학위 논문, 25쪽에서 재인용)
2. 〈동아일보〉 2004년 5월 3일자.

투자 대상국으로 부상한 중국을 중요한 경제 파트너로 인식하는 것은 당연한 변화"로 받아들였다. 문제는 세계관이었다. 한미 동맹만이 유일한 살길인 그들로서는 중국으로 "외교·안보 분야에서 급격하게 기우는 현상은 경계하지 않을 수 없"는 일이었다. 그리고 "여중생 치사 사건과 이라크 전 등 미국의 이미지를 손상한 '악재'들이 많기는 하지만 51년 동안 축적된 한미 동맹 관계를 수교 12년에 불과한 한중 관계보다 뒷전에 놓는 것은 경솔한 판단"[3]으로 비쳐졌다.

이 결과가 얼마나 충격적이었는지는 '동북공정'으로 중국을 내놓고 비판할 수 있게 된 2004년 8월 〈조선일보〉 사설을 보면 잘 알 수 있다.

"집권당 의원 63%가 가장 중점을 둬야 할 외교·통상 대상국으로 중국을 꼽고 미국 대사관을 4대문 밖으로 내보내면서도 중국 찬가를 불러 온 게 이 정권이다. 아무리 주변 정세에 무지몽매한 정권이라도 이런 식으로 가다간 중국이 한반도의 주인 행세를 하려 들 날이 닥치리라는 것을 눈치는 챌 법도 한데 집권 세력은 그런 눈치도 없는 모양이다."[4]

〈조선일보〉는 열린우리당의 자체 조사가 "우리의 대외 관계에 근본적인 변화를 몰고 올 전조일 수 있어 주목된다."며, "최근 중국이 우리의 교역 대상국 1위로 부상했고 대북 정책에서 일정한 영향력을 행사한다는 점을 감안하더라도 63 대 26은 분명 편향이지 중도적 시각으로 보기 어렵다."[5]고 판단했다. 그리고 그날 곧바로 한나라당 당선자들에게

---

3. '사설 : 미국도 중국도 중요하다', 〈동아일보〉 2004년 5월 4일자.
4. '사설 : 중국 눈에 대한민국이 어떻게 보였기에', 〈조선일보〉 2004년 8월 7일자.
5. '사설 : '中道 진보' 여당에 대한 의문', 〈조선일보〉 2004년 4월 29일자.

열린우리당과 동일한 설문 조사를 실시했다. 이때 한나라당 당선자들은 63.9%가 미국을, 33.3%가 중국을 꼽았다.

사실 이 시기 열린우리당의 중국 중시론은 대외 관계가 다변화되면서 등장했다. 그러나 기존의 한미 동맹론을 넘어서기에는 대단히 비체계적이고 감상적인 대안론 수준이었다. 당시 원내 대표 김근태 의원의 발언을 살펴봐도 잘 알 수 있다. "이 설문 자체가 전통적인 우방인 미국을 중시한다는 전제 위에서 만들어졌다는 것을 유념해 달라."며 무척 부담스러워했다. 이것은 야당인 한나라당의 태도와 대별된다. 다음 날 한나라당 원희룡 의원은 같은 신문에서 "민주화도 한미 동맹을 배경으로 이루어진 것이고 경제성장도 미국의 투자와 원조가 근본 조건이었다."며, "미국의 중요성은 앞으로도 변하지 않을 것"이라며 확신에 찬 대답을 하고 있다.

이것을 통해 볼 때 이 무렵의 중국 중시론은 시장주의적 관점에서 비롯된 경제적 기대를 반영하는 정도였을 뿐, 확고한 세계관을 지닌 자들이 마음먹기에 따라 언제든지 바뀔 수 있는 인식 수준이었다. 반면 보수 언론에게는 한나라당뿐 아니라 든든한 여론 주도층이 한미 동맹만이 21세기 우리의 살길임을 확고히 외치고 있었다.[6] '동북공정'은 한국민을 다시 과거의 세계관으로 되돌리기 위해 내부전을 벌일 수 있는 호재였다.

---

6. 동아시아연구원과 〈중앙일보〉가 공동으로 일반인 1,200명을 대상으로 여론조사(정한울, 앞의 논문, 25쪽에서 재인용)를 실시하면서, 여론 주도층—당시 〈중앙일보〉 인물데이터베이스에 등재된 10만 명의 모집단 중 339명—의 의견을 따로 들었는데, 55.6%가 한반도 문제에 대해서는 전통적 동맹 관계가 복원되어야 한다는 입장을 취했다.

우리가 중국의 '동북공정'에 대해 문제를 삼은 것은 대략 세 가지 부분이다. 하나는 중국이 역사를 왜곡했다는 것이고, 두 번째는 우리 역사를 중국이 빼앗아 갔다는 역사 주권 침해 문제였으며, 세 번째는 중국이 우리 역사 주권을 침해하는 이유가 바로 신중화주의를 바탕으로 패권 국가가 되고자 하는 것이니 그것을 경계해야 한다는 것이다.

우선 중국이 고구려사를 왜곡했거나, 하고 있다면, 이는 충분히 문제 삼을 수 있는 일이다. 일본의 역사 교과서 왜곡 사건이 문제인 것은 무엇보다 그것이 역사적 '사실'을 엉터리로 쓰고 있기 때문이다. 그들 논리대로 자국민에게 긍정적 역사관을 교육하기 위해서라고 하더라도, 그 작업이 사실에 바탕을 두지 않고 왜곡을 통해 진행되고 있다면 그것은 국적에 상관없이 누구든 문제 삼아야 한다. 중국의 '동북공정'도 마찬가지이다.

그러나 당시 한국 언론의 보도를 살펴보면 고구려사의 사실관계를 명확히 밝히는 일에는 그다지 관심이 없어 보인다. 사실 한중 양국 고구려사 연구의 주요 쟁점을 사실을 바탕으로 고증하는 일은 언론이 잠깐 관심을 갖는다고 해결될 일도, 중국과 철저하게 대립각을 세우고 '역사 전쟁'을 외친다고 풀릴 문제도 아니다. 우선 양국 모두 연구 역량이 절대적으로 부족한 상태이니 만큼 연구 역량을 키워 나갈 수 있는 체제를 마련하는 데 관심의 초점을 맞추어야 하는 일이다.

더구나 한국 언론이 진정으로 왜곡된 역사를 바로 세우고, 고구려사를 있는 그대로 되살리는 것이 주목적이었다면 중국과 대립각을 세우는 것은 현명한 일이 아니었다. 고대사 연구에는 문헌 자료만큼이나 답사와 발굴이 중요해서 많은 유물·유적이 존재하는 중국의 도움이 꼭 필요하다. 그 점에서 우리와 중국이 따로따로 연구하는 것보다 두 나라가 공동으로 연구를 진행하는 것이 훨씬 효과적이다.

한국의 보수 언론이 역사 되살리기보다 더 집중한 것은 역사 주권 문제였다. 우선 이 문제는 짧은 순간에 국민의 관심을 사기에 충분한 폭발력을 지닌 사안이었다. 보수 언론은 이를 충분히 활용했다. 사실 중국이 한국사를 '빼앗아' 가고자 한 것은 아니었다. 중국의 누구도 한국에게 고구려사를 한국사의 체계 안에 넣지 말라고 압력을 행사한 적은 없었다. '동북공정'에 참여한 학자들 주류의 관점 역시 한국사도 되지만 중국사도 된다는 일사양용一史兩用론이었다. 지금도 중국 학자들 사이에는 다양한 견해가 존재하지만 이 태도가 가장 힘을 얻고 있다.

한국 언론은 '동북공정'을 보도하면서 무엇보다 '중국이 왜 그랬는가?' 하는 의도를 엉터리로 짚었다. 보수 언론들은 '동북공정'이 중국 정부가 고구려사를 자국사로 만들기 위해 지방정부를 동원하여 시행하고 있는 '공작'이라고 규정했다. 나아가 "유사시 북한에 대한 군사·정치적 개입권은 말할 것도 없고 북한 지역에 대한 역사적 연고권까지를 노리는 중·장기 포석"[7]으로 몰아갔다. 그 근거는 한국의 한두 학자가 내세운 주장이 전부였다. 사실 이것은 보수 진영에서는 하나의 주장을 넘어선 확신이었던 것으로 보인다. 때맞춰 북한 용천에서 일어난 열차 폭파 사고를 바라보는 〈조선일보〉의 태도에서도 이런 관점이 잘 나타난다.

"고건 전 총리는 자신이 대통령 권한 대행을 하던 지난 4월 북한 용천

---

7. 윤평중, '한중 역사 전쟁', 〈조선일보〉 2003년 12월 22일자.

폭발 사고가 났을 때 한반도 정세가 걱정이 돼 한잠도 이루지 못했다고 털어놓았다. 만약 김정일 정권이 갑자기 붕괴돼 권력의 공백 상태가 일어났을 때 북한에 '친중 괴뢰정권'이 들어설지도 모른다는 판단과 함께 그런 상황에서 한국이 북한에 영향을 미칠 수단을 전혀 갖고 있지 못했다는 사실을 알았기 때문이라는 것이다."[8]

이 사설은 대안은 한미 동맹 강화뿐이라고 결론 내리고 있다.

그러나 중국이 '동북공정'을 추진한 배경은 팽창적이라기보다 방어적이었다. 그 성격 또한 바깥이 아니라 나라 안을 다독이고 단속하기 위한 연구 과제였다. 개혁·개방을 추진하고 있는 중국은 국내외를 안정시키는 일이 최우선 목표이다. 중국 공산당은 구소련 붕괴의 최대 원인을 민족 분열로 분석한다. 그런 만큼 중국을 분열시키려는 주변 열강의 시도를 가장 경계해 왔고, 주변 정세를 안정시키고자 누구보다 노력해 왔다. '동북공정' 사업을 벌이기 전에 이미 서북부 지역에 많은 예산과 노력을 들인 것도 그 지역의 불안정을 잠재우는 것이 급선무였기 때문이다. 둥베이 지방은 중국이 포기할 수 없는 중공업 중심지로, 열강들의 이해관계가 얽혀 있다. 모국이 현존하는 조선족과 몽골족이 많이 살고 있기도 하다. 특히 중국 정부는 한국의 자본과 북의 이탈자들이 몰리면서 이 지역이 대단히 불안정하게 변해 가고 있다는 것을 잘 알고 있다.

이런 내부적 요인 외에도, 한반도 통일 이후 등장할 수도 있는 '팽창주의적 민족주의'에 대비할 필요성도 크게 작용했다. 한국 언론과 연구자들은 거의 소개하지 않았지만, 중국은 특히 한국의 '만주 열풍'을 경

---

8. '사설 : "北에 親中 괴뢰정권 실까 한잠도 못 잤다"', 〈조선일보〉 2004년 8월 28일자.

계하고자 했다. 중국은 현재 한국에서 일고 있는 '만주 열풍'이 학문적으로는 식민지 시기 일본의 동양사론에서 시작되어 일부 관련 학회를 거쳐 확산되어 왔고, 실천적으로는 박정희 군사정권 시절의 '만주 수복론'이 재야의 '고토 수복론'으로 이어지고 있다고 보고 있다. 특히 한반도 통일이 그것을 가열시킬 것이라 판단한다. 남북한 사이에 이념 차이가 뚜렷하지만, 만주를 고토로 여기는 민족주의 역시 둘 사이에 분명히 존재한다고 보기 때문이다.

중국이 북한 지역을 노리고 고구려사를 귀속시키려 한다는 주장은 동북아 국제 관계의 역학을 고려해 볼 때도 억지에 가깝다. 중국은 통일 후에도 미국이 어떤 형태로든 한반도에서 세력을 유지할 것이라고 판단하고 있다. 그럴 경우 북한 지역 연고권을 주장하며 팽창을 도모하는 것은 결코 쉽지 않은 일일 뿐 아니라, 많은 희생을 감내해야 가능한 일이다. 중요한 것은 그런 희생을 감내하면서까지 중국이 북한 지역을 노릴 특별한 이유가 없다는 것이다. 중국에게 한반도는 미국과 일본 세력을 견제하는 전략적 울타리라고 할 수 있다. 그런데 그 울타리에 스스로 불을 지를 필요는 없기 때문이다.[9]

사실 역사 주권은 영토 주권과 달리 기본적으로는 관점과 관념에 달린 문제이다. 따라서 어떻게 사용할 것인가를 합의하기만 하면 누구에게도 피해를 주지 않는 '윈-윈 게임'을 할 수 있다. 폴란드와 독일처럼 공동으로 역사 교과서를 만들어 사용하든지, 각자 자국사 체제로 끌어들여 서술하든지 하면 되는 것이다. 일부 학자들이 연구하고 있는 것처

---

9. 김희교, '책머리에', 〈역사비평〉 2004년 봄.

럼 독립된 지역사로 둘 수도 있다. 그런데도 모든 타협을 마다하고 한국 언론이 역사 주권을 지키겠다며 결사항전을 택한 이유는 무엇일까?

2004년 7월 중국 외교부는 한국·북조선 소개에서 고대사 부문을 삭제했다. 이때를 전후해 각 언론은 중국이 새로운 패권주의 국가로 등장했다고 목소리를 높였다. 그리고 현재 중국이 얼마나 강력히 패권을 추구하고 있는지, 그것이 과거 중화 의식과 어떻게 연결되어 있는지를 설명하는 데 집중했다. '패권주의로 달리는 중국', '중화 제국', '중화 패권주의', '신중화주의' 같은 제호로 중국 관련 기사로는 전례가 없을 만큼 대대적인 기획물과 기사를 쏟아 냈다.

중국이 패권을 좇는다는 것을 증명하는 방식은 가히 소설에 가까웠다. 심지어 한 서울대 학생이 베이징대 교수에게 들었다며 인터넷에 올린 이야기가 "최근 중국의 고구려사 왜곡과 '동북공정'이 '북한 땅을 차지하기 위한 예비 작업'"이라는 내용의 3단 기사로 보도되었다. 이 주장은 다시 2004년 11월 7일 〈KBS 스페셜〉에서 북한이 무너지면 중국이 영토적 연고권을 주장할 것이라는 주요 근거로 활용되기도 했다.

보수 언론은 미국 신보수주의자들이 만들어 낸 '중국 위협론'을 오리엔탈리즘적 기술 방법을 동원하여 재구성하고, 확대 재생산[10]하며 중국을 패권주의, 중화주의로 몰았다. 왜 그랬을까? 보수 언론의 주장대로 중화 체제의 근간인 "아시아의 조공·책봉 관계는 군신 관계가 아닌

10. 한국에서 미국의 중국 위협론이 지니는 문제점에 대해서는 김희교, '위기의 한반도와 중국 위협론 너머의 중국 보기' 〈실천문학〉 2003. 05 ; '미국의 중국 위협론과 한반도 평화' 〈실천문학〉 2002.04를 참조했다.

외교 관계"이며 "조공국의 정체성과 자주성은 결코 훼손되지 않았"[11]다면 미국의 패권주의보다 더 위험스러울 것이 없다. 그런데 그것을 미국의 패권주의보다 훨씬 위험한 것으로 몰아간 까닭은 무엇일까?

심지어 보수 언론은, 한반도를 실제로 36년간 식민지로 삼았던 일본이 그 침략 사관을 널리 퍼뜨리기 위해 자행하고 있는 역사 교과서 왜곡보다 중국의 동북공정이 더 위험한 것이라고 주장한다. "중국의 고구려사 왜곡은 중앙정부가, 일본은 〈산케이 신문〉 등을 중심으로 한 우파 민간 그룹이 주도"하고 있고, "중국이 고구려를 중국 변방 국가의 하나로 편입시키려는 데 반해 일본의 우파 그룹은 주로 35년간의 일제 식민지배에 대한 서술을 유리하게 바꾸는 데 초점"을 맞추고 있으며, "중국은 관영 매체, 인터넷 홈페이지, 대학 출판물 등 '일사분란'하게 역사 왜곡을 시도하고 있지만 일본의 경우 소수에 국한됐다. 실제 가장 문제가 많았던 후쇼샤의 중학교용 역사 교과서의 경우 채택률이 1%에도 미치지 못했다."는 것이다.[12]

이렇듯 침략 사관을 퍼뜨리고 정당화하는 현실보다 상상된 중국 위협론을 더 강조하고, 실재하는 미국의 패권주의보다 가능성에 불과한 중국의 부상을 더 경계하고 있다. 여기에는 우리 민족의 생존권과 영토주권이 침해당할지도 모르는 가능성에 대비하고자 하는 것이 아니라 다른 속셈이 있어 보인다. 그들은 끊임없이 "중국의 중요성을 모르는 바는 아니다. 경제성장과 북한 핵 문제의 해결 등을 위해 중국과의 협력이

---

11. 〈조선일보〉 2004년 8월 3일자.
12. 〈조선일보〉 2004년 8월 9일자.

필수적임은 물론이다. 그러나 중국의 부상은 우리에게 위협이 될 수도 있다. 그들이 꿈꾸는 '중화의 세기'가 '중화中禍'로 이어지지 않게 하려면 환상을 접고 중국을 직시해야 한다."[13]며 미국 발 중국 위협론을 빌려와 중국의 위협을 강조한다.

그러나 그 위협이 구체적으로 무엇인지 밝히는 언론은 없다. 중국의 무엇을 직시해야 하는가? 〈동아일보〉가 마련한 '한국, 이제 미래를 말하자.'는 특집 좌담을 보자. '변하지 않으면 뒤처진다'라는 제목과 달리, 복거일 씨는 중국의 공격성을 그 위협으로 들면서 미국에 대한 변하지 않는 애정으로 막아야 한다고 힘주어 말한다.

"영토가 붙어 있으면 이해가 충돌하게 마련이다. 다행히 우리에게는 미국이라는 초강대국이 늘 존재했다. 미국은 한국에서 멀리 떨어져 있어 영토적 야심은 없다. 따라서 우리는 미국이 동아시아에 관심을 갖도록 해야 하는데 요즘은 어찌된 영문인지 몰아내는 데 관심이 많다. 중국은 대단히 공격적인 나라다. 인도와의 국경 분쟁, 베트남과 벌인 전쟁을 보면 잘 드러난다. 특히 중국 공산당은 최근 사회주의 정통성이 흔들리자 민족주의를 부추기고 있다. 공격적인 대외 정책은 계속될 것이다. 지금 고구려사 논란은 약과다."[14]

그들은, 중국은 지금 인도와 베트남에 단 한 명의 중국군도 파견하지 않았다는 사실을 보려 들지 않는다. 그들이 "영토적 야심은 없"다고 주장하는 미국은 관심을 둔 대부분의 지역에 미군을 주둔시키고 있다.

---

13. 한기홍, '역사 왜곡과 역사 망각', 〈동아일보〉 2004년 8월 16일자.
14. 복거일 · 공병호 좌담에서 복거일의 발언, 〈동아일보〉 2004년 8월 14일자.

2004년 8월 24일 우다웨이 중국 외교부 부부장이 방한하면서, 중국이 내년에 발간되는 새로운 검정 교과서에 고구려사를 왜곡하지 않겠다는 핵심 내용이 담긴 한중 간 5개항 구두 양해 합의가 발표되었다. 〈조선일보〉는 이 합의를 두고 '북 핵에 발목 잡힌 정부'라고 비난하며 "어려움을 겪더라도 가능한 모든 외교적 수단을 동원해서 총력 대응해야 한다."[15]는 보도를 냈다.

우리가 그동안 줄기차게 요구해 오던 문제가 해결되었음에도 총력 대응을 하자는 까닭은 무엇일까? 이는 그들의 목적이 고구려사를 복원하는 데에도, 역사 주권을 찾아오는 데에도, 심지어 북 핵이라는 영토 주권에 얽힌 문제를 해결하는 데에도 있지 않았다는 것을 보여 준다. 그들은 한반도에서 미국이 차지하고 있던 원래 위치를 다시 찾아 주고 싶었을 따름이다. "시장 경제와 자유민주주의 가치를 공유하고, 한반도에 대한 영토욕도 적으며, 역사적으로도 우리와 잘 지냈고, '힘도 센' 미국은 중국의 욕심을 차단하고 통일을 대비하는 데 유용한 도구다. 그런 나라를 잘 써먹자는 생각을 '숭미'라고 비난하는 이들이야말로 반민족·반통일 세력"[16]이라는 것이다. 김대중 〈조선일보〉 고문은 중국과는 "영원한 평화가 있을 수 없다."고 외친다.

"동북아에 갇혀서는 우리 미래가 없다. 지배 의식과 우월 의식에 젖어 있는 중국과 일본의 틈바귀에서 민족주의로만은 우리 민족이 살아남을 수 없다. 간단없이 우리의 주권과 영토를 넘보며 복속과 조공을

---

15. 〈조선일보〉 2004년 8월 9일자.
16. 권대열, '중국의 북한 합병설', 〈조선일보〉 2004년 8월 24일자.

거론하는 두 나라와는 영원한 평화가 있을 수 없다. 우리의 미래는 세계에 있다. 반미에 얽매인 부정주의나 맹목적인 민족주의는 중국, 일본 그리고 누구보다도 북한이 바라는 바다. 미국을 통해서든, 독자의 힘으로든 우리는 중국과 일본의 울타리에 갇혀 있지 말고 세계로 나가야 한다."[17]

사실 한중 간 5개항 구두 양해 합의는 당시 진행된 '동북공정' 보도 행태의 문제점을 적나라하게 드러낸 사건이었다. 최영진 외교통상부 차관은 2004년 8월 25일 한 라디오 프로그램에 나와 "이번에 중국이 강력하게 주장한 것은 중국 둥베이 지역의 영토와 국경선에 대한 중국 정부의 우려를 우리가 해소해 달라는 것과 우리 정계에서 둥베이 지방을 회복해야 한다는 주장들을 시정해 달라는 것이었다."[18]고 밝히고 있다. 고구려사를 왜곡하지 않겠다는 것과 현재의 국경선을 명확히 하는 것을 문서화하자고 강력히 요구한 것은 오히려 중국이었고, 결국 구두 합의로 만든 것은 우리 정부였다.

이것은 한국 언론이 지난 1년 남짓 '동북공정'의 배경이라고 주장해온 내용과 정면으로 배치되는 결론이다. 뿐만 아니라, 중국이 정말 패권주의나 중화주의를 좇는 나라라면 결코 취할 수 없는 허탈한 양보인 셈이다. 중국은 그 뒤로도 다양한 경로로 한국이 통일 이후에도 만주 지역을 넘볼 뜻이 없음을 확인받고자 했지만 우리 정부의 어느 누구도 확답해 주지 않았다. 중국으로서는 한국이 더 팽창적으로 보일 수밖에 없

---

17. 김대중, '중·일로 되돌아가는 반동', 〈조선일보〉 2004년 8월 11일자.
18. 〈뉴스메이커〉 2004년 9월 10일자.

다. 그럴수록 그들은 더욱 더 둥베이 지방에 대한 경계를 늦추지 않으면서 더 적극적으로 고구려사를 자국 중심으로 해석하고자 할 것이다.

'동북공정'을 둘러싼 '역사 전쟁'에서 가장 큰 승자는 바로 보수 언론이었다. 2004년 9월, 그 역사 전쟁이 일단락될 무렵 KBS 〈열린 토론〉에서는 '한국인의 중국에 대한 인식'을 살피는 여론조사를 실시했다. 그 결과 국민의 58.2%가 중국을 좋아하지 않으며, 87.1%가 중국의 추격에 불안을 느끼고 있고, 79.8%가 동반자 관계(19.0%)보다 경쟁자 관계라고 답했다. 74.8%의 국민이 중국이 한반도 통일에 부담을 느껴 도움을 주지 않을 것이라고 판단하고 있었다. 중국에 더 큰 비중을 두는 정책 기조로 전환해야 한다는 사람(40.4%)보다 "미국과의 동맹 관계에 더 큰 비중을 두는 현재의 정책 기조를 유지해야 한다."는 사람(55.8%)이 더 많았다. 비록 시장가치를 중시하는 주류의 관점은 살아남아 경제·통상적 측면에서 가장 비중을 두어야 할 나라로 중국이 1위(49.8%)를 차지하면서 미국(37.2%)을 앞질렀지만, 외교·안보 측면에서 가장 비중을 두어야 할 나라로는 미국(58.6%)이 중국(28.7%)보다 훨씬 높게 나타났다. 고구려사 왜곡 문제가 심각해진다면 설사 중국과 외교·경제 분야에서 마찰을 빚게 되더라도 강력히 대응해야 한다는 주장이 85.9%에 이르렀다. 같은 해 10월 1일에 보도된 한 여론조사에 따르면 한미 동맹은 통일이 된 뒤에도 유지해야 한다는 의견이 91%에 달했다. 또 우리가 가장 협력해야 할 국가는 미국(53%)이며, 81%가 세계화가 한국 경제에 도움이 된다고 보았다.

결국 한국민의 인식 속에서 중국의 모든 것은 원점으로 돌아갔다.

〈조선일보〉가 "근중과 탈미는 같은 뿌리에서 나왔다."고 설파했듯 미국도 자연스럽게 원래대로 중심으로 복권되었다. 한국민의 인식 속에는 사회주의 중국에 대한 부정적 인식이 더 굳건하게 자리 잡게 되었고, 중국 위협론은 이제 우리 것이 되었다. 중국은 다만 시장으로서 여전히 중요할 뿐이다. 실제 생존권보다 역사 주권이 더 소중해져 버렸고, 상상된 중화 패권주의가 실재하는 미국 패권주의보다 더 위협적이 되었다. 한미 동맹만이 우리의 살길이라며, 한반도를 다시 군비 경쟁으로 몰아가는 MD 체제에 대해서는 침묵하거나 받아들이고 있다. 한반도 영세 중립화론이나 주체적 외교론은 빈정거림의 대상으로 전락[19]했다.

보수 언론들은 여기저기서 자신들의 승리를 마음 놓고 자축했다. 〈동아일보〉는 "중국에 대한 집권층의 분노가 여론 흉내 내기가 아니라면 역사 왜곡을 주변 강대국의 진면목을 정확하게 보는 계기로 삼아야 한다."고 꾸짖은 뒤, "혈맹으로 맺어진 국가와 수교한 지 12년 된 나라를 같은 선상에 놓고 저울질하는 단세포적 발상부터 버려야 한다."[20]고 말한다. 〈중앙일보〉는 "반미 감정에 편승해 무조건 중국에 호감만 표시해 왔던 대통령을 포함한 현 집권 세력들에게 역사 왜곡 문제는 중국의 또 다른 면을 인식할 수 있는 계기가 되어야 한다."[21]고 충고했다. 열린우리당 당선자들은 그들의 충고를 충실히 따랐다. 8월 초에는 겨우 6% 정도가 중국이 가장 중요한 파트너라고 답하고 있다.[22]

19. 〈동아일보〉 2004년 8월 9일자.
20. '사설 : 친미 매도하고 중국에 손들더니', 〈동아일보〉 2004년 8월 11일자.
21. '사설 : 중국에 대한 바른 인식 필요한 때다', 〈중앙일보〉 2004년 8월 24일자.
22. 〈New York Times〉, Aug. 25, 2004.

2004년에 내가 〈역사비평〉에 썼던 글을 추린 것은 여기까지란다.

그때 '역사는 전쟁의 대상이 아니다.'라는 아빠의 주장을 귀 기울여 듣는 사람은 별로 없었다. 중국을 미국 중심의 냉전적 체제를 벗어나는 데 활용하자는 주장도 마찬가지였다. 동북공정은 북녘 땅을 점령하지도 않았고, 둥베이 지방을 단속하고자 벌인 대대적인 작업으로 5년 만에 끝났다.

그 사이 중국은 우리 안에서 다시 위협적인 국가로 자리 잡았다. 우리는 지금 미국의 중국 포위 정책에 적극 호응하고 있다. 미국과는 진즉 자유 무역 협정을 맺었고, 제주도 강정에는 중국의 위협에 대비하는 해군기지가 건설되고 있다. 무기 구입 비용도 늘어만 간다. 중국을 가상의 적으로 삼은 채 미사일을, 공중급유기를, 전투기를 사들이고 있다. 미국은 다시 냉전 이전으로 돌아가 동아시아의 맹주로서 자리를 굳혔다. 한국은 전시 작전권을 다시 미국에게 돌려주겠다고 난리고, MD 체제 편입이 빠르게 진행되고 있다.

봄아. 아빠는 그때 역사 문제가 실제 이념 전쟁으로 번지지 않기를 간절히 바랐다. 이념화된 역사 전쟁이 우리 역사를 거꾸로 되돌리지 말기를 바랐다. 10여 년이 지난 지금 슬프게도 그 바람은 무너졌고, 아빠의 예상도 그다지 빗나가지 않았다. 그것은 역사 논쟁이 아니라 상상된 위협에 기댄 이념 전쟁이었다. 그 전쟁의 승리자들은 보수 언론과 미국이 없으면 죽는 줄 아는 이 땅의 주류들이었다.

티베트라는
신화 속에 갇힌
중국

봄아. 오늘은 티베트 이야기를 너와 나눠 볼까 싶구나. 네가 좋아하는 소설가 박완서 씨에 얽힌 이야기도 있고, 네가 만나 본 여행가 한비야 씨 이야기도 있다. 중국 철학을 연구하고 있는 도올 김용옥 선생도 관련된 이야기지. 우리는 중국을 현실 속에서 보는 것이 아니라 주인님들이 만들어 놓은 신화 속에서 보고 있다는 이야기는 여러 차례 했었지. 오늘은 티베트를 우리가 어떻게 인식하고 있느냐를 놓고, 우리가 중국을 어떻게 바라보고 있는지를 살펴보도록 하자.

우리에게 티베트는 여태 일종의 신화 위에 세워진 상상 속의 나라였다. 지리적 개념이 아니라는 애기다. 대개 중국의 시짱 자치구를 티베트라 이른다. 행정적으로는 이렇게 경계가 명확한, 중국의 한 자치구이지만 티베트를 그렇게 보는 한국 사람은 별로 없지. 더 넓게는 시짱 자치구를 포함해 짱족이 많이 사는 중국 서북부 지역을 일컫기도 한다. 티베트 망명정부는 시짱 자치구뿐만 아니라 캄과 암도 지방의 주민들이 사는 곳까지도 티베트로 여기고 있거든. 하지만 이것 또한 여전히 티베트 망명정부와 중국 정부 사이에 벌어지고 있는 마찰의 핵심인 만큼 모호한 개념이다.

역사적으로 따져 들어간다고 하더라도 그 경계를 명확하게 가르기는 힘들다. 망명정부와 중국 정부가 끌어오는 역사가 다를 뿐만 아니라, 그 역사를 들춰도 경계가 분명했던 것은 아니거든.

티베트 인들 처지에서 보더라도 문제는 쉽게 풀리지 않는다. 달라이 라마는 거의 우와 창 지방만 다스려 왔다. 그래서 캄과 암도 지방 사람들은 스스로를 달라이 라마의 백성이라 여기지 않는다. 이 고장 사람들은 티베트 중부 지방이나 라싸에 갈 때 종종 "티베트에 간다."고 말하지. 티베트 인을 뜻하는 '뵈빠'라는 단어도 북부 고원의 유목민들이 라싸에 살고 있는 사람들을 가리키던 말이다. 달라이 라마의 뜻대로 불교와 불교문화에 속한 지역처럼 문화적 개념으로 사용하고자 하더라도 불교와 불교문화는 그 지역만의 것은 아니다. 결국 티베트는 어떻든 에드워드 사이드가 말한 '동양'처럼 일종의 '심상 지리'인 셈이다.

망명정부의 주장처럼 1911년 중화민국이 들어선 뒤 티베트가 중국에서 독립을 선언했다고 하더라도 티베트의 실체를 파악하는 건 쉽지 않다. 달라이 라마가 1959년 티베트를 떠나 인도의 다람살라로 망명할 때까지도, 티베트에는 변변한 국가기관이라 할 만한 것이 없었거든. 시민권 개념도 없었다. 사회적 분업 체계를 갖춘 산업 조직 역시 꾸려지지 않았다. 민족성이 근대적 형태로 명확히 존재하지도 않았다. 한마디로 일본의 식민지가 되기 전의 조선처럼 하나의 국가로 존재한 것이 아니었다.

티베트라는 기호가 이처럼 복잡한 개념이라는 걸 서가의 진열 방식에 빗대 설명하는 연구자도 있다. 미국 서점에서 티베트를 다룬 책들은 중국 관련 서가에 자리 잡고 있기도 하고, 아시아 일반에 꽂혀 있기도 하고, 불교에 놓여 있기도 하다는 거다. 그런 점에서 티베트는 일종의 발명품이다.

서구가 본격적으로 티베트에 관심을 두게 된 출발점은 제임스 힐튼의 소설이다. 1933년에 나온 《잃어버린 지평선》에는 샹그릴라$^{Shangri-la}$라는 지명이 등장한다. 거기에는 푸른 달빛이 흐르고 기름진 땅이 있다. 풍족한 삶을 꾸릴 수 있는 작물이 넘친다. 기독교와 불교가 공존한다. 인종차별도, 전쟁과 같은 세속적 갈등도 벌어지지 않는다. 2백 세를 넘긴 이가 살고 있는, 영원이 존재하는 공간이기도 했다.

1937년 컬럼비아 영화사가 이 소설을 영화로 제작하면서 샹그릴라는 많은 서구인들의 이상향으로 자리매김하게 된다. 원래 소설 속에서는 티베트의 어떤 지역으로 묘사되었다만, 이 소설이 영화로 성공을 거두자 샹그릴라는 티베트를 넘어 전 세계로 뻗어 나갔다. 샹그릴라는 "마치 공중에 떠 있는 것처럼" 비슷한 의미 체계 속에서라면 어디로든 옮겨 갈 수 있는 의미 기호가 된 거다. 그게 바로 신화의 특성이지.

그해 미국의 한 자선사업가는 텍사스 주에 샹그릴라를 본 따 마을을 만들었고, 1942년 프랭클린 루스벨트 대통령은 지금의 캠프 데이비드 별장에 샹그릴라라는 이름을 붙였다. 호텔 이름에도, 가상의 지명에도 쓰였다. 이때부터 샹그릴라는 "자유와 문명의 요새요, 선의 세력의 본거지"에서 더 나아가 "포악하고 무질서한 적들의 침입을 막는 장소"로 활용되기 시작했다. 한편 샹그릴라의 발원지, 티베트는 수천 년간 변화가 없었던 영원한 안식처로 규정된다. "히말라야 산맥 뒤에 안전하게 몸을 감춘 티베트는 거의 아무런 피해를 입지 않고 세계 곳곳의 위대한 전통이 근대화라는 괴물의 맹렬한 습격을 받는 동안 자신을 지켜 왔다."고 여기게 된 거다.

아돌프 히틀러는 샹그릴라가 자신이 순수한 혈통이라 믿었던 아리아 인종이 시작된 곳이라 여겼다. 그는 일곱 차례나 티베트 지역에 조사단을 보내기도 했지. 하인리히 하러와 페터 아우프슈나이터는 그 일원이었다. 이들은《티베트에서의 7년》이라는 기록을 남겼고, 1997년 장 자크 아노 감독이 이 얘기를 영화로 만들었다. 영화 〈티베트에서의 7년〉은 티베트를 신화로 만드는 데 큰 역할을 했다. 신화에 꼭 필요한 주역과 악역을 명확히 밝히고 있거든. 선한 영혼의 표상인 달라이 라마와 그에 맞서는 악당 중국의 등장이다.

이 영화는 "자유와 문명의 요새요, 선의 세력의 본거지"인 샹그릴라를 티베트로 위치 지우고, 중국을 "포악하고 무질서한 적"으로 몰았다. 그리고 티베트를 이상향에서 실낙원으로 자리매김시켰지. "1950년에 중국의 침략을 받기 전까지 티베트 인들은 매우 평화롭고 행복한 삶을 누려 왔다. 혼란스러운 세계를 불신한 티베트 인들은 수세기 동안 일체의 교류를 끊은 채 오직 불교의 가장 높은 이상에 바탕을 둔 놀랍고도 독특한 문화를 발전시켜 왔다."는 믿음은 이제 신화가 되었다.

티베트가 신화화된 기호 체계로 자리 잡는 데에는 낙원으로서의 샹그릴라, 그것을 훼손시킨 악의 축 중국 말고도 또 하나의 축이 필요했다. 선한 구세주 말이다. 서구는 달라이 라마에게 그 역할을 맡기기 시작했다. 달라이 라마가 롤랑 바르트가 말한 기호로서 '반짝거리기' 시작하는 것은 1959년 망명 이후부터란다. 이때부터 서구는 달라이 라마를 실낙원을 구원할 이로 자리매김시키기 시작했지. 이로써 신화의 제국 티베트를 세워 올릴 주춧돌이 모두 갖추어졌다.

'환상과 신비를 걷어 낸 진짜 티베트'의 모습을 보여 주고자 애써 온 로페즈 주니어의 말처럼 "서구는 1959년 달라이 라마가 망명을 떠난 이후 비로소 티베트를 하나의 담론의 형태로 통합"했다. 달라이 라마와 티베트 이산인들 또한 서양인들에게 근대적 문화 개념을 배워 티베트를 짜 맞추기 시작했다. 서구와 달라이 라마가 티베트라는 신화의 제국을 함께 만들어 나가게 된 거다.

1997년 박완서 씨가 티베트 여행길에서 마주친 것도 그렇게 신화 속에 자리 잡은 티베트였다.

"인간의 입김이 서리기 전, 태초의 하늘빛이 그랬을까? 그러나 태초에도 티베트 땅이 이고 있는 하늘빛은 다른 곳의 하늘과 전혀 달랐을 것이다."

그에게 그곳은 "기억 이전의 하늘"을 이고 있는 곳이었다. 중국은 티베트를 파멸시킨 악의 축이었지.

"우리는 티베트를 중국의 시짱 성이라고 생각하려 들지 않는다. 여기 떠나오면서 나는 사람들에게 티베트 간다고 으스댔지 중국 간다고 하지 않았다. …… 높고 독특한 정신문화는 강력한 군사력 이상으로 정복하기 힘들다는 본보기처럼 티베트는 고독하고 의연하게 여기 존재하고 있다."

중국이 아닌 상상의 공간에 존재하는 고독하고 의연한 티베트. 독립된 영원불멸의 땅. 그것을 파멸시킨 중국이라는 신화 체계는 박완서 씨 이후로도 꾸준히 대중들에게 퍼지게 된다.

박완서 씨보다 10년 늦게 티베트 지역을 돌아본 한비야 씨한테도 티베트는 꼭 그러했다. 2007년의 티베트는 직접 경험해 보기도 전에 이미 낙원이 돼 있었다. 그곳에 가면 "좁게 꼬불꼬불 이어진 거리에는 자주색 옷을 입은 승려들이 경건한 표정으로 지나가고, 검은 짱족 외투를 입은 사람들이 화려하게 장식한 야크를 타고 가고, 머리를 108가닥으로 땋아서 가닥마다 터키석을 주렁주렁 장식한 여자들이 오체투지를 하고, 집집마다 피우는 향 때문에 온 나라가 좋은 향기로 가득할 것"이라 믿었다. 가는 길이 아무리 험하다고 할지라도 "어쨌든 티베트에 가면 근사할 것만은 틀림없다. …… 푸른 하늘에 강렬한 햇빛, 하얀 눈을 쓴 선이 부드러운 황토색 산, 그 산을 배경으로 우뚝 솟은 하얀 사원, 자주색과 핏빛을 섞은 것 같은 승복을 입은 라마승들, 승려들은 한시도 쉬지 않고 '옴마니반메홈'이라는 진언을 외우고" 있을 거라고 상상하고 있지.

한비야 씨의 상상은 박완서 씨가 본 티베트와 그리 다르지 않다. 10년이 흘렀고, 그 사이 중국은 천지가 개벽했다는 말을 들을 만큼 사회적으로 큰 변화를 겪었는데도 말이다. 동양이 경제적 중심으로 성장했다고 오리엔탈리즘이 사라지는 것이 아니듯, 현실이 변했다고 영원한 시간 속을 떠다니는 신화가 뒤바뀌지는 않는다. 그것은 신화 체계가 무너저야만 가능한 일이다.

한비야 씨도 안다. 지금 그곳에는 상상 속 그런 티베트는 없는 것쯤. 시내 한복판에는 대형 호텔 체인 '홀리데이 인'이 있고, 노래방이나 술집이 지천으로 널렸다. 공장에서 찍어 낸 것처럼 비슷비슷하게 생긴 시멘트 건물 상가에는 중국산 공산품이 넘쳐 난다. 짱족보다 한족이 훨씬 많은 거리는 여느 중국 도시와 크게 다를 바 없어 보인다. "그렇게 벼르고 별러서 갖은 고생을 하며 온 곳이 겨우 이런 곳이란 말이야?" 하고 투정할 만큼 현실 속의 티베트는 신화 속 공간과는 거리가 멀지.

그럼에도 그는 현실을 직시하지 않는다. 오히려 싸구려 서구적 도시로 근대화되어 가는 눈앞의 라싸가 허구이며 거짓이고, 마음속에 있는 라싸만이 진정한 실체라고 믿지.

"우연히 고개를 돌리는 순간 나는 그 자리에 딱 붙어서고 말았다. 숨이 턱, 막혔다. 구름 한 점 없이 새파란 하늘 아래 강렬하게 다가서는 눈부시도록 하얀 건물 때문이었다."

라싸 시내 한복판에 버티고 서 있는 하얀색 궁전과 마주치던 그 순간 "전에 한 번도 본적이 없는 듯 가슴이 벅차지면서 …… 그 신비함과 당당함에 정말 신이 사는 곳이라 믿어 의심치 않"게 된 거다.

포탈라 궁이 신이 사는 곳이라고 믿는 순간 누구든 신화 체계에 다시 사로잡힐 수밖에 없다. "그곳에 사는 달라이 라마에게 뿐만 아니라 그 건물 자체에게도 경의를 표"하고 싶을 만큼, 티베트의 모든 것들이 몽땅 신화가 되는 것이다. 그곳에서 참배하고 있는 사람들은 영혼의 순례자로 변하고, 티베트 인들이 하는 모든 일은 합리화되고, 달라이 라마의 모든 말은 율법이 된다.

분명 한비야 씨 눈에 비친 티베트 승려들은 신화 속 그 승려들이 아니었다. 그들에게서 "거룩함이나 종교적인 엄숙함 같은 것은 찾을 수가 없"었으니까. 젊은 스님들도 절제된 수도자라기보다는 보통 젊은이들과 다른 게 없고, 나이든 스님들도 밤송이머리에 초라한 행색이 아무도 돌보는 이 없는 노인 같다.

하지만 그는 현실을 인정하기보다 곧바로 신화적 의미 체계로 투항해 버린다. 종교인은 반드시 거룩하고 엄숙하고 진지해 보일 필요는 없다, 일반인들과 다를 바 없이 자연스러우면서도, 내면에 진지한 마음을 지니고 있다면 그쪽이 더 종교인다운 것 아닐까 하고 말이다. 자신이 본 것을 믿지 않고, 상상으로 그렸던 것을 믿는다. 자신이 믿었던 것에 기대는 것이다.

신화 체계를 받아들인다는 건 단순히 기호를 빌려 오는 것에서 그치는 것이 아니라 그 기호들이 얽혀 만들어 낸 의미 체계를 그대로 따른다는 뜻이다. 티베트를 영원 속에 가두고 달라이 라마를 신격화하는 이상 아무도 거기에 얽힌 의미 체계에서 자유로울 수 없고 그 신화의 제국에서 빠져나올 수 없다.

이들은 뻔히 보이는 티베트 인들의 가난조차 신화 체계 안에서 가늠한다. 박완서 씨는 티베트를 돌아보는 내내 티베트 인들의 가난을 목격한다. 귀찮을 정도로 따라붙는 티베트 걸인 행렬을 만나지만 그는 그것이 "한족의 이주 때문"이라고 결론짓는다. 10년 뒤 한비야 씨도 "인구의 3%에 불과한 지배 계층이 국가의 모든 재산과 권력을 장악하는 극심한 부의 편중"이 존재했던 사회, 티베트에서 같은 문제와 맞닥뜨린다. 하지만 그 역시 박완서 씨와 마찬가지로 신화의 체계로 귀착하고 만다. "그것은 전적으로 이 나라의 세부적인 일일 뿐 다른 나라인 중국이 관여할 문제가 아니었다."고. 그는 결국 티베트가 아닌 자기 자신을 해방시켜 버리는 것이다.

낙원을 잃은 것도 중국 때문이고, 낙원을 찾으려 해도 중국이 없어져야 한다. 한비야 씨는 함께 여행한 스웨덴 여학생 바올리나의 목소리를 빌려 이렇게 말한다.

"티베트는 중국의 일부가 아니에요. 전 세계 사람들이 그렇게 생각하고 있다고요. 제발 티베트 사람들을 가만 내버려 두세요."

"한족들이 6백만 짱족 중에서 백만 명을 죽이거나 가두었어요. 이게 민족 대학살이 아니면 뭐겠어요? 민족으로 보나, 문화로 보나, 역사로 보나 티베트와 중국은 아무 상관이 없어요. 전혀 별개의 나라라는 얘기죠."

그들에게 중국은 서구의 티베트 신화 체계가 정해 놓은 꼭 그대로 티베트가 몰락하게 된 모든 근원이자 악의 근원이다. 서구의 신화 체계가 애용하는 선악 대립이라는 이분법이 그들의 생각을 예외 없이 지배한다. 마치 중국만 없어지면 티베트는 다시 지상에서 영원으로, 천상의 낙원으로 갈 수 있다는 것을 의심치 않는 거다.

그것은 달라이 라마의 사고 체계이기도 하다. 달라이 라마는, 중국은 지난 50년 동안 새로운 중국의 인민들에게 계급투쟁만을 가르쳤고, 전통적 가치를 몰아냈을 뿐더러 그것을 '증오'하도록 만들었다고 여긴다.

그는 인간이 오래전부터 지녀 온 가치, 즉 서로의 인간성을 존중하고 약한 자를 도울 줄 아는 마음씨, 온유와 사랑, 양보와 희생, 이런 가치들이 갑자기 무용지물이자 악이 되어 버렸다고 주장하고 있지.

달라이 라마와 그들은 수시로 신화적 의식 체계 내에서 조우하는 것이다. 박완서 씨는 티베트에 완전한 자유주의를 실현시키고, 그 땅을 비무장 평화 지대로 만들 수 있도록 전 세계에 호소하자고 제안한 뒤에 "달라이 라마에게 기대를 걸 수밖에 없다."고 하더구나. 김용옥 선생도 다르지 않다. "달라이 라마는 그들의 군주였고, 다르마의 구현체였다. 그는 21세기 벽두에 우뚝 서 있는 왕이었다. 그러나 그는 너무도 진실하고 소박한 한 인간이었다."라고 말하고 있다. 그에게도 현실 속에서 티베트의 군주 체제와 왕으로서 달라이 라마의 입지를 민주적으로 바꾸는 일보다 달라이 라마를 신화 속에 그대로 두는 일이 더 먼저다.

티베트 인들은 한비야 씨에게 한결같이 자주독립을 말했다지. 자주독립으로 티베트가 샹그릴라로 되돌아갈 수 있을지를 현실 속에서 가늠하는 일은 신화의 몫이 아니다. 신화의 기능은 바로 현실을 비워 내는 것이다. 그가 원하는 것은 현실 속 티베트 인들이 자주독립을 하는 것이 아니라는 얘기다.

티베트의 자주독립은 신화 속에서야 간단하지만 현실에서는 복잡하고 거칠고 지난하기까지 한 혁명이 필요한 일이다. 그 혁명은 신화 체계를 뒤집는 것에서 시작되어야 한다. 티베트 망명정부에 속한 티베트 청년당의 활동을 한번 보려무나.

티베트 청년당은 서구적 교육을 받고 서구적 민주주의를 숭배하는 이들인만큼 티베트 자주독립을 현실에서 준비하고 계획한다. 그런데 이들이 꿈꾸는 혁명의 첫걸음은 공교롭게도 달라이 라마와 옛 라마 집단이 라마 제도에 기대어 펼치는 파벌 정치와 지역주의에 맞서는 일이었다. 정교일치 체제를 분리하고, 중국과 힘으로 맞서 싸워야 한다고 목소리를 높였지. 정치와 종교를 따로 떼 낸 다음, 정치를 티베트 인들에게 돌려주는 것이 지금 티베트 인들의 마음을 살 수 있는 일임을 잘 알고 있는 것이다. 그들은 지금 국제적 역학 관계와 중국의 힘을 고려해 볼 때 분리 독립을 이룰 수 있는 유일한 방법은 무력 투쟁밖에 없다고 여긴다.

그런데 봄아. 한비야 씨가 꿈꾸는 티베트 자주독립은 참 다르지. 이것을 이룰 수 있는 이는 현실의 정치 권력이 아니라 신화 속 구세주 달라이 라마거든. 그가 만난 티베트 인들은 모두 위험을 무릅쓰고 말하지. "그분은 반드시 돌아오셔야 합니다." 물론 그분은 달라이 라마다. 달라이 라마가 중국한테서 티베트를 되찾기만 한다면 티베트는 다시 낙원으로 돌아갈 거라는 믿음은 정확히 서구가 만들어 낸 티베트 신화 체계의 복제판이다. 그러니 할 수 있는 유일한 일이라고는 기도밖에 없는 게다.

"라싸를 떠나는 날 포탈라 궁에 다시 가 보았다. 파란 하늘 아래 하얀 포탈라 궁 앞에는 붉은 인공기가 펄럭이고 있었다. 파란색과 빨간색은 태극기 문양에서처럼 언제나 보기 좋은 조화를 이루지만, 티베트의 푸른 하늘 아래, 그것도 6백만 짱족에게는 마음의 고향인 포탈라 궁 앞에서 펄럭이는 붉은 인공기는 보는 이의 마음을 섬뜩하고도 아프게 했다. 붉은 깃발이 마치 파란 하늘의 심장을 뚫고 떨어지는 핏방울처럼 보였다. 하늘이여, 부디 티베트를 자유의 땅으로 돌아가게 하소서.”

그에게 필요한 것은 혁명이 아니라 눈앞에 펼쳐지는 복잡한 현실 세계를 자기 마음속에서 정화하는 일이다. 그러니 티베트 인들을 자유롭게 하기 위한 정치 행동에 나서기보다, 기도나 하며 원하는 결과가 오겠지 하는 믿음으로 자기 마음을 다스리고자 애쓸 뿐이다.

신화란 본래 평면적이고 단순한 법. 그는 중국만 사라지면 티베트는 돌아올 수 있을 것이라 믿는다. 신화는 깊이도, 역사도 없으니 모순 없는 세계를 손쉽게 이룰 수 있다. 그런 신화를 굳게 믿게 되면 설사 어쩌지 못할 현실을 남겨 놓고 떠나더라도 분명 행복감을 맛볼 수 있을 거다. 이제 한비야 씨는 티베트 인들을 위해 중국을 비난하는 일을 무한 반복할 것 같다. 안타깝게도 그것은 자신만 구원할 수 있겠지.

봄아. 우리의 티베트 인식은 서구가 만들어 낸 티베트 신화의 복제판이다. 홀로 뭔가를 만들어 낸 흔적이 전혀 보이지 않거든. 티베트에 대한 최초의 관심은 이미 조선시대 이전부터 시작됐다. 이 시기에는 막연한 지리적 개념에 가까운 ‘서역’으로 불렸지.

일제 치하에서도 우리는 독자적인 티베트 인식이 없었다. 1918년 역사학자 이능화는 선불교 승려였던 가와구치 에카이의 티베트 여행기를 끌어와 티베트 승려들이 부도덕한 일들을 저지르고, 섹스와 술, 고기에 빠져 산다고 적고 있다. 그가 티베트 불교를 라마교라고 부르는 데서 알 수 있듯 아직은 티베트를 독자적으로 인식하는 체계가 없었던 거다.

우리는 1950년 중국의 티베트 침공조차도 눈여겨보지 않았다. 우리가 처한 정치 상황이 그런 일까지 문제 삼을 여력이 없기도 했지만, 티베트 신화를 서구가 아직 체계적으로 퍼뜨리지는 않았던 탓이 크지. 우리가 티베트 문제에 제대로 관심을 갖기 시작한 건 1959년 달라이 라마의 망명 이후였다. 그 무렵부터 학자들도 대중들도 티베트에 대한 관심이 부쩍 커졌다.

1989년 달라이 라마가 노벨상을 받게 되자 티베트 신화는 한국에서 날개를 달고 뻗어 갔다. 이 시기 쏟아져 나온 티베트에 관한 글을 살펴보면 중국 티베트 침공의 부당성과 잔혹성, 티베트 인들의 분신, 소수 민족들의 시위 문제, 칭짱 철도 부설, 달라이 라마의 노벨 평화상 수상, 달라이 라마의 망명 따위를 다루고 있는 글이 대부분이다. 예외를 찾는 것이 힘들 만큼 대부분 서구의 신화 체계를 그대로 베끼고 있지. 영원한 자연 티베트, 그것을 파멸시켰거나 시켜 나가고 있는 중국, 티베트를 구할 성인 달라이 라마가 그 속에 살아 있다.

로페즈 주니어는 달라이 라마가 앞으로도 계속 "'영적 식민주의'라고 할 수 있는 자신들만의 식민주의를 통해 티베트 인뿐만 아니라 외국인들을 자신들의 세력권으로 끌어들일 것"이라고 보고 있다. 달라이 라마의 영적 식민주의는 불교의 보편화, 티베트의 자유, 전 세계 티베트 애호가들의 유토피아적 영원을 모두 겨냥할 거라는 얘기다. 한국 또한 예외가 될 수 없었다. 김용옥 선생은 이렇게 말한다.

"티베트야말로 이상적인 어떤 인류 문명의 기준을 제시할 수 있는 가능성이 농후한 문명이었습니다. 인간과 자연이 공존하며, 지식과 삶이 화해하며, 모든 종교적 신념이 관용하며, 전통적 가치가 서구적 물질문명 앞에 일방적으로 무릎을 꿇지만은 않는 그러한 인류 문명의 본보기로서 존속할 가치가 있는 문명이었습니다. 그런데 이렇게 소중한 독자적 문명을 강압적인 수단에 의해 일방적으로 파괴하고 서구 문명의 모든 병폐의 쓰레기 더미로 만들어 버리는 중국 정부의 소행은 인류의 공동의 미래를 위하여, 그리고 중국 자신의 미래를 위하여 결코 바람직한 것이 아닙니다."

김용옥 선생의 생각은 한국의 수많은 티베트 애호가들의 생각과 궤를 같이하고 있다. 신화는 끊임없이 다시 쓰이고, 널리 퍼져 나간다.

다큐멘터리, 소설과 영화, 그리고 수많은 여행기 속에서 그들은 티베트를 신화 속 그곳으로 동경한다. 소설가 강석경은 "티베트 한가운데 성스러운 도시 라싸가 있어요. 세상에 별이란 별은 다 라싸에 떠 있어요."라고 쓰고 있다. KBS의 6부작 다큐멘터리 〈차마고도〉는 거친 티베트의 자연과 현실을 카메라 필터로 걸러, 잃어버린 신화 속 티베트를 아련하게 복제해 냄으로써 한국에서 수많은 티베트 애호가를 만들어 내는 데 큰 힘이 되었다.

우리 대중들에게 동경의 대상이 되어 버린 이 성스러움은 달라이 라마가 지켜 왔고, 중국이 파괴했다. 강석경 씨는 "달라이 라마가 망명하고 잔혹한 파괴가 이어졌죠. 중국군은 티베트 인들의 창자를 빼내고 껍질을 벗기고 생매장으로 죽이기도 했고 이웃들은 그것을 지켜보도록 강요받았죠."라고 쓴다.

중국이라는 악역은 선정적 이미지를 덧씌운 채 또다시 부풀려진다.

"전기 봉을 입과 질 속에 집어넣어 휘젓고는 강간을 예사로 했어. 담뱃불로 얼굴을 문지르고 뜨개질 바늘로 입술을 쑤셔 댔지."

소설가 박인성이 《호텔 티베트》에서 묘사하고 있는 이 끔찍한 이미지는 영화 〈티베트에서의 7년〉의 마지막 장면과 정확하게 일치한다.

봄아. 그런데 티베트는 신화 속에서처럼 과연 불교와 불교문화가 다스리는 평화의 민족이었을까? 우선 역사적으로 티베트는 비무장 사회가 아니었다. 1681년 라다크를 상대로, 1720년 몽골을 상대로 전쟁을 치렀다. 네팔과는 1788년부터 1792년까지, 1854년에 또 한 차례 전쟁을 치렀다. 1842년에는 도그라 군대와 싸웠고, 1904년에는 영국 군대를 대적했다. 1950년 중국이 침입했을 때도 티베트가 그저 당한 것만은 아니었다. 그것은 전쟁이었다.

1959년 달라이 라마가 인도로 망명하면서부터 1970년대 미국과 중국 사이에 화해 분위기가 감돌 때까지 티베트는 미국의 도움을 받아 다양한 무장투쟁을 진행했다. 그것은 국가 간의 전쟁이었거나 적어도 일종의 내전이었다. 지금도 망명정부의 티베트 청년당은 무장투쟁을 꾸준히 내세우고 있다.

달라이 라마는 종교 지도자이면서 정치 지도자이다. 정교일치 사회의 군주라는 얘기다. 그런데 달라이 라마를 신화 속 위대한 종교 지도자로만 올려놓는 그 순간 달라이 라마를 역사 속에서 바라보기란 어려워진다. 그가 정치 지도자로서 내리는 결정들조차 정치적 행위로 보기보다는 종교적이고 탈정치적인 일들로 보게 되거든. 달라이 라마는 티베트 독립이라는 정치 행위를 이끄는 수장이자 망명정부의 실제 지휘자다. 뿐만 아니라 티베트의 정치적 미래를 좌우할 차기 달라이 라마를 뽑는 데, 가장 큰 권력을 행사하게 될 중요한 축이다.

샹그릴라는 역사 속에 정말 존재했던 것일까? 앞으로도 존재할 수 있을까? 샹그릴라는 오직 여행가들 눈에 비친 허상이었을 뿐, 티베트는 상상 속 그런 낙원이 아니었다. 실제 티베트는 이 지구 상에서 가장 험난하고 열악한 자연환경을 지닌 곳이다. 비행기 위에서 내려다보면 참으로 낯설다. 식물이라고는 계곡을 따라 조금 살고 있을 뿐인 척박한 땅이지. 외지인은 숨 쉬는 것조차 힘든 고산지대에다가, 야크 똥마저 아껴 가며 여기저기 써야 하는, 나는 것이 턱없이 모자란 곳이다.

종교와 정치를 지배했던 승려들은 그 땅에서 나는 것을 90% 가까이 독차지했다. 그들에게는 어쩌면 티베트가 샹그릴라였을지 모르겠다. 하지만 그 척박한 땅에서 생계를 잇고 애써 거둔 것을 대부분 바쳐야 했던 티베트 민중들에게는 어땠을까? 독립을 선언하기 전까지 티베트는 달라이 라마라는 우두머리 아래 지주제를 시행하는 봉건적 정교일치 계급사회였다. 10%의 승려 계급이 90%에 이르는 농노들을 지배했다.

자본주의의 대안이 소박한 삶이라고 해서, 달라이 라마 시대에 노예나 다름없이 착취당했던 티베트 인들의 삶까지 아름답게 포장할 수는 없는 일이다. 티베트 인들을 '오래된 미래'의 주인공으로 만들려면 달라이 라마가 쥐고 있던 땅을 먼저 그들에게 돌려주어야 한다. 일한 사람이 그 대가를 누릴 수 있게 해야 한다. 숱한 티베트 인들이 노예처럼 살아가는데 온갖 황금보석으로 치장한 사원이 도처에 널린 그런 곳이 샹그릴라가 될 수는 없다.

그런 역사와 형편을 자세히 들여다보면 중국 공산당은 티베트 인민을 지주계급의 압제에서 해방시킨 것이기도 하다. 지금도 중국 공산당은 이 낙후되고 열악한 지역에 상당한 재정을 지원하고 있다. 시짱 자치구를 빈곤 지역으로 분류하고 가장 먼저 예산을 배정하는 것이다. 지방정부가 1억 위안을 마련하면 10억 위안을 중앙정부가 지원한다.

봄아. 그럼, 달라이 라마가 돌아와 그 땅에 새로운 나라를 세우는 것이 티베트의 푸른 하늘을 지키는 길일까? 이미 많은 티베트 인들은 우리가 생각하는 '오래된 미래'의 주인공들이 아니다. 지금 티베트에는 달라이 라마의 귀환을 바라는 사람도 있지만 지금처럼 중국의 한 자치구로 지내기를 원하는 사람도 있다. 이미 많은 이들이 자본주의적 정체성을 띤 소비자로서 살고 있다. 현실 속 티베트 인들은 신화 속에서처럼 달라이 라마의 지휘에 따라 일사불란하게 움직이는 오케스트라 단원들이 아니다. 그랬던 적도 없고, 그럴 가능성도 없지.

달라이 라마가 그러하듯 그들 또한 세계화의 한복판에 놓인 채, 종교적 삶에서 세속적인 삶으로 나아와 근대인으로 살고 있다. 환경론자들은 칭짱 철도를 티베트 파괴라고 보지만 정작 많은 티베트 인들은 발전이라고 여긴다. 여느 중국인들처럼 좀 더 안락하고 풍요한 삶을 꿈꾸는 근대인들이 되어 가고 있는 거지. 차마고도를 목숨을 걸고 오가던 상인들이 사라진 이유도 자동차와 기차로 자본주의의 산물들이 쏟아져 들어오기 때문이다.

그렇다고 그것을 환경론자들의 관점으로 비난할 수만은 없다. 여전히 가난한 그들의 형편을 한번 보거라. 티베트 사람들도 좀 더 잘 먹고 잘

입을 권리가 있다. 그리고 그들은 누구보다 그러고 싶어 한다. 세계는 자본주의의 맷돌 속에서 하나로 재편되어 가고 있다. 티베트 인들도 이미 그 길로 들어섰다.

지금 라싸의 공기는 신화 속 그 공기가 아니다. 아마도 내일은 좀 더 탁해져 있겠지. 헬레나 노르베리 호지가 라다크를 보면서 짚어 내듯 오래된 미래는 자본주의적 세계 체제가 뒤바뀌지 않고는 불가능한 일이다. 상황은 복잡하고, 해법은 간단치 않다.

달라이 라마가 티베트 땅으로 돌아온다고 해서 이루어질 수 있는 일로도 보이지 않는다. 샹그릴라를 영원한 관념 속 사유 공간에서 끌어내려 와 역사 속에 위치 지우고자 할 때 그 방법은 무엇보다도 혁명적이어야 한다. 누구 말마따나 그건 녹색과 사회주의가 만나야 이루어질 수 있는 세계거든. 녹색을 보전하기 위해서는 소비를 줄여야 하고 소비를 줄이기 위해서는 자본주의 체제를 벗어나야 한다. 이미 자본주의에 맛을 들인 티베트에서 그것은 혁명적 정치력이 필요한 일이다. 자신의 존재를 드러내기 위해 미국에게조차 애걸해야 하는 달라이 라마의 정치력으로는 힘들어 보인다.

티베트가 정치적으로 독립하는 일도 결코 간단한 문제가 아니지. 신해혁명이 일어나 중국이 시끄러운 틈에 달라이 라마는 중국으로부터 독립을 선언한다. 그런데 이건 조선이 일본한테서 독립을 선언한 것과는 확연히 다른 일이란다. 제국주의 일본과 식민지 조선이 맺어 온 관계와는 엄연히 다른 역사와 구조를 지니고 있거든. 두 지역은 당나라 때 티베트 지역에 토번이라는 나라가 들어서면서부터 이런저런 관계를 맺어

왔다. 때로는 대등하게 국가 대 국가로 서기도 했고, 티베트가 중국의 한 지방으로 편입되기도 했다. 때로는 필요를 서로 주고받는 조공·책봉 체제 아래 놓이기도 했고, 더러는 한쪽이 일방적으로 베풀기도 했다. 중국은 청대 이후 티베트가 사실상 중앙과 지방으로 중국의 강역에 완전히 편입되었다고 판단한다. 사실, '달라이 라마'라는 칭호도 청나라 태조 누르하치가 라마교 우두머리에게 내린 것이다.

티베트 문제를 중국과 티베트 간의 민족문제로 단순하게 보아서는 안 된다. 티베트는 그야말로 첩첩한 모순이 차곡차곡 쌓여 온 곳이거든. 식민—제국의 문제가 존재했고, 지주—소작농의 문제가 놓여 있었다. 특히 서구 열강에게 반식민지가 되어 가고 있던 지역이다. 대표적인 티베트 독립론자인 반 프라그조차 19세기와 20세기 초에 티베트가 "러시아와 영국, 그리고 일본 등 제국들 사이에 팽창주의의 표적"이었다고 인정하고 있다.

특히 영국은 티베트 침략에 누구보다 앞장선 나라였다. 1903년 영국은 러시아의 남하를 막고자 티베트를 침략해 라싸 조약을 맺었다. 영국은 "어떤 외국 세력에게도 할양, 매도, 임대, 저당, 혹은 그 밖에 다른 방법으로 티베트 땅 어느 곳을 점령할 수 있도록 넘기지 않는다. 어떠한 외국 세력도 티베트 일에 간섭할 수 없다."고 선언한 다음 1949년까지 이 지역을 가장 실질적으로 통치했다. 일본이 청일전쟁이 끝난 뒤 조선이 독립국임을 선언토록 한 것이나 매한가지다.

1920년대에 티베트를 방문한 한 프랑스 여성의 여행기에도 그 실상이 잘 드러난다. 티베트 사람들은 영국 영사를 극존칭으로 부르고 있었고,

자신은 영국 영사의 허가증을 받고서야 비로소 티베트 지역을 다닐 수 있었다고 하지.

이런 제국주의 문제가 옛날 일만은 아니다. 미국과 영국이 여전히 이 지역에 관심을 갖고 있거든. 미국은 1950년 중국이 티베트를 점령한 뒤부터 현재까지 티베트와 달라이 라마를 돕는 정치·군사적 프로젝트를 진행해 왔다. 라싸 폭동 이후 티베트 인으로 이루어진 유격대를 미국 본토에 데려와 유격훈련까지 시킬 만큼 망명정부의 무장투쟁을 적극 지원했다. 1950년 당시 티베트의 강경파들은 영국과 미국이 도와주리라 기대하고 전쟁을 개시했다. 지금도 그들은 미국과 손잡고 있다. 티베트 독립운동 본부는 아직도 영국에 있지. 달라이 라마는 중국이 강대해지는 것을 못마땅하게 여겨 온 인도에 머물고 있고, 미국은 중국 붕괴책으로 여전히 티베트를 활용하고 있다.

중국 학자들은 티베트 독립론에 대해서 이렇게 말한다. "중국의 판도에 들어온 이래 원·명·청 3대를 거치며 19세기 중기에 이르기까지 시짱 독립론은 들리지 않았다. 19세기 말에 출현하기 시작한 시짱 독립론은 제국주의가 중국을 침략한 결과로서, 중국 시짱 지방을 침입한 영국 제국주의자들이 제기한 것"이라고. 그 무렵 티베트는 국민당 군벌, 라마, 토사, 두인·귀족 같은 내부 세력뿐 아니라 프랑스 교당, 영국 세력과 같은 서구 제국주의에까지 골고루 시달리던 지역이었다. 그 가운데 서구 제국주의의 억압은 가장 강력한 것 중에 하나였고, 그 억압은 지금도 여전히 숨은 힘으로 작용하고 있다.

중국은 제 영토를 침략한 제국주의를 몰아내고 봉건적 수탈에 허덕이는 티베트 인들을 해방시키겠다며 전쟁을 벌였고, 이미 반세기가 넘게 그 땅을 실제로 지배하고 있다. 지금은 많은 미국 학자들조차 '티베트는 중국의 일부'라는 걸 받아들인다.

신화 속의 티베트를 현실에서 재현하는 일은 생각보다 멀고, 힘들어 보인다. 그것은 티베트를 신화 체계가 아니라 현실 속에서 있는 그대로 보기 시작할 때 비로소 시작될 수 있을 것이다.

봄아. 네 마음속의 티베트도 한국의 티베트 애호가들이 생각하는 그런 곳이니? 이제 너도 티베트 신화를 역사 속으로 끌어내려야 한다. 그것은 신화 속의 중국이 아니라 현실의 중국을 바라보게 만드는 또 다른 역사화의 출발점이 되겠지.

스물한 번째 편지 / 중국 공산당을 제대로 보아야 한다

봄아. 아빠가 미국에서 지내면서 인상적인 것 가운데 하나는 미국 공권력의 힘이다. 특히 경찰의 힘은 무서울 정도지. 강하다는 뜻은 폭력적이라는 얘기가 아니다. 경찰의 통제와 규제에 대부분의 시민이 큰 불만을 터뜨리지 않고 따른다는 뜻이다. 이곳 캘리포니아 주 정부는 재정이 어려워지자 주차 위반 딱지를 자주 발부하고 있다. 자잘한 사안이라도 대개 여지없이 3백 달러가 넘는 엄청난 벌금을 매긴다. 3백 달러라는 금액은 여기서도 결코 적은 돈이 아니다. 미국 저임금 노동은 주로 멕시코 사람들이 도맡는다. 한 시간에 8달러쯤 되는 임금을 받지. 이들이 하루 여덟 시간 일한다고 하면 대개 사오 일 치 일당을 모두 털어야 하는 금액이다. 자동차 없이는 생활이 불가능한 이곳에서 그 액수는 엄청난 징벌인 셈이다.

그런데도 우리나라처럼 경찰한테 심하게 따지거나 항의하는 경우를 거의 볼 수 없다. 억울하면 재판정에 가서 재판을 받기도 한다. 그런다고 한 번 받은 딱지가 무효로 되는 일은 거의 없다 보니 대부분 그 자리에서 수긍한다. 오히려 벌점이 쌓이면 반드시 교육을 받아야 하는 제도 때문에 벌점이라도 면해 보려고 전전긍긍한다. 막강한 공권력의 힘이다.

우리나라에서는 좀 과격한 시위가 일어났다 하면 공권력이 솜방망이라고 비난하는 경우가 허다하다. 그러고는 미국의 예를 자주 든다. 미국 경찰의 공권력이 이렇게 강한 게 다 처벌이 세서라고 보는 것이다. 지금도 벌금을 미국 수준으로 높이자는 사람들이 많다. 시위 때마다 미국의 '폴리스 라인'을 예찬하는 기사들이 내세우는 논리도 비슷하다. 강하게 처벌하면 국민들은 별 수 없이 따르게 되어 있다고 본다. 그런데 그게 처벌이 세서일까? 막걸릿집에서 나랏님 욕만 해도 감옥에 집어넣던 유신 시절, 그 많던 시위는 왜 일어났을까?

중국 또한 공권력이 막강한 힘을 지니고 있다. 자본주의 국가에서 일상적으로 일어나는 시위가 중국에서는 일어나기만 하면 세계 언론에 큼지막하게 실리는 것도 그것이 중국에서는 보기 힘든 특이한 현상이기 때문일 거다. 아빠도 중국에 있을 때 그곳 공권력의 힘을 자주 목격했단다. 거리에서 포장마차를 단속할 때나 주차 위반 딱지를 끊을 때, 폭력 행위를 벌인 자들을 체포할 때, 지나친 것 아닌가 싶을 정도로 공권력이 여지없이 행사되곤 한다. 한데 놀랍게도 대부분의 사람들이 순응한다. 개혁·개방 이후 전보다 저항이 늘고 있는 듯하지만, 기본적으로 중국은 여전히 강력한 공권력을 자랑하고 있다.

우리나라는 확실히 중국이나 미국과 달리 공권력이 약하다. 왜 그럴까? 지금도 철도 민영화 반대를 외치며 코레일 노동자들이 파업을 벌이고 있다. 정부와 사측은 불법이라고 몰아붙이며 온갖 공권력을 동원한다. 벌금도 엄청나게 물린다. 사측과 국가가 새로 개발한 노조 탄압책이다. 국민들이 별로 수긍하는 것 같지는 않다만. 심지어 요즘은 '주폭'이라는 신조어가 생겼더구나. 술 먹고 경찰서에서 행패 부리는 사람. 경찰서마다 이런 사람들 때문에 골치를 썩는 모양이다.

공권력의 힘은 무엇보다도 체제와 정권의 정통성에 비례한다. 아메리카 대륙으로 건너온 청교도들은 유럽의 공화제를 토대로 삼아 그들 나름대로 대의민주주의라는 제도를 만들고, 그들 방식대로 대표를 뽑았다. 공화국이 들어선 뒤 미국은 국민들이 받아들이기 힘든 부정한 방법으로 권력이 들어선 적이 없다. 그러니 합의한 대로 법을 따르는 것이 상식이 되었다. 안 따르는 사람이 이상한 것이다. 닉슨은 도청을 했다는 이유만으로 사임해야 할 만큼 시민들 스스로 권력의 정통성을 지켜 왔다. 몰락해 가고 있는 제국임에도 그것이 아직은 미국을 버텨 내는 힘이 되고 있다.

그런데 봄아. 한국은 어떨까? 우선 우리는 서구식 민주주의를 해방 이후 연합국한테서 넘겨받았다. 남이 시켜 준 해방이다 보니 선택의 여지가 없었다. 거저 얻은 민주주의는 늘 부정 선거와 금권 선거로 얼룩졌고, 그나마 자리 잡아 가던 민주주의는 군부가 총칼로 유린했다. 국민들은 그런 체제와 그런 정부를 썩 믿지도 따르지도 않았다. 정치가들은 늘 존경받기보다 조롱거리였다. 국민에게 정통성을 인정받지 못한 정권이 잇달아 들어서는 과정에서 공권력에 대한 저항이 오히려 민주인 역설의 시대를 보냈다. 국가는 그 어느 나라보다 공권력을 강하게 집행해 왔지만, 그런 권력을 떠받치는 국민들의 자발적 복종은 보잘것없는 수준이었다.

우리나라 사람들은 중국 정부의 공권력이 매우 강하다고 여긴다. 한데 그것이 중국 공산당이 공권력을 강하게 통제하고 집행하는 덕분이라고 판단하는 경향이 있다. 하지만 중국 또한 우리와 다름없는 국민국가란다. 공권력이 강제력만으로 먹히기는 힘든 나라라는 얘기다. 특히 중국은 넓은 땅덩이와 다양한 민족으로 이루어져 있다. 전제군주가 다스리던 시절조차도 권력만으로 중국 땅을 모두 통제할 수는 없었다. 그런데 중국 공산당은 그 어느 시기보다 막강한 공권력을 지금 온 나라에 행사하고 있다.

이 같은 중국 공산당의 힘은 무엇일까? 강력한 공권력을 휘둘러 인민을 강제로 복종시키는 것일까? 우리의 중국 인식이 실패한 가장 큰 이유 가운데 하나가 중국 공산당을 있는 그대로 보지 못했다는 것이다. 그중에서도 가장 등한시한 것은 중국 공산당에 대한 중국 인민의 자발적 복종이다. 국민이 보이는 자발성이 곧 그 국가의 정통성이라고 할 수 있다. 중국 인민은 우리가 상상하는 것보다 훨씬 더 중국 공산당을 믿고 따라 왔다. 국가의 정통성이 확립되어 있다는 이야기지.

봄아. 아빠가 중국 공산당의 좋은 점을 말한다고 쫄지 말거라. 아빠가 이러는 건 다 우리가 잘 살자고 하는 이야기다. 중국 공산당을 제대로 봐야 중국을 제대로 알 수 있다. 아빠의 사상이 얼마나 건전한지는 이미 이명박 정부가 공증해 주었단다.

이명박 정부가 들어서고 얼마 안 돼 청와대에서 특강을 좀 해 달라고 하더구나. 왜 나였는지 지금도 잘 이해할 수 없다. 아마 삐딱한 소리를 듣고 싶었나 보다. 아빠 혼자서 며칠간 할지 말지 참으로 고민을 많이 했다. 무슨 학회에서 한자리 맡고 있는 것도 아니고, 누가 나더러 진보나 좌파라는 거창한 딱지를 붙여 준 적도 없는데 혼자 무슨 변절하고 옥새를 넘기는 양 번뇌했다. 그때 빠진 머리칼이 아직 복구가 안 된다. 때로는 그런 때가 있지 않느냐. 산속에 흐드러지게 핀 꽃 한 송이를 꺾을까 말까 갈등할 때처럼 남들에게는 별것 아닌데 나한테는 우주가 걸린 그런 문제.

그때나 지금이나 나는 이명박 정권이 싫었다. 성장이 불가능한 시점에 그걸 미끼로 사람을 현혹시키는 술수가 싫었고, 대통령이 되어서 무얼 하겠다는 게 아니라 대통령이라는 자리 자체가 목표인 것이 너무 적나라해서 싫었다. 가장 높은 자리가 목적인 자가 그 목적을 이뤘을 때 하는 일이라고는 부패밖에 없는 역사를 수없이 보아 오기도 했다.

결국 하기로 했다. 그곳이 어떤 곳인지 궁금하기도 했고, 어떤 사람들이 국가 정책을 만드는지 알고 싶기도 했다. 청와대 앞뜰에 사슴이 산다는 것도 그때 알았다. 산청 산골을 떠난 지 40년이 넘었는데도 여전히 나는 참 촌스럽다.

나를 꿴 결정타는 이명박 정부의 '실용정부'라는 구호였다. 그걸 내세운 건 이명박 정부가 한 일 중에 가장 잘한 일이라 나는 아직도 믿고 있다. 결국 국민을 위한 '실용' 정부가 아니라 저들 패거리의 뱃속을 채우는 '실익' 정부였음이 다 드러나 버렸지만 그때까지만 해도 혹시나 하는 마음을 버리지 못했다. 어떻게든 할 수 있도록 떠밀고 싶었다. 이데올로기 정부가 아니라 '실용' 정부가 되는 게 이 정부가 역사에 남는 일이라고 말하면 그래도 정권의 핵심 전략가들이니 뭐라도 하나 귀에 들어가는 것이 있겠지, 그렇게 믿고 싶었다.

역설적이게도 우리나라처럼 극단으로 여야가 나뉘고 보수와 진보가 맞서는 국가들은 보수가 더 큰 국가적 과제를 해결하는 경우가 많았다. 아마 종북 놀이가 이렇게 극성을 부리는 한국에서 통일을 하기에는 보수 정권이 더 유리할 거다. 중국을 보더라도 미중 관계 개선도 미국의 공화당과 같이 했고, 프랑스와도 보수 정권 때 수교를 맺었다.

한 번 했더니 한 번 더 해 달라더구나. 그래서 두 번 갔다 왔다. 한 번은 이명박 정부가 마오쩌둥에게서 배워야 할 것들. 다른 한 번은 이명박 정부의 실용주의와 덩샤오핑의 실용주의 비교.

좌파, 우파 따지고 좌파 척결 이딴 걸로 세월 보내지 마시라. 말 그대로 실용하시라. 이미 대통령되었으니 이제 어느 파의 우두머리가 아니다. 국민의 영웅이 되어 보시라. 역사적 과제를 해결하는 데 한번 도전해 보시라. 마오쩌둥이 그 많은 실정에도 오늘도 여전히 중국의 민족 영웅인 이유가 무엇인 줄 아느냐. 5천 년 역사 속 인민들의 숙원을 이루어 주었기 때문이다. 마오쩌둥은 인민들이 원한 경자유전을 실현시켰다. 마오쩌둥처럼 역사의 큰 흐름 속에서 국민들이 원하는 것을 정확히 읽어 내시라. 분단을 해결하는 것도 좋고, 평화를 정착시키는 것도 좋다. 우파의 대통령이 아니라 역사에 길이 남는 전 국민의 대통령이 되시라. 그런 이야기를 한 번 했다.

또 한 번은 덩샤오핑의 실용주의에 대해 이야기했다. 이 정권이 내세운 실용주의는 참 탁월한 선택이다. 이 정권을 만들어 준 집단의 입맛에 맞는 이데올로기 정치 그만하시고 덩샤오핑처럼 좌고 우고 그딴 것 그만 따지고 지금 국민들이 진정 원하는 것 그것을 하시라. 그게 덩샤오핑의 실용주의였고, 그것으로 몰락해 가던 이데올로기 국가 중국을 부활시킨 거다. 그게 실용이다. 그에게 좀 배우시라. 제발 실용하시라. '실용정부' 성공하시라.

돌아보면 소귀에 경 읽기였다. 이명박 정권은 '실용정부'가 아니라 '이데올로기 정부'였다. 중국을 대하는 태도도 그러했다. 사실 동북아 정세를 놓고 볼 때 이명박 정부는 대단히 중요한 시점에 들어섰다. 냉전이 흔들리고 있었다. 동북아시아에 새로운 질서를 세울 수 있는 기회였다. 다자간 협력 안보 체제를 갖추게 되면 동북아 평화 체제의 발판을 마련할 수도 있었다. 떠오르는 중국은 기회였다. 한결같이 제 나라 이익만 좇는 미국을 견제할 짝이 될 수도 있었다. 중국과 더불어 동북아시아의 장기적 평화와 안보의 큰 틀을 짤 수 있는 다양한 선택이 가능한 시점이었다.

하지만 이명박 정권은 시종일관 실용이 아닌 이데올로기 놀음만 했다. 중국을 자유 동맹의 적대국이자 좌파 정권으로 대했다. 언론은 덩달아 온갖 이슈로 국민들을 선동해 중국과 싸움을 붙였다. '좌파면 어떻고 우파면 어떠냐. 지금 국민들이 필요한 것을 해 주면 되는 것이다. 이제 이념 놀이는 그만하자.' 그것이 덩샤오핑 실용주의의 핵심이다. 이명박 대통령은 덩샤오핑과 다른 길을 갔다.

중국 현대사를 연구하는 학자 로이드 이스트먼의 말처럼, 어쩌면 중국 공산당의 성공은 공산당이 성공한 것이 아니라 중국 국민당이 실패한 결과물로도 볼 수 있다. 국민당은 인민들의 자발적 복종 빼고는 모든 것을 다 갖추고 있었다. 미국도 소련도 그들 편이었다. 심지어 공산당조차 그들 당으로 합류한 적도 있었지. 하지만 국민당은 성공하지 못했다. 왜일까? 간단한 이야기이다. 인민이 원하는 것이 아니라 자기네들이 원하는 것을 했거든. 그런 점에서 장제스의 국민당은 참으로 이명박 정부와 많이 닮았다.

중국 공산당은 왜 성공했을까? 국민당이 못 한 것을 해 주었기 때문이다. 국민들은 사실 정권을 누가 잡든, 자본주의이든 사회주의이든 그게 중요한 게 아니다. 그들은 '부족한 것'에 관심이 있다. 오래도록 간절히 바라 온 것일수록 파괴력은 크다. 중국 공산당은 인민들이 원하는 것을 해 줄 거라는 믿음을 주었고, 그 일을 결국 해냈다. 중국 인민은 반식민지로 전락하면서 잃었던 영토를 찾고자 했다. 서구의 침략으로 잃어버린 자존심과 주권도 회복할 수 있기를 바랐다. 지주들이 다 가져가 버린 땅을 자신들도 가지기를 원했다. 소작으로 힘들게 벌어 놓은 얼마 안 되는 돈마저 탐관오리들이 빼앗아 가지 않기를 바랐다. 권력자들의 전쟁 놀음과 사치에 자신과 가족의 육신이 수탈당하지 않기를 바랐다. 공산당은 그 바람을 들어주기 위해 노력했고, 들어주었다.

국민당은 그렇지 않았지. 중국 인민들은 영토를 침탈한 일본과 타협하는 장제스가 미덥지 않았다. 그들의 자존심을 뭉개고 주권을 농락하는 서구와 놀아나고 있는 국민당 노선이 싫었다. 지주와 별다를 게 없는 국민당원들과 또 다른 탐관오리였던 국민당 군대에게 미래를 맡길 수는 없었다. 인민들은 비록 현재 세력은 보잘것없지만 항일과 반제에 앞장서고, 지주들한테서 땅을 빼앗아 소작인들한테 고루 나누어 주고, 근검하고 솔선수범하는 공산당이 믿음직스러웠다. 결국 중국 인민은 중국 공산당 편에 서서 그들에게 권력을 쥐어 주었다. 중화인민공화국은 그렇게 만들어진 것이다.

중국 공산당은 얼마나 갈까? 그것 또한 중국 인민들이 원하는 것을 중국 공산당이 얼마나 줄 수 있을지에 달려 있겠지. 지금도 우리 언론은 중국은 오래 버티지 못할 것이라는 예언을 수시로 내놓는다. 중국의 공권력에 대한 중국 인민들의 저항을 수시로 보여 주고, 소수민족들의 움직임에도 관심이 많다. 농민이나 도시 노동자들의 집단 항거도 마찬가지이다. 과연 그렇게 될까?

봄아. 난들 어떻게 알겠나. 점쟁이도 아니고. 다만 불확실하더라도 우리는 지금 여기서 그럴 것인지 아닌지 판단해야 한다. 다시 한 번 말하지만 달리는 기차 위에 중립은 없다. 머뭇거리다간 주인님들 뜻대로 된다. 장담은 못 해도 확률을 높일 방법은 있다. 관상이 그렇고 사주팔자라는 게 그렇듯 경험상 그럴 가능성이 높다는 것 아니더냐. 관상보다 사주팔자보다 백배 확률이 높은 것이 있다. 바로 역사다. 그것을 살피면 확률이 무척 높아진다.

자, 중국 공산당이 얼마나 갈까? 역사를 통해 중국 공산당의 운명선을 가늠해 보려면, 중국 인민들이 지금 원하는 것이 무엇인가를 보고, 그것을 중국 공산당이 이루어 줄 수 있을 것인가 판단해 보면 된다. 봄아. 아빠도 길거리 나가 좌판 깔면 밥벌이 정도는 할 수 있다. 학벌 되지, 말발 되지, 촉 좋지. 우리 학생들은 아빠가 한마디 해 주면 "아니, 선생님. 그걸 어떻게 아셨어요?"를 자주 외친다. 어떻게 알긴. 네 아버지 직업만 봐도 80%는 알아. 국민이 원하는 것을 해 주는 정부가 오래간다. 자식이 부모의 계급을 물려받을 확률만큼이나 가능성이 높다.

중국 인민은 생존 문제, 그러니까 이미 굶지 않고 살고 싶었던 바람도 해결했다. 영토와 주권도 회복했다. 이제 미국조차 함부로 못 할 만한 힘도 생겼다. 수탈을 일삼던 지주도 사라졌다. 열심히 일하면 땅도 집도 가질 수 있다. 이제 그들에게 남은 것은 경제적 부흥이다. 미국처럼 잘 살고 싶다, 그게 지금 중국 인민의 가장 큰 소원이다. 지금 중국 공산당은 그것을 이루어 주고 있다. 지난 20년 동안 중국은 연 10%가 넘게 성장해 왔다. 세계 최고 수준이다. 전 세계가 불황에 허덕이고 있는데도, 2014년 중국의 경제성장률 목표치는 7%를 웃돈다. 내년도 내후년도 해낼 수 있을 것이라는 희망도 있다.

아마 이것만으로도 점점 벌어지고 있는 빈부 격차, 도시와 농촌 간 소득 차이, 크고 작은 관료들의 부패 같은 중국 사회의 여러 문제에 당분간은 인민들이 눈을 감을 것이다. 이런 요인들이 중국 공산당의 정통성을 훼손하거나 무너뜨리지는 못할 거란 얘기다. 모두가 못살았던 개발도상국 국민들에게 빈부 격차는 오히려 하나의 희망으로 작용하지 절망이 아니다. '저 사람은 나보다 잘살아. 문제가 있어!' 이런 식으로 접근하지 않는다. '나도 저 사람처럼 잘살 수 있다.' 그렇게 접근한다. 숱한 한국 사람들이 왜 여전히 박정희 신드롬에 빠져 있는지를 한번 들여다보려무나. 아직도 파이를 조금이라도 더 가지는 것이 행복이라 여기며

A코스를 택한 사람들이 많기 때문이다. 빈부 격차에 대한 불만이 저항을 부르려면 성장이 멈춰 나눌 파이가 없어지거나, 잘사는 사람과 못사는 사람이 결코 좁힐 수 없는 계급으로 나뉠 때, A코스를 택한 실패자들의 분노가 쌓이고 C코스를 택한 사람들이 늘 때, 그때나 가능한 이야기란다. 지금 중국 인민들은 중국 공산당이 자신들의 꿈을 이루어 줄 거라고 믿고 있다.

우리는 중국 공산당은 일당독재이고, 공산당이 그들 마음대로 중국을 휘두르는 것처럼 생각해 왔다. 아, 봄아. 이건 적잖이 사실에 가깝다. 중국에는 공산당 말고는 정당이라 할 만한 당이 없다. 공산당이 중국의 국정을 대부분 계획하고 집행하는 것도 틀린 말이 아니다. 삼권분립도 이전보다 훨씬 강화되어 가고 있고, 시민단체들도 정부의 정책 결정에 꽤 영향을 미치고 있지만 아직은 중국이 공산당을 중심으로 움직이는 것이 맞다. 그리고 중국 공산당은 기본적으로 여전히 하향식 구조인 것도 사실이다.

그런데 봄아. 어느 국민도 제멋대로 권력을 휘두르는 정권에 순순히 동의하며 정통성을 부여하지는 않는다. 중국 공산당이 일당독재지만 우리가 아는 면모와 다른 무엇이 있다는 이야기이다. 자, 그것이 무엇일까 한번 찾아보자.

우선 중국 공산당의 일당독재가 우리나라 군사정권 시절 일당독재 같은 것이라 착각하지 말아야 한다. 중국 공산당은 스스로 일당독재를 내세운다. 그건 다른 말로 하면 뭔가 자기 정당성이 있다는 뜻이다. 군사정권은 절대 우리는 일당독재가 아니라고 부정한다. 맞는 말이기는 하다. 군사독재는 '일당' 독재가 아니라 '일인' 독재니까. 지금도 우리 대통령제에는 그런 경향이 남아 있다. 대통령이 임명할 수 있는 직책이 2008년을 기준으로 무려 7천 개가 넘는다지. 하지만 중국에서 현재 시진핑 주석이 임명할 수 있는 자리는 그리 많지 않다. 대부분 당내 절차에 따라 차근차근 올라온 사람 가운데 토론을 거쳐 합의해서 결정한다. 중국은 한 사람이 아니라 거대한 당이 이끄는 집단지도체제란다.

중국의 '일당'과 우리의 '일당'은 달라도 한참 다르다. 봄아. 중국 공산당을 한국의 새누리당쯤으로 생각하면 오산이다. 우선 조직 자체가 다르다. 중국 공산당원은 현재 약 8천5백만 명이다. 전 국민의 약 6%가 공산당원이지.

당원이 되고 싶다고 아무나 될 수 있는 것도 아니다. 원하는 사람 중에서 선발한다. 무엇보다 그 모두가 진성 당원이다. 당비를 3개월만 밀렸다가는 쫓겨난다. 해외로 나가거나 특별한 사정이 있다면 다시 돌아올 때 다 내야 한다. 당위원회에서 대납하기도 한다.

2009년을 기준으로 한나라당은 당원이 약 2백만 명이라고 한다. 그 중에 진성 당원이 20만 명 정도라는구나. 진정한 의미에서 당원이라 함은 진성 당원을 뜻하는 것이니 한나라당의 발표를 다 인정한다고 해도 전 국민의 약 0.4%다. 당원이야 허수가 많으니 오히려 체감이 더 중요할지 모르겠다. 내 주위에는 새누리당 당원이 한 명도 없다. 아빠가 너무 새누리당 사람이랑 안 놀고 있나? 새누리당을 찍는다고 다 당원인 것은 아니다. 그런 의미의 당원이라면 중국은 90% 이상이 당원일 거다.

더 중요한 것은 당적이 아니라 당원으로서 제대로 활동하는 거겠지.

나는 새누리당 당원 활동을 꾸준히 해 오고 있는 이웃을 본 적이 없다. 그런데 중국은 다르다. 내가 박사 학위를 받던 반에도 여기저기 공산당 원이 있었고, 교수들 가운데도 당원이 수월찮았다. 다들 대놓고 당원이 라는 걸 밝히고 모임에 참석했지.

중국 공산당은 우리 정당 구조와는 근본적으로 다르다. 중국에는 모 든 조직에 공산당 조직이 있거든. 일반 행정조직과 거의 동일한 공산당 조직을 모든 조직에 두고 있다. 현재 약 370만 개에 이르는 하부 조직이 있다. 중앙, 성, 시, 향까지 모든 단위마다 당위원회를 둔다. 당위원회는 중앙에서 주요 사안을 내려 받아 당원들에게 전달하고 그 지역의 문제 를 토론과 협의를 통해 결정하지. 간부를 뽑을 때는 엄격한 당내 경선 도 벌어진다.

처음에 아빠가 중국에 갔을 때 제일 이해할 수 없는 것이 대학에 행 정조직에 버금가는 당 조직이 존재한다는 거였다. 세상에, 대학까지 공 산당이 지배하고 있군. 한참을 그렇게 생각했다. 그 무렵 우리 과 학과 장을 학과의 공산당 서기가 맡고 있었다. 한동안 나는 그 학과장을 대 단히 업신여기고, 경계했다. 역시 공산당이 그럼 그렇구나. 안기부한테 사상 검열까지 받고 왔는데 물들면 안 되지. 암.

한데 이상한 것이 그 학과장이 학문으로도 그 학과를 대표하는 사람 중에 한 사람이라는 점이었다. '아니, 공부에나 집중하지 뭔 짓이야. 권 력이 그렇게 좋나.' 그렇게 속으로 빈정거렸다. 그런데 그를 아는 학생들 도 그렇고 다른 교수들도 그것을 전혀 이상하게 여기지 않았다. 그 대학 만 그런 것도 아니었다. 온 나라 학자들이 모이는 학회에 가도 으레 그 지역 권력자들이 참석해서 발언하고 같이 토의하는 것을 쉽게 볼 수 있었다.

아빠도 나중에 알았다. 그들에게는 학문과 권력이 나뉘어 있지 않았다. 학문이나 권력 모두 인민에게 봉사하는 일이라 여기고 있었고, 권력을 쥐든 학문을 하든 인민을 잘 섬기면 된다고 생각하고 있었다. 권력이 정통성을 인정받고 있으니 학자들은 양심적이고 권력자들은 구리다는 생각이 별로 없었다. 다만 좋은 권력자가 있고, 나쁜 권력자가 있을 뿐이지. 권력자들 또한 전문적인 학식을 갖추려고 애썼고, 학식을 두루 갖춘 사람이 권력자로 가는 일도 많아서 우리처럼 물과 기름 모양으로 나뉘어 있지 않았다.

봄아. 이것은 서구적 체제에 익숙해져 있는 우리로서는 쉽게 이해하기 힘든 일이다. 얼핏 보면 중국 공산당이 상상을 초월하는 통제 조직으로 비칠 수도 있다. 6%가 넘는 국민이 공산당원이고 학교나 언론 기관을 비롯한 모든 조직에 당위원회가 있다는 게 말이다. 그런데 모든 권력 기구가 그렇듯 중국 공산당의 세포 조직도 양면성이 있더구나. 통제력을 강화하는 수단이기도 했지만, 국민들의 자발적 참여와 민심을 모아 내는 직접민주주의 기능도 하고 있었다. 중국은 그것을 집체주의라 부른다. 중국식 민주주의라고도 하지.

중국은 서구식 제도가 민주를 실현시킨다고 생각하지 않는다. 그들은 일당이냐 다당이냐, 대의제냐 직접민주제냐, 지방자치제냐 중앙집권이냐가 중요한 것이 아니라 국민들이 실제로 얼마만큼 행복한가가 민주주의의 핵심이라 주장한다.

그들은 지금도 중국식 사회주의는 자본주의와 다르다고 말한다. 가장 큰 차이라면 자본주의처럼 시장 만능 주의를 채택하지 않는다는 것이다. 시장 만능의 자본주의는 돈이 모든 것을 결정한다. 누구든 입찰을 할 수 있지만, 대개 가장 적은 금액을 써 낸 쪽이 낙찰된다. 하지만 중국은 그런 일에서조차 중국이 나야가야 할 방향을 고려한다. 자본의 흐름도 국가 정책에 맞게 통제하는 것이다. 덕분에 최저 금액이 늘 낙찰되는 것은 아니다.

물론 어느 국가든 자본에 대한 국가의 통제력은 존재한다. 그런데 중국은 여전히 국가가 자본보다 절대 우위에 있다. 심지어 해외 자본조차 중국은 철저히 자기들 정책 방향대로 관리한다. 그래서 투기 자본이 가장 싫어하는 국가 중에 하나가 중국이다. 땅은 최대 70년까지만 빌릴 수 있고, 들어온 자본이 함부로 나가기도 어렵다. 직접 투자도 쉽지 않다. 현대차도 합자회사인 베이징─현대차로 운영된다. 가장 많이 팔리는 폭스바겐도 상하이─따중이라는 합자회사가 만든다. 외제 차를 직접 수입하게 되면 엄청난 세금을 물린다.

봄아. 너도 사유가 국유보다 더 민주적이라 생각하니? 그런데 때로는 사유보다 국유가 훨씬 민주적일 때가 많다. 개혁·개방 이전에 중국은 모든 것이 무상교육이었다. 아빠가 중국에 유학할 때 그곳 대학생들은 등록금도 내지 않았고, 기숙사도 공짜였다. 대학원생들은 생활비까지 받았다. 교수들에겐 집을 제공했다. 강사들도 마찬가지였다. 개혁·개방 이후 많은 것이 달라졌다. 많은 대학이 학생들에게 등록금을 받기 시작했고, 기숙사를 공짜로 제공하지도 않는다. 교수들에게 집을 내어 주지도 않는다.

　이렇게 많은 것들이 사유화되면서 자본은 전보다 자유로워졌을지 모르지만 많은 중국인들에게는 비민주적인 결과를 낳았다. 예를 들면 직업을 고를 수 있는 자유가 훨씬 줄어들었다. 이전에는 교수란 정말 공부를 좋아하는 사람들만 하는 거였다. 수입이 청소부와 비슷했으니 좋아하지도 않는데 그 골치 아픈 책을 들여다보며 석사, 박사 딸 이유가 없었다. 그러다 보니 교수를 하려는 사람도 많지 않아서 하고 싶은 사람은 거의 교수가 될 수 있었다. 진정한 의미에서 직업의 자유가 보장되는 사회였다. 그런데 지금은 중국도 우리처럼 돈 많이 버는 직업으로 사람이 몰리고 있다.

　그럼에도 여전히 중국 정부는 사회주의적 토대를 완전히 팽개치지는 않았다. 사실 중국 공산당이 독재를 하는 한 그것을 내팽개칠 수는 없는 일이겠지. 그 토대가 중국 공산당의 존재 기반이기 때문이다. 토지는 국가가 소유하되 임대만 가능하다. 농촌은 여전히 집체 소유제를 실시한다. 농촌 학생들의 학비는 국고로 대부분 지원한다. 노후 대책과, 실업 해결, 건강보험에 많은 돈을 들이고 있다. 서민 아파트와 임대 아파트를 마련해 최소한의 주거를 보장하려고 안간힘을 쏟고 있다. 최저임금제도 빠르게 강화해 나가고 있다. 최근 해마다 10%가 넘게 올리는 도시도 있다.

　베이징과 상하이의 물가는 살인적이라고들 한다. 스타벅스 커피 한 잔 값이 칠팔천 원에 이른다. 하지만 자세히 살펴보면 서민들이 몸으로 느끼는 물가는 여전히 터무니없이 저렴하게 유지되고 있다. 2014년 1월

1월 현재 베이징의 시내버스 요금은 1위안이다. 우리나라 돈으로 180원 쯤 된다. 지하철은 2위안, 360원이다. 쌀값은 1kg에 5위안에서 10위안 정도이다. 900원에서 1,800원 사이쯤 되지. 닭은 한 마리에 보통 15위안 에서 30위안 한다. 현재 베이징 시민의 연 평균 소득이 2만 위안, 그러니 까 우리 돈으로 350만 원을 넘는 것을 감안하면 무진장 저렴한 생필품 물가이다. 대도시에 사는 저임금 농민공들의 처지를 배려한 조치로도 이해할 수 있다. 정부가 이중 물가정책을 고수하는 것이다. 국유 기업들 을 일구어 번 돈을 이런 데 쓰고 있다. 베이징 주민들이 중국 공산당을 지지하는 이유이기도 하다.

결국 집체적으로 운영되는 중국 공산당을 살필 때는 당내 민주주의 가 무엇보다 중요하다. 그것이 얼마나 존재하느냐가 중국 민주주의의 핵 심이다. 당내 민주주의는 민의를 얼마만큼 잘 모아 내고, 또 그것을 얼 마만큼 효율적으로 시행하느냐에 달려 있다. 여론 수렴은 당내 토론이 얼마나 활발하고, 비판이 얼마나 자유로우며, 민의가 담긴 의견이 얼마 만큼 받아들여지느냐가 관건이다. 정책 집행은 당내 권력자들이 얼마 만큼 결정된 정책을 힘을 모아 추진하느냐에 달린 문제다.

우리나라의 '삼김 시대'는 토론도 비판도 부족했다. 마오쩌둥·덩샤오 핑 시대에 중국도 그랬다. 당수의 판단과 권위가 절대적이었다. 중국은 이제 상무위원 여섯 사람이 통치하는 집단지도체제이다. 집단지도체제 가 유지되려면 각기 다른 생각을 하는 지도자들이 결정된 사항에 승복 하고 협력하는 것이 무엇보다 중요하다. 협력하기 위해서는 토론해야 하 고 결정된 사안에는 모두 따라야 한다. 사실 덩샤오핑 이후 중국 권력자들 사이의 차별성은 거의 사라져 버렸다. 장쩌민, 주룽지, 후진타오, 시진핑은 그런 집단지도체제의 결정을 집행하는 대표일 뿐이기 때문이다. 그들 한 사람 한 사람이 어떤 점에서 같고 다른지 가려낼 수 있는 중국 전문가도 그리 많지 않을 거다.

덩샤오핑 이후 중국 공산당의 목표는 한마디로 경제적 부를 일구는 거란다. 그 이후 지도자들 모두 이 목표를 크게 벗어나지 않았지. 장쩌민, 주룽지는 경제개발을 안착시키는 것이 목표였고, 후진타오, 시진핑은 경제개발이 낳은 문제들을 풀어 나가는 것이 목표다. 전자가 좀 더 우파적 정책에 관심이 컸다면 후자는 좀 더 좌파적 정책에 관심이 있다. 시진핑은 이제 부를 일으키는 것보다 부의 정당성을 따지는 데 집중하고, 근대적 도시를 새롭게 건설하기보다 개혁·개방 이후 드러난 농촌문제를 푸는 데 더 관심을 보일 듯하더구나. 인민들의 생활을 위협할 지경까지 급속히 악화되어 온 환경문제에 대한 관심도 높아질 거다.

사실 중국식 민주주의라는 틀 안에서 볼 때 시진핑의 과제는 서구가 주장하는 민주와 자유, 헌정이 아니라 부패와의 전쟁이다. 부패하면 당내 민주주의가 제대로 이루어질 수 없거든. 그것이 곧 지금 중국식 민주의 핵심이 될 거다. 중국은 지금 재산 신고제를 운영하고 있다. 공직자들이 재산을 신고하면 당 기율검사위원회에서 보관하고 관리한다. 인민들은 그 자료를 투명하게 공개하라고 요구하고 있다. 아마도 조만간 중국 공산당은 그 요구를 받아들여 재산 공개를 단행할 것이다. 부패를 막으려면 금융실명제도 실시해야 할 테지. 지금 전체적인 방향은 그쪽으로 가고 있다. 당이 감내할 자신감이 생기면 감행할 것이다.

우리 언론은 지금, 중국이 마치 북한처럼 권력을 세습도 할 수 있는 일인 독재국가인 것처럼 묘사한다. 무슨 상하이방이니 태자당이니 공청단이니 따위를 들먹이며 중국 정치에서 파벌이 미치는 영향력을 대단히 과대평가하는 경향이 있지. 그런데 잘 살펴보면 그 어느 집단도 권력을 길게 독점하지 못했고, 핵심 관료들의 출신 성분도 다 다르다. 미국이나 북한처럼 아버지와 아들이 대를 이어 최고 지도자가 되는 일도 없었다. 아마도 지금 한국에서 마오쩌둥이나 덩샤오핑의 자제들이 무얼 하고 사는지 아는 사람은 별로 없을 거다.

중국 공산당이 상명하복 체제라고 생각하는 것도 오산이다. 상급자라고 멋대로 명령하는 일도 드물고, 혈연, 지연, 학연 따위에 우리처럼 얽매이지도 않는다.

아빠가 중국에서 유학할 때 한국 사람들이 가장 자주 하는 실수가 뭐였는지 아니? 보통 처음 중국에 오는 유학생 부모들은 유학생 담당 사무처 원장을 찾아간다. 인사도 하고 선물도 한다. 공산당은 그런 조직이라 여기는 것이다. 원장한테 말하면 다 통한다고 믿는다. 하지만 짬밥이 되는 유학생들은 절대 원장한테 선물 들고 찾아가는 법이 없다. 필요하면 담당자를 찾는다. 그때 450여 명이 살던 우리 유학생 기숙사의 실세는 원장이 아니라 출입문 입구에서 매점을 보던 '아이阿姨'였지. 우리말로 아줌마. 원장도 그 아줌마에게 부탁한다는 것을 기숙사 고참들은 다 안다.

초기에 우리 기업들이 중국에서 실패한 것은 윗사람만 찾아다닌 탓도 크다. 그들은 중국 공산당이 위에서 시키면 다 되는 조직으로 알았다. 세상에 그런 조직이 어디 있겠냐만, 사업하는 사람들조차 시뻘건 색안경을 벗어던지지 못했던 거다. 중국 공산당이 독재한다는 우리식 선입견만 가지고 높은 자리에 앉아 있는 사람들만 상대하곤 했다. 연줄이 중요하다니까 노상 인간관계만 맺고 다녔다. 그러니 일이 될 리가 없다.

왕샤오링이라는 초기 중국인 한국 유학생이 있다. 한국이 중국과 무척 다르다는 것에 주목하고 중국인이 보는 한국에 대해 꽤 많은 글을 써 온 사람이다. 왕샤오링은 중국인들의 인간관계는 우리와 다르다고 말한다. 우리는 혈연, 동문, 동기 동창, 동향, 동아리 따위를 중시한다. 하지만 중국 사람들은 타고난 것이나 몸담았던 집단보다 살면서 맺게 된 개인과 개인의 관계를 더 중시한다고 한다. 사실 아빠도 중국에서 무슨 동창회니 동기회 모임을 본 적이 없다.

그가 밝히고 있는 통계 자료를 한번 볼까. 길에서 지나가는 교수님에게 고개를 숙여 인사하는 학생이 있다고 하자. 중국인의 60%는 예의 바른 학생이기는 하지만 꼭 그럴 필요 없다고 응답했다. 한국인은 83%가 당연한 일이라고 응답했다. 지나가는 직장 상사에게 고개 숙여 인사하는 것을 두고도 중국인의 54%는 꼭 그럴 필요 없다고 대답했고, 아부하는 행동이라고 대답한 사람도 26%에 달했다. 반면 한국인들은 70% 정도가 당연하다고 대답했다. 중국인들은 우리 짐작보다 상하 관계에 영향을 받지 않는다.

중국인들의 이런 태도는 한국 기업들을 대단히 곤혹스럽게 한다. 한국 기업인들이 털어놓는 중국 노동자에 대한 가장 큰 불만은 이기적이라는 것이다. 땡 하면 퇴근해 버리고, 술 한잔 하자고 해도 빼기 일쑤고,

돈을 조금만 더 주면 다른 회사로 옮겨 버린다는 것이다. 아직도 혈연, 지연, 학연 문화가 강하게 살아 있는 한국 기업으로서는 도저히 이해할 수 없는 태도겠지.

중국 공산당도 기본적으로는 이런 문화가 통한다. 그것이 꼭 좋다고만은 할 수 없다. 같은 학우들끼리나 직장 동료들 사이도 대단히 사무적일 때가 많다. 하지만 이런 문화가 중국 공산당의 인사 정책을 살려 낸다. 일당 체제일 때 공정하고 투명한 인사 정책이 무너지면 국가의 정통성이 흔들린다는 것을 그들이 누구보다 잘 안다.

중국은 주요 관료를 대부분 공산당 안에서 발탁한다. 목표를 잘 이루고, 조직을 잘 이끌며, 상부 조직과 관계를 매끄럽게 풀 수 있어야 더 위로 올라갈 수 있다. 마치 전통 시대 과거제도와 유사한 측면이 많다. 조직 안에서 능력을 보이고 모범이 되는 사람을 당원으로 선발하고, 어떤 능력을 보여 주느냐에 따라 상급 관료로 뽑아 올리는 방식이다.

산시 성에 따퉁이라는 도시가 있다. 우리나라의 삼천포만 한 도시란다. 얼마 전까지 긍옌보라는 사람이 그곳 시장을 지냈지. 그는 공산당 부서기이기도 했다. 따퉁은 다른 곳에 비해 발전이 더딘 지역이었고, 그도 승진이 그리 빠른 인물이 아니었다. 그는 그곳에 부임해 "모든 것을 다 허문다."라는 별명을 얻었다. 중앙정부에서 열심히 돈을 끌어와 가난한 농가들을 허물고 서민 아파트를 지어 나누어 주고, 황톳길을 무수히 포장해 낸 덕택에 얻은 별명이다. 그는 타이위엔이라는 성도의 시장으로 승진했다. 긍옌보가 그곳을 떠나는 날 수많은 따퉁 사람들이 거리로 나와 눈물로 그를 배웅했다 한다. 아빠가 그곳 여행사 직원에게 들은 이야기이다. 중국 관료들의 승진은 이런 식으로 업무 성과와 평판을 두루 살펴 이루어진다.

시진핑도 마찬가지이다. 시진핑도 중국에서 가장 낙후된 지역 중 하나인 허베이 성 정딩 현에서 근무했다. 개혁·개방의 성공을 아무도 예측할 수 없었던 1985년에는 개혁·개방의 중심지 푸젠 성 샤먼 시 부시장이 되었고, 양쯔 강 이남 지역에서 17년 동안이나 일했다. 국무원 부총리를 지낸 아버지 시중쉰의 후광을 입었지만, 정딩 현에서 민심을 얻지 못하고, 개혁·개방을 성공으로 이끌지 못했다면 그도 숱하게 널린, 도태된 태자당원 한 사람에 불과했을 거다.

중국 공산당 최고 지도부는 여럿이 이끄는 체제이다. 대개 10명 안팎의 상무위원이 국정을 운영한다. 주석은 상무위원 중 한 사람이 된다. 대개 다음 주석도 상무위원을 맡았거나 상무위원으로 올라가는 사람 중에서 나온다. 그런 점에서 시진핑이 다시 다른 사람에게 권력을 넘긴다고 하더라도 중국이 크게 변할 가능성은 없다.

일당독재가 문제가 되는 건 일당이 특정한 계층이나 계급을 대변하거나 옹호하기 때문이다. 그런데 중국 공산당은 꽤 오랫동안 프롤레타리아 중심의 정강 정책을 써 오다가, 최근 들어서는 부르주아 중심의 정책을 펴고 있다. 서로 다른 이념을 오가는 진폭이 굉장한 셈이다. 이제 중국 공산당은 특정한 정당이나 이념을 대변하는 정당을 넘어서서 그들만의 집체주의적 국가 체제를 완성해 가고 있다. 공산당 안에 좌파도 있고 우파도 있다. 자본주의로 더 나아가고자 하는 사람도 있고, 마오쩌둥 시절로 돌아가자는 사람도 있다. 당분간 공산당은 그들이 함께 내린 결정에 따라 진폭을 달리하며 앞으로 나아갈 것이다. 중국 공산당은 우리가 생각하는 공산당과는 많이 다르다. 우리가 생각하는 그런 공산당으로는 중국이 결코 오늘과 같은 성공을 거둘 수 없었을 거라는 걸 잊지 말아야 한다.

봄아. 아빠가 하는 이야기는 지금 중국이 문제가 없다는 말이 아니다. 중국의 집체주의가 민주주의를 구현할 수 있는 완벽한 제도라는 얘기는 더욱 아니다. 중국의 비판적 지식인 첸리췬이 한 인터뷰에서 그랬지. 미국도 중국도 한국도 지금 병들어 있다고. 미국 모델도 중국 모델도 그 병을 치유하기에는 한계가 있다. 위기의 시대인 것이다. 지금 중국은 급속한 개혁·개방에 따른 후유증을 호되게 앓고 있다. 내가 말하고자 하는 것은 중국도 자기식대로 민주주의를 좇고 있다는 것이다. 그렇다면 우리는 우선 서구식 대의민주주의만이 민주주의라는 틀에 갇힌 생각을 버리고 중국 공산당을 중심으로 한 집체 민주주의를 있는 그대로 보려고 해야 한다. 아빠는 지금, 우리가 소홀히 보아 넘긴 그런 제도의 장점들을 살펴보고 있는 것이다.

지금 중국 공산당은 여러 가지 과제에 직면해 있다. 자본주의가 밀려오면서 농촌과 도시를 개혁하는 과정에서 오래도록 부쳐 온 땅을 빼앗긴 농민들이나, 효율성을 높인다는 미명 아래 집단농장에서 쫓겨 나온 농민들의 저항과 시위가 거세다. 개혁·개방의 과실을 독차지하려는 부패한 관료들도 나타나고 있다. 그렇다고 우리가 지금 중국을 덮친 신자유주의의 폐해나, 최근 부각되고 있는 시진핑 친척들의 부패 따위를 꼬집으면서 중국의 치부를 들추어내는 일에만 힘쓸 때가 아니다. 그것으로 할 수 있는 일은 비난을 통해 도덕적 우월감에 빠지는 것 말고는 별로 없다. 폭로식 보도를 다 인정한다고 해도 과연 그것이 다른 나라들보다 심각한 수준인지, 시진핑은 그 부패와의 전쟁을 어떻게 벌여 나가고 있는지를 따로 살펴야 한다. 그리고 어쩔 수 없이 드리운 개혁·개방의 그늘을 걷기 위해 중국 정부가 얼마나 노력하고 있는지, 중국 인민은 이런 일들을 어떻게 받아들이고 있는지도 동시에 보아야 한다. 균형 잡힌 시각으로 보아야 우리는 중국의 미래를 조금이라도 더 정확하게 예측할 수 있다.

중국 공권력에 보내는 중국 인민의 지지와, 닥친 문제들을 풀기 위해 중국 정부가 기울이는 노력을 헤아려 볼 때, 중국 공산당은 당분간 순항할 것이 틀림없어 보인다. 이것은 중국이 자본주의를 얼마나 받아들이느냐 하는 문제와도 관련이 있다. 그런 점에서도 중국은 중국식 사회주의를 끌고 가면서 자본주의를 들여오는 속도를 조절할 것이다.

봄아. 다음 편지에서는 언론 문제를 가지고 중국의 민주주의를 한 번 더 들여다보도록 하자.

스물두 번째 편지 /

민주주의와 중국의 언론

2012년 1월 중국 광둥 성에 있는 〈난팡저우모〉라는 주간 잡지 기자들이 파업을 단행했다. 세계는 흔치 않은 이 사건을 주목했고, 한국의 언론들도 앞다투어 보도했다. 〈난팡저우모〉는 1월 3일자에 '중국의 꿈, 헌정의 꿈'이라는 사설을 싣고자 했다. 사설의 제목에서도 드러나듯 입헌 정치 실현과 권력 분산, 언론 자유 확대에 힘을 쏟아야 한다는 내용이었다. 이 주장은 시진핑 정부가 내세운 기본 정책을 한참 거스르는 내용이었다. 언론의 보도 내용을 관리하는 중국 공산당 광둥 성 선전부는 이 기사를 싣지 못하도록 막았다. 그 결과 사설은 '중화 민족의 가장 위대한 꿈인 중국의 부흥을 실현하자.'는 취지의 글로 바뀌어 실렸다. 기자들은 파업에 돌입했다.

봄아. 너는 이 사건을 어떻게 보니. 중국 정부가 언론을 탄압했다고 판단하니? 비판하기 이전에 이해해 보자. 자, 출발.

봄아. 〈난팡저우모〉는 〈난팡르바오〉의 계열사로 120만 부 가까이 발행되는 중국 최대의 주간지란다. 광둥 성에 있지만 전국 소식을 다루고, 19개 도시에서 발행되고 있으며, 전국에서 팔린다. 전통적으로 반정부 성향이 강하고, 서구 친화적 성향을 지니고 있지. 1990년대 이후 〈난팡저우모〉는 중국 정부에 비판적인 목소리를 많이 내 왔고, 정부한테 탄압도 수차례 받았다. 이건 광둥 성이라는 지역 특색이 크게 영향을 미쳤지. 근대 이후 광둥은 상하이와 쌍벽을 이루며 서구 문물과 사상이 들어오던 '문'이었거든. 그래서 지금도 이 지역은 베이징에 비해 대단히 자유주의적이고, 서구적인 성향을 보이고 있단다. 덩샤오핑이 개혁·개방을 선언할 때 그 유명한 남쪽 여행을 한 이유도 이런 성향과 관련이 있다. 아빠가 다니던 상하이 푸단 대학에도 참 우파가 많았다. 지나치리만큼 서구식 제도와 사상에 환상을 품은 교수와 학생들을 쉽게 볼 수 있었지.

인권 외교를 활용하고 있는 미국이 보기에 〈난팡저우모〉의 이 같은 행보는 대단히 매력적일 수밖에 없다. 2002년 〈뉴욕 타임즈〉는 "중국에서 가장 영향력 있는 진보 신문"이라 평가했다. 사회주의를 내세우고 있는 중국에서 〈난팡저우모〉의 역할을 진보라고 규정하는 것이 틀린 평가는 아니다. 왼쪽 날개로 날고 있는 새한테 오른쪽 날개를 달아 주는 격이니까.

그런데 미국은 중국이 좀 더 행복한 나라가 되어 주기를 바라는 마음에서 〈난팡저우모〉에 관심을 두는 것은 아닌 듯하다. 2009년 중국을 방문한 버락 오바마 대통령은 〈런민르바오〉나 〈신화통신〉을 제쳐 두고 〈난팡저우모〉에 단독 인터뷰 기회를 주었다. 오바마식 인권 외교 전략이 빛을 발하는 순간이었지. 중국 정부가 싫어하리라는 걸 뻔히 알고도 미국은 그런 선택을 통해 중국이 언론을 통제하는 국가라는 이미지를 전 세계에 널리 홍보하고자 했다. 중국 정부는 오바마 정부가 예상한 대로 인터뷰 기사를 몽땅 삭제했다. 세계는 이 사실을 들어 중국의 언론 통제를 비난했다.

이번에도 〈월스트리트 저널〉은 〈난팡저우모〉의 파업이 중국 전역의 반체제 활동가들을 집결시키는 계기가 되었고, 중국 정부는 그들을 체포하기 시작했다고 보도했다. 중국은 다시 한 번 통제 국가로 남게 되었다.

언론 탄압에 대한 비난이 서구에서만 터져 나온 것은 아니었다. 중국 안에서도 반발이 있었다. 〈난팡저우모〉 사태가 벌어지자 기자들은 파업으로 맞섰다. 많은 인민들이 정부의 조치를 언론 탄압이라 규정하고 반발했다. 소수였지만 시위도 벌어졌다. 여태껏 보기 힘든 새로운 현상들임에는 틀림없다. 개혁·개방과 더불어 유입된 서구적 민주주의 가치로 중국을 재단하고 비판하는 중국 인민들이 늘어나고 있다는 의미겠지.

〈난팡저우모〉의 내부 검열을 맡았던 직원이 "은퇴하면 서방 국가에 가서 자유의 햇살을 흠뻑 받고 싶다."고 토로하고 있는 것도 한 예가 되겠다. 인터넷과 SNS는 중국 공산당의 공식 입장과 다른 견해들이 표출되는 진원지가 되고 있다. 이번 사태가 커지는 데는 중국식 트위터, 웨이보가 큰 역할을 했다. 유명 작가 리청펑은 〈난팡저우모〉의 파업을 인터넷에서 공개적으로 지지했다가 정부를 지지하는 세력들한테 폭행을 당하기도 했다.

한국의 언론들도 이 사태를 꽤 장기간 집중 보도했다. 〈난팡저우모〉 사태를 다루는 대대적인 보도를 접한 독자들은 중국을 바라보는 몇 가지 기존 인식에 더욱 확신을 가진 것 같더구나. 하나. 중국은 언론의 자유가 없거나 상당히 통제되고 있다. 둘. 중국 공산당은 자신들의 이익을 위해서라면 언론 통제도 마다하지 않는다. 셋. 중국 공산당에 반대하는 중국 인민들의 반감이 거세지고 있다.

한국 진보 언론의 보도 역시 미국이나 보수 언론과 별다른 차이가 없었다. 다만 '언론 탄압에 저항하자.'는 메시지를 추가했을 뿐이다.

〈한겨레신문〉은 이 사태를 이렇게 평가하고 있다.

"시진핑 지도부가 연일 강조하고 있는 부정부패와 관료주의 해소, 부의 공정한 분배와 빈부 격차의 축소, 국제 무대에서의 중국의 소프트 파워 등을 실현하려면 언론의 감시 기능이 절실하다. 하지만 기득권층은 권력과 돈을 독점한 현실에 '위협'이 될 수 있는 언론을 계속 통제하려 한다."

이 논리는 우선 독립된 언론이 최대의 민주를 만들 수 있다는 서구식 언론관 위에 서 있다. 두 번째는 현재 중국을 권력과 돈을 가진 기득권층과 그렇지 못한 계층으로 나누고, 중국 공산당이 기득권층을 대변하기 위해 언론을 통제한다고 보고 있다.

그렇다면 이 기사는 중국을 보는 '틀'에 문제가 있다. 지금이 마오쩌둥 시대라면 이 분석은 그런대로 설득력이 있을 수도 있겠다. 냉전 시기 사회주의 중국은 적과 아군이 얼추 선명하게 나뉘어 있었고, 권력을 가진 기득권층이라 할 수 있는 집단이 분명히 존재했고, 중국 정부는 이른바 그 기득권을 보호해 나가려는 의지가 분명했다.

그런데 덩샤오핑이 등장하고 난 이후에는 모든 것이 뒤섞여 불분명해져 버렸다. 권력과 돈도 경계가 흐려졌다. 중국 공산당원이 돈을 다 가지고 있는 것도 아니고, 당 관료가 자본가인 것도 아니다. 그렇다고 자본가가 당 권력을 좌우할 수 있는 것도 아니다. 자본가가 당 관료가 될 수 있는 것은 더더욱 아니다. 당이 늘 자본가나 자본의 편을 들고 있는 것도 아니다. 지금 중국에서 그들은 한패이기도 하고 아니기도 하다. 그러니 이런 식으로 결론 내리는 건 중국의 현실과 동떨어진 교조적 비판이다.

〈난팡저우모〉 사태는 2013년 중국에서 일어났다. 2013년 한국에서 이 나라 주류의 시각으로 읽을 때 그것은 결코 제대로 해석될 수 없다. 〈난팡저우모〉 사태는 중국 공산당과 〈난팡저우모〉 사이에서 벌어진 일이다. 우리 언론은 〈난팡저우모〉의 입장에는 충분히 귀 기울이고 있다. 그런데 중국 정부가 왜 그랬는지에 대해서는 관심이 없지. 여기서도 신화 속 중국을 그대로 따오고 있을 뿐이다.

그럼 이 사건을 구체적인 시공간 속에 한번 놓아 보자. 그리고 중국 정부가 〈난팡저우모〉 사설을 마음대로 못 싣게 한 까닭이 뭔지 우리 한번 살펴보자.

중국 언론은 여전히 중국 공산당의 입장을 대변하고 인민의 의견을 수렴하는 하나의 부서 노릇을 하고 있다. 그런 점에서 아직 중국의 모든 언론은 기관지인 셈이다. 〈난팡저우모〉 또한 이른바 우리가 말하는 중국 정부의 기관지란다. 말도 안 된다고? 진짜다. 우리가 〈런민르바오〉

나 〈환추스바오〉를 일러 기관지다, 관방 신문이다, 강조하지만 그건 잘못된 표현이다. 민간 자본을 들인 언론이 중국에도 생겨나고는 있지만 아직은 정부의 보도 지침 안에서 움직이고 있어 엄밀한 의미에서 기관지나 관방 신문이 아닌 독립 언론은 없다. 다만 주로 담아내는 목소리의 성향이 기관지별로 차이가 있을 뿐이다. 〈난팡저우모〉가 서구식 민주주의에 관심이 많은 반면, 〈환추스바오〉는 이 사건을 두고 "외부 세력이 〈난팡저우모〉 기자들이 정부와 맞서도록 사주하고 있다."고 주장하는 사설을 실을 만큼 중국식 사회주의를 지지한다. 〈신화통신〉 같은 주요 언론들은 일제히 〈환추스바오〉의 사설을 옮겨 실었다.

〈난팡저우모〉는 기본적으로 중국의 우파 노선을 대변한다. 개혁·개방 이후 중국의 우파들은 더 많은 자유가 더 많은 민주를 만든다는 판단 아래 서구식 민주주의를 받아들이자고 주장해 왔다. 그들은 법치주의와 삼권분립, 언론의 독립 같은 가치가 중국을 더 나은 나라로 만들 것이라 여긴다.

반면 〈중궈칭녠왕〉이나 〈환추스바오〉 같은 매체는 중국 좌파의 목소리를 충실히 대변해 낸다. 그들은 여전히 서구가 중국을 붕괴시키고자 하고 있고, 서구의 민주주의보다 중국식 집체적 민주주의가 중국에 더 이로우며, 역사적으로 그것이 증명되어 왔다고 주장한다. 이대로 서구의 제도를 빠르게 받아들였다가는 중국의 민주가 무너지고 또다시 혼란과 분열의 시대로 나아가게 될 거라고 본다. 중국 정부는 경제적으로는 자본주의로 더욱 나아가는 데 한층 자신감이 붙었지만 정치나 사상적으로는 여전히 좌파의 영향력이 강하다. 가장 대표적인 중국 신문

〈런민르바오〉가 여전히 정치적으로 보수적 좌파 성향을 보이는 것은 그 런 연유다.

〈난팡저우모〉는 중국 공산당 소속 매체란다. 중국 공산당 광둥 성 위원회의 보도 사업을 수행해야 하고, 당의 관리 감독을 받는 것은 중국이라는 체제에서 보면 당연한 거지. 역사적으로 중국은 언론에게 그런 일을 맡겨 지금까지 내려오고 있는 것이니 기사를 바꾼 것 또한 법과 관례에 어긋나지 않는다. 중국 공산당이 운영되는 방식을 염두에 둔다면, 전체 각급 당위원회의 의견을 모아 상무위원회에서 정한 새해 국정 방침을 몇몇 기자들이 바꾸는 것이 오히려 비민주적 처사이다. 그들은 "〈난팡저우모〉의 신년사, 보도, 평론 내용 역시 당의 선전 사업 방향과 일치해야 하며 결코 당과 나뉘거나 맞서지 않아야 한다."고 본다. 만약 중국 정부가 기득권층을 대변하고자 언론을 탄압하기 위해서 〈난팡저우모〉의 기사를 고쳐 싣게 했다면 왜 여러 차례 문제를 일으켜 온 〈난팡저우모〉를 아예 폐간해 버리지 않았겠니.

중국에서 언론이 맡고 있는 일은 서구와 많이 다르다. 사회주의 중국에서 신문이 해야 할 가장 큰 일은 당의 방침과 정책을 전달하고 인민들의 생각을 하나로 묶어 나가는 것이다. 이게 가장 큰 차이이다. 서구에서는 정부가 이 일을 한다. 언론은 민의를 정부에 전달하는 기능만 맡는다. 그런데 중국 언론은 민의를 당에 전달하기도 하지만 이른바 선전과 교육이라는 기능을 가장 앞세운다. 언론은 정부를 비판하는 도구가 아니라 각급 위원회를 거쳐 결정된 사안을 인민들에게 설명하고 참여를 독려하는 도구거든. 중국은 학문과 권력이 분리되어 있지 않은 것처럼 언론과 권력도 나뉘어 있지 않다.

그렇다면 중국에서 민의는 어떻게 전달되는 것일까. 우리와 달리 중국의 언론인들은 이미 각급 당위원회에서 민의를 위로 전달할 기회가 있다. 중국 공산당도 〈난팡저우모〉 내부에서 일을 하는 방식을 놓고 의견 충돌이 생기는 것은 당연하다고 받아들이고 있다. 하지만 전체 결의나 그것을 대표하는 상급 위원회가 내린 결정을 무시하고 일부 기자나 개별 신문사가 독자적인 판단을 싣거나 바깥으로 퍼뜨리는 것은 원칙에 어긋나는 일로 여긴다. 그런 일은 중국의 민주주의를 실현시키기보다 비판을 위한 비판을 부르거나 외부 세력에 이용당하는 결과만 낳는다는 것이다. 그러니 중국 공산당은 오히려 〈난팡저우모〉 기자들의 파업이 중국의 민주에 어긋나는 일이라고 보는 것이다.

중국은 여태 우리와는 전혀 다른 집체 민주주의 체제 안에서 그들식 민주를 추구해 온 나라다. 그런 점에서 한국 언론은 중국 관방 언론의 성격을 잘못 이해하고 있다. 중국의 관방 언론과 우리의 관제 언론은 다르거든. 쉽게 말하면 중국의 〈런민르바오〉는 우리나라의 KBS보다 〈새누리당 당보〉에 가깝다. 중국은, 정부는 권력을 행사하고 언론은 감시하는 서구적 민주주의 방식 아래 돌아가는 나라가 아니다. 중국 공산당 안에 정부의 기능과 언론의 기능이 나뉘지 않은 채 통합되어 있는 모양새다. 아마 새누리당도 내부적으로는 치고받고 싸울 게다. 그래도 당보에는 최종 결론만 나온다. 집체적 체제가 그렇다. 내부적으로 치열한 노선 싸움이 있다 하더라도 언론에는 최종 결론만 보도되는 법이다.

중국 공산당이 새누리당과 다른 점은 중국 공산당 안에 다양한 노선과 계파들이 중국의 발전과 민주주의를 이루고자 공존하고 있다는 것이다. 지금 중국 공산당에는 새누리당도 있고, 민주당도 있고, 통합진보당도 있다. 새누리당이 경상도에서 강하듯 중국도 남부 지방에서는 아직 우파적 성향이 강하고, 베이징은 정치의 도시답게 좌파적 성향이 강한 식으로 특색을 드러내기도 한다. 지금 공산당 내에서는 그들 간의 알력이 때로는 노선 투쟁으로, 때로는 파벌로 드러난다.

언론은 그들의 '결정'을 발표한다. 마치 교황 선출과도 같은 방식이다. 안에서 치열하게 다른 주장들을 주고받다가 결과가 나오면 그것을 발표하고 자, 다 같이 승복하고 따르자는 것이다. 〈런민르바오〉에 실리는 이야기가 대부분 중국 공산당의 최종 결론이라고 보면 맞는 것도 그런 까닭이다.

한국 언론이 여론을 빌려 정부에 요구하는 일이 중국에서는 공산당 내부에서 이루어진다. 자기네들끼리 치고받고 치열하게 싸운다. 일주일에 반나절씩 모여 회의를 할 때는 문 걸어 놓고도 싸운다. 그런 점에서 볼 때 이번 〈난팡저우모〉 기자들의 반발은 새누리당 의원 중에 한 명이 나와서 당론과 전혀 다른 이야기를 한 것과 비슷한 일이 벌어진 것이다. 중국 정부는 내부 조율을 원활하게 하지 못해 당론과 다른 이야기를 한 홍보처 담당자를 경질하는 수준에서 이 사건을 마무리했다.

중국에는 어용 언론인, 어용학자라는 개념이 거의 없다. 우리 사회에서는 이 개념이 군부독재 시절에 탄생했다가 나중에 김대중·노무현 정부로 들어서면서 많이 약해졌다. 그걸 떠올리면 쉽게 이해가 될 거다. 정부에 정통성이 부여되면 그런 의식이 희박해지는 게 당연할 테지. 학문도 언론도 사람들이 살기 좋은 세상을 만들기 위한 일 아니더냐. 중국의 이런 관념은 아마도 혁명을 거쳐 오면서 만들어진 집체주의 체제 아래 생겨난 자연스러운 방식일 거다. 집체주의는 그런 것이 분리되어 있지 않다. 일종의 공동체적 사고다. 특히 혁명 시기 중국은 정치와 언론이, 정치와 학문이 나뉘어 있을 수 없었다. 마오쩌둥은 최고 권력자이자 뛰어난 언론인이었고, 시인이자 문학가였다. 공산당 안에서 모두가 언제든지 그 어떤 역을 맡아야 하는 체제일 수밖에 없었던 거다.

아빠가 중국 공산당의 당내 민주주의에 대해 다시 생각해 보게 된 건 내가 다니던 대학에서 이루어지던 회의들을 목격하면서부터였다. 우선 상상을 초월할 정도로 치열하게 토론했다. 계급장 떼고 붙었다. 연공서열 그런 것도 없었다. 주제도 거칠 것 없었고, 오가는 이야기도 불꽃이 튀겼다. 우리 같으면 다시 얼굴 보지 않을 정도로 끝장으로 치달았다. 하지만 끝나고 나면 무슨 일이 있었느냐는 듯 철 밥통 들고 같이 식당으로 가더구나. 그렇게 토론해서 결정된 사안에 대해서는 대부분 적극 따른다. 중국의 관료나 공산당원들이 대부분 비슷비슷한 판단과 생각의 틀을 가지고 있는 것도 그런 연유에서이다. 그러니 결정에 승복하지 않고 딴소리하면 가혹한 처벌이 따른다.

혁명을 거친 그들은 서로가 적이 아니라 동지라는 사실을 잊지 않는다. 분열하면 나라가 어수선해진다는 것도 잘 알고 있다. 그래서 그들은 대부분 협상으로 해결책을 찾아낸다. 우리와 달리 개인 간의 정책의 차이나 토론의 과정, 투쟁 방식 따위를 바깥에 잘 드러내지도 않는다. 중국 특파원들이 역설적이게도 주로 외신에 기대 기사를 쓰는 이유이기도 하다. 우리는 '차이'와 '과정'을 드러내는 것이 민주에 더 가깝다고 생각하고, 그들은 드러내는 것이 오히려 분열만 가져온다고 생각한다. 그래서 중국 언론에는 대부분 토론과 투쟁의 결과만이 보도된다.

중국 공산당은 각 단위별로 집체 학습을 실시한다. 집체 학습은 위에서 결정된 사안을 전달하고 교육하는 장일 뿐만 아니라 당원들이 토론을 해 나가고 의견을 한데 모으는 자리이기도 하다.

그들은 국가 현안뿐만 아니라 다양한 사안을 놓고 토론한 뒤 그 결과는 자료로 남기고, 상부에 보고한다. 예전에는 일주일에 반나절씩 시간을 정해 놓고 하던 것이 요즘은 필요할 때마다 모이는 것으로 바뀌어 가고 있지. 참가자들은 개인 기록부에 자료를 남기고, 이 기록은 나중에 인사이동과 승진에 반영된다. 촌은 촌 위원회에서, 현은 현 위원회에서 이런 모임을 갖는다. 촌장은 촌장끼리, 현장은 현장끼리, 성장은 성장끼리 모여 집체 학습을 한다. 최종적으로 중앙의 정치국원들은 정치국원들끼리 한 달에 한 번 모여 토론을 해 나간다. 우리가 짐작하는 것보다 훨씬 치열하게, 투쟁으로 보일 만큼 말이다.

물론 문제는 이런 중국식 민주주의가 민주를 실현하는 데 효율적인 제도인가 하는 거다. 우리가 보듯 중국식 집체주의는 효율적인 억압과 통제 장치일 수도 있다. 그러나 중요한 것은 제도 그 자체가 아니다. 서구식 민주주의 방식에도 억압과 통제는 존재한다. 대의민주제와 언론의 독립에 바탕을 둔 서구식 민주주의만이 민주를 구현할 수 있는 유일한 수단이라는 명제는 아직 증명되지 않았다. 정치철학자 셸던 월린은 미국의 민주주의를 두고《이것을 민주주의라고 말할 수 있을까》라고 따져 묻고 있다. 솔즈베리 대학에 몸담고 있는 남태현 교수는《왜 정치는 우리를 배신하는가》에서, '대의제의 함정'을 한국 정치를 예로 들어 보여준다.

민주주의의 형식이 실제 민주를 보장하는 것은 아니다. 권력 쥔 자들은 늘 형식을 초월하는 다양한 민주 조정 장치들을 발명해 내기 때문이다. 이웃 일본도 다당제를 시행해 왔지만 다른 정당이 집권하게 된 것은 불과 몇 해 전이다. 민주주의의 상징처럼 보이는 미국도 양당제가 바탕을 이루고 있지만 두 정당 간 정책 차이가 그리 크지 않다. 따져 보면 서로 다른 두 정당이 정권을 주고받아 온 미국이, 같은 공산당 내에서 마오쩌둥 시대를 지나 덩샤오핑 시대로 넘어가면서 등장한 정책 변화보다 큰 변화를 겪은 적이 거의 없었다.

봄아. 물론 아빠도 중국식 집체 민주 제도가 최고의 민주주의 제도라고 주장하고자 하는 것은 아니다. 삼권분립과 대의제만이 민주주의를 이룰 수 있다는 서구식 사고 틀로는 중국이라는 나라를 제대로 이해할 수 없다는 것을 말하고자 하는 것이다. 결국 어떤 제도가 국민들의 삶의 질을 더 끌어올릴 수 있느냐 하는 '실질적 민주'가 가장 중요하다. 중국은 자신들이 모색한 방식으로 중국식 민주주의를 구현하고자 나아가고 있다. 중국식 민주주의는 다당제가 아니라 공산당의 영도를, 대의제가 아니라 집체주의를, 선거가 아니라 고과 제도를 통한 관료 선발에 기대고 있다. 그것을 통해서도 민주는 가능하다. 문제는 지금 중국 공산당이 실질적 민주를 실현하고 있느냐는 점이지.

실질적 민주는 무엇보다 중국인의 관점에서 바라보는 것이 필요하다.

중국 인민은 지금 중국을 어떻게 바라보고 있을까? 인민들은 기존의 통로로는 자신들의 의견을 다 전달할 수 없다고 판단하고 있는 듯하다.

전통적으로 중국 정부가 민의를 수렴하는 방식은 장쩌민이 새삼 강조한 대로 "직접 농민의 목소리를 듣고, 그들의 생각과 소망 그리고 싫어하는 것까지 알아내어 진정한 친구"가 되는 방식이었다. 하지만 중국 공산당도 이제 그런 방식만으로는 여론을 수렴해 나가는 것이 불가능할 만큼 시대와 환경이 다변화되어 가고 있다는 것을 잘 알고 있다. 중국 정부는 기존의 민의 수렴 제도를 큰 폭으로 강화해 나가면서, 인터넷에서 오가는 여론을 듣고 반영하는 일에도 새롭게 힘을 쏟고 있다. 한국보다야 못하지만 중국은 이 지구 상 어느 나라보다 인터넷을 활발하게 쓰고 있는 나라다. 영화 평부터 정부 비판, 부정부패에 대한 고발까지 다양한 일들이 그 속에서 이루어지고 있다.

개혁·개방 초기만 하더라도 중국 정부의 인터넷 검열은 심리적 불안감만큼이나 심했다. 그런데 개혁·개방에 대한 자신감이 붙으면서 중국 정부가 변하기 시작했다. 2008년 후진타오는 인민을 위한 정치를 하기 위해 업무 처리와 정책 결정 과정에 인터넷을 주요한 통로로 쓰겠다고 밝혔다. 지금 중국 정부는 인터넷을 적극 활용하고 있다. 각종 사회 부조리나 비리들이 우선 인터넷과 SNS를 통해 폭로되고, 신문이나 방송 같은 언론이 그것을 다루면, 정부가 해결하는 식이다.

이것은 앞으로 중국 언론이 나아갈 방향을 가늠하는 잣대이기도 하다. 중국 인민은 우리가 예상하는 것처럼 입헌정치, 권력분립, 언론 자유 확대와 같은 서구식 민주주의 가치를 실현시키고자 하기보다, 당분간은 자신들의 요구를 다양한 통로로 위로 전하고 중국 정부가 그것을 들어주도록 만드는 방식을 선호할 것이다. 위신과 공신력을 더욱 드높여야 하는 정부나 당으로서는 더 공정하고 적극적으로 그 요구를 듣는 쪽으로 나아갈 가능성이 높다. 그 일을 잘 처리해 인민들의 신망이 높은 관료는 승진할 기회가 늘고, 그렇지 못한 관료는 밀리게 되겠지.

2010년 미국 퓨 리서치 센터의 조사를 보면 중국인의 87%가 오늘날 중국에 만족하고 있다고 한다. 참가국 가운데 국가 만족도 1위를 차지했다. 2011년 다국적 PR 기업 에델만의 조사에서도 비슷한 결과가 나왔다. 지금 중국 인민의 92%가 자신의 생활 수준이 부모 세대보다 나아졌다고 대답하고 있다. 전 국민의 70%가 5년 전보다도 더 좋아졌다고 말한다. 하지만 이런 중국도 문제가 전혀 없는 것은 아니다.

지금 중국인들은 현재 중국의 상황에 이런저런 불만을 품고 있다. 물가 폭등, 빈부 격차, 부동산 가격 폭등, 환경문제, 취업난처럼 우리가 겪고 있는 문제들을 대부분 그들도 겪고 있다. 결국 중국식 민주의 성패는 제도 그 자체가 아니라 인민이 지금 앓고 있는 문제들을 어떻게 해결해, 안락하고 풍요로운 삶을 그들에게 가져다주느냐에 달려 있다고 보아야 한다.

중국 공산당에 대한 불만이 아주 없는 것도 아니다. 중국 공산당 또한 스스로도 예측하지 못한 수준의 변혁 앞에서 당혹해하고 있다. 하지만 대다수 중국인들은 그것이 서구식 민주주의를 받아들여서 풀 수 있을 것이라 생각하지 않을 것이다. 현 체제의 문제점을 서구식 민주주의 제도로 보완할 필요가 있다는 점에는 얼마쯤 고개를 끄덕이면서도 한

편 그것이 다시 중국을 분열시키고, 그들의 번영을 방해할까도 걱정한다. 아직 공권력에 도전하면서까지 그동안의 틀을 깨 나가야 한다는 쪽으로 나아가지는 않았다는 얘기다. 그런 점에서 인민은 당분간 중국 공산당과 함께 갈 것이 틀림없다.

한동안 중국 정부는 잘살고자 하는 인민들의 바람에 가장 큰 관심을 쏟을 거다. 중국은 지금 우리와 달리 분단 체제도 아니고, 다른 나라 군사력을 빌려야 하는 처지도 아니다. 특정한 기득권 세력이 지배하는 계급사회가 고착된 것도 아니지. 그들은 지금 경제개발이라는 마지막 구조적 문제를 해결하기 위해 전력 질주하고 있다. 당분간 이러한 과제에 집중하면서, 그 혜택을 인민들에게 돌리는 것이 최선의 민주주의라는 판단은 변함없이 유지될 것이다. 경제성장으로 얻은 과실로 사회보장제도를 정비하고 복지 제도를 확대하기 위해 애쓸 것이다.

정치제도도 급격한 변화를 시도할 가능성은 거의 없다. 중국은 아마도 지금까지 추구해 온 집체 민주주의의 외연을 넓혀 나가는 방식으로 그들식 민주를 만들어 나갈 거다. 형식적으로는 풀뿌리 민주주의, 즉 농촌의 촌민 위원회나 도시의 주민 위원회를 더 발전시키고, 인민대표대회를 강화해 나가는 쪽으로 공산당 일당의 한계를 극복하고자 할 테지.

봄아. 중국은 워낙 크다 보니 정책을 전국적으로 시행하기 전에 특정한 지역에서 실험 삼아 운영해 보는 기간을 둔단다. 개혁·개방을 전면으로 실시하기 이전에는 상하이나 광저우 같은 곳을 경제특구로 지정하고 그 결과를 지켜보았다. 중국은 주요한 정책을 펴기 전에 대부분 이런 실험을 거친다. 지금은 촌 단위에서 직접민주주의 실험을 하고 있다. 조만간 그 범위는 훌쩍 확대될 것이다.

당내 민주주의를 더 폭넓게 실현시켜 개혁·개방 시대에 새롭게 분출하는 중국 인민들의 바람을 이루어 주고자 애쓸 것이다. 공산당 간부들을 더 민주적이고 공개적인 방식으로 채워 나가는 방안도 검토할 테고. 당 간부와 정부 관료들의 부정부패를 척결하고, 권력의 투명성을 높여 나가면서 실질적 민주를 늘리는 방식으로 민주주의를 보완해 나갈 것이다. 아마 이것이 인민의 가려운 데를 긁어 주는, 중국식 민주 추구 방식이 될 것이다. 그리고 이러한 변화가 인민의 생각과 바람을 따라잡을 수 있다면 중국 공산당은 살아남을 것이다.

자본주의 세계 체제로 더욱 성큼 들어서는 지금, 변화하는 세계에 대처하자면 중국은 서구식 민주주의 제도를 어떤 형태로든 들여오지 않을 수 없을 것이다. 하지만 철저하게 속도와 강도를 조절해 나가겠지. 그건 그네들의 역사적 공포와 관련이 있는 문제거든. 그들은 미국과 서구가 여전히 그들을 친구가 아니라 적으로 대하며 언젠가는 붕괴되어야 할 악의 축으로 여기고 있다고 믿고 있다. 아마도 그들은 자신이 생길 때까지 기다릴 것이다.

아빠가 처음 상하이에 도착했을 때 기숙사에는 철조망이 둘러쳐져 있었다. 처음에는 유학생들을 중국인들의 범죄에서 보호하기 위한 조치라고 생각했다. 그러다가 어느 순간 깨달았다. 그것이 서구를 막는 심리적 방어막이라는 것을. 모든 유학생은 기숙사에 머물러야 했고, 중국인들이 들어올 때는 기록을 남겨야 했다. 지금 중국에서 공부하는 아빠의 제자들은 얼마든지 기숙사 밖 어디서든 거주할 수 있다. 그러기까지 20년 남짓 걸렸다.

서구의 정치제도를 받아들이기까지는 더 오랜 세월이 걸릴 거다. 중국의 실질적 민주에 그것이 도움이 된다고 판단할 때에야 가능하겠지. 중국 공산당과 인민들이 필요하다고 느끼고, 잘 운영해 나갈 수 있을거라는 자신감이 붙을 때 비로소 중국은 서구의 제도를 주저 없이 들여올 것이다.

변수는 많다. 미국이 지금처럼 아시아 회귀를 내세우고, 일본이 평화헌법을 파괴하고, 한국이 MD 체제로 들어선다면 그들은 더욱 폐쇄적으로 변해 가겠지. 역사는 그렇게, '서로' 만들어 가는 것이란다.

스물세 번째 편지 / 만들어 가는 한중 관계 : 이제 네가 주인공이다

봄아. 이제 우리 이야기를 마감해야 할 시간이다. 너에게도 의미 있는 시간이었으면 좋겠구나. 어쨌든 아빠는 너한테 해 주고 싶었던 이야기를 얼마쯤은 할 수 있어 기쁘다. 친구 사이가 그렇듯 부모와 자식 사이도 취향이 비슷하고 세계관이 같다면 얼마나 행복하겠니. 이 이야기들이 너와 내가 좀 더 서로를 이해하고 좀 더 비슷한 세상을 꿈꾸면서 사는 계기가 될 수 있었으면 좋겠다.

또한 너와 아빠가 나눈 이야기에 공감하는 사람들이 많았으면 하고 희망한다. 이 땅에, 서로를 적이 아니라 친구라 여기고, 내가 하나 더 가지기보다 같이 나누고자 하고, 싸움보다 평화를 사랑하고, 돈보다 더불어 사는 마을을 물려주고자 하는 사람들이 한 명이라도 더 늘어났으면 좋겠다.

아빠 이야기를 들으면서 아마도 한 번쯤은 아빠가 너무 모든 것을 중국 편에서 이야기하고, 중국에게 다 양보하고, 중국을 너무 좋게만 보려

한다고 생각했을지 모르겠구나. 그런 짐작이 틀린 것만은 아니다. 나는 의도적으로 중국 편에서 이야기해 보고자 했고, 우리부터 공유 정신을 갖자고 말했고, 중국을 좋게 보려고 노력했다. 왜냐하면 우리는 지금까지 너무 중국을 나쁘게만 봐 왔고, 중국 쪽 이야기를 들어 보지 못했고, 우리 것만 챙겨 왔기 때문이다. 중국이 우리가 보듯 꼭 그런 것만은 아니다, 그런 이야기를 하고 싶었다.

사실 너뿐만이 아니라 그동안 많은 중국 전문가들도 내 주장을 두고 이런 오해를 해 왔단다. 지난 20여 년 동안 아빠가 해 온 작업들이 중국을 볼 때 우리가 쓰고 있는 삼색 렌즈를 벗겨 내리려던 글들이다 보니 자연스럽게 중국을 위한 변명처럼 들린 듯하다. 사실, 내가 그간 써 온 글들이 중국에 아주 우호적인 것은 사실이다. 중국의 잘못된 점이나 걱정스러운 점을 꼬집기보다 우리가 보지 못한 좋은 점이나 희망적인 면을 드러내는 데 힘을 쏟았으니 말이다.

하지만 우리나라 전체 중국에 관한 인식을 놓고 보면 여전히 아빠의 관점은 비주류이고 힘없는 소수자의 관점이다. 대단히 근중·친중적이라 할 수 있을 만큼 편향적이지만, 여전히 주류가 훨씬 더 근미·친미적이고, 반공적이며, 반민주적이고, 반평화적이기 때문이다.

중국 비판은 이미 다른 사람들이 많이 했다. 냉전 시기부터 죽 해 오던 일이기도 하다. 거대한 학문의 진원지라 할 수 있는 미국에서는 지금도 체계적으로 진행되고 있다. 아침 신문을 열면 적어도 한 꼭지 이상은 마주칠 수 있는 것이 주류의 중국 비판이다. 한국 사회는 여전히 중국을 균형 있게 이해하는 힘이 부족하다. 아빠는 새가 다른 쪽으로도 날

갯짓을 해야 한다고 믿는다.

때로는 나도 '균형 잡힌 시각을 가진 중국 전문가'로 평가받고 싶은 유혹을 느끼곤 한단다. 중국이 이 지구 상에 존재하는 가장 이상적인 국가도 아니고, 나 또한 그들이 품고 있는 문제를 보지 못하는 것도 아니다. 한국의 어느 중국 연구자 못지않게 일찍이 중국을 경험했고, 그곳에서 여러 해를 살았고, 지금껏 꾸준히 중국을 관심 있게 살펴 왔다. 만약 중국의 문제점을 꼽는 대회에 나가면 트로피 하나쯤 거머쥘 자신이 있다. 자본주의를 넘어서는 대안으로서 사회주의에 희망을 품었던 한국 진보주의자들이 맛본 실망감도 충분히 공감한다. 그러니 나도 때로는 바람직한 중국상을 그려 놓고 오늘날 중국의 모습을 비판하고 싶을 때도 있단다.

그런데 아빠가 지금 해야 할 일은 그런 일이 아닌 듯하다. 그런 일은 지금까지 너무 많은 사람들이 해 왔고, 사실 넘쳐서 문제가 되고 있다. 아빠는 이 땅에 사는 사람들이 시름없이 평화롭게 사는 일에 조금이라도 보탬이 되고 싶다. 한중 관계를 큰 문제 없이 좀 더 평화롭게 풀어 가는 일에 뭐라도 하고 싶은 것, 그것이 내가 남은 삶에서 이루고 싶은 꿈이다. 이 글은 중국을 위한 변명이 아니라 대한민국을 위한 쓴소리이다. 우리가 잘 살자면 어떻게 해야 하나, 아빠 나름의 고민이 담긴 글이다. 우리는 평화롭게 잘 살아야 한다. 우린 그럴 권리가 있다.

2014년 새해 셋째 날 아빠는 산시 성 핑야오라는 곳에 머물렀다. 그날 저녁 함께 간 학생들과 〈다시 핑야오에서 만나자〉라는 대형 실경 공연 한 편을 보았지. 아빠는 그곳에서 중국의 꿈을 또 하나 만났다. 참 아름다운 꿈이었다.

〈다시 펑야오에서 만나자〉는 장이머우가 공동 연출가로 참가한 '인상 시리즈' 가운데 하나란다. 거대한 실내 무대에서 벌어졌지만 실경 공연이라 해도 무방할 만큼 거대한 세트장에서 관객이 배우들을 마음대로 따라다니면서 관람하고 참가하는 공연이었다. 내가 마치 그 이야기 속의 일부가 된 듯한 착각을 일으킬 만큼 놀랍도록 생생했다.

다른 곳에서는 실제 자연이나 삶의 터전 속에서 공연된다. 연극이기도 하고 영화이기도 하다. 뮤지컬이기도 하고, 관중 참여극이기도 하다. 무대가 세트이기도 하고, 자연이기도 하다. 전통과 현대가 어우러져 있었고, 관객과 배우가 나뉘지 않았고, 객석과 공연장이 따로 없었다. 〈난타〉의 기교와 〈라이온 킹〉의 조명과 〈블루 맨 그룹〉의 행위 예술과 라스베이거스의 온갖 이름난 공연들이 지닌 장점을 한데 모아 놓은 선물 세트였지만 대단히 중국적이었다. 떠오르는 중국의 힘을 느낄 수 있을 만큼 화려하고 완성도가 높기도 했고, 무엇보다 거대한 무대 위에 수많은 인원을 동원해 전통 중국을 살아 있는 문화로 부활시켜 놓았더구나. 사회주의 토대가 살아 있는 중국이 아니면 상상할 수 없는 규모였다.

펑야오라는 곳은 우리나라 전주보다도 훨씬 조그마한 도시이다. 그곳에 우리 돈으로 8백억 정도를 들여 공연장을 지었다. 땅값이야 안 들었을 테니까, 우리식으로 비용을 뽑자면 엄청난 투자가 되겠지. 한국의 자본가들이 볼 때는 미친 짓이다. 수지타산만 생각하면 결코 벌일 수 있는 일이 아니다. 입장료도 무지하게 싸다. 우리 일행도 한 사람이 3만 8천 원쯤 냈다. 그런 어마어마한 무대에 수백 명이 나와 두 시간 넘게 벌이는 연극치고는 말이 안 되는 가격이다. 맨해튼이나 라스베이거스에서 벌어지는 공연에 견주면 터무니없지. 아빠는 뉴욕에서 〈라이온 킹〉을 그 몇 배를 주고 보았다.

중국은 어떻게 이것이 가능할까. 국가가 투자를 했기 때문이다. 이 '인상 시리즈'는 중국 스스로가 전통 문화를 계승·발전시켜야 한다고 생각하는 지역에 하나씩 만들고 있다. 리장, 항저우, 무이 산, 양수오 같은 작은 도시나 시골 마을에 말이다. 하나같이 상업적으로 수지타산을 맞추기 어려운 곳들이다.

국가는 왜 이 미친 짓에 동참했을까. 사라져 버린 민족 문화를 오늘에 맞게 되살리고 이어 보겠다는 것이다. 뒤처진 지역을 개발하고자 하는 전략도 깔려 있다. 대도시로 나오지 않더라도 자신이 사는 곳에서 인민들이 고급문화를 누릴 수 있도록 해 주고자 하는 배려도 작용했다. 그곳에 사는 사람들이 도시로 나오지 않고도 그 속에서 평생을 살며 행복할 수 있는 틀을 모색하는 일이기도 하다. 중국의 꿈이 잘 버무려진 기획인 셈이다.

그들의 꿈은 어느새 내 꿈이 되었다. 나도 우리 땅에서 '용화'가 실현되는 삶을 살아 보고 싶어졌기 때문이다. 고향을 떠나 대도시에서 하루하루 쾌락으로 연명하는 삶이 아니라 저마다 살아오던 곳에서 특색 있는 지역 문화를 중심으로 하나의 공동체를 이루어 행복하게 살 수 있는 꿈.

이 공연에는 대략 수백 명이 넘는 배우가 참가한다. 하루에 두세 번 공연을 하니 전체 참가 배우는 그 배가 넘을 것이다. 제작진까지 포함하면 천여 명에 이르겠지. 배우와 제작진들은 다른 곳에서 데려오기도 하지만 대개는 지역에서 뽑는다. 그곳의 돌로 그곳 사람들이 만드는 운주사 천불천탑처럼 자급자족하고자 하는 것이다.

그러려면 전문 배우나 제작진을 길러 내는 학교가 들어서야 한다. 중국은 사회주의 시절 전문 교육에 일찍부터 힘을 쏟았다. 대학도 종합대학보다 전문대학이 많았다. 중국 최고의 대학으로 불리는 칭화대학도 한때 이공계 전문대학이었다. 성적에 맞춰 학교를 줄 세우기보다, 저마다 특성을 살려 키우고자 한 것이다. 직업에 높고 낮음이 없고 돈벌이도 큰 차이가 없었으니 그것이 가능했지. 아직도 그 토대는 남아 있다.

이제 핑야오는 많은 젊은이들이 굳이 도시로 유학 갈 필요 없이 그곳에서 자라 교육받고 일자리를 얻어 여생을 보낼 길이 열리는 셈이다. 무용 학교도 들어설 것이고 연극 학교도 세워질 것이다. 제목 그대로 핑야오가 다시 옛날 그 공동체로 부활하고 있는 것이다. 나이 들어 몸집이 불고 백발이 성성해져도 관객들에게 표 팔고 줄 세우고 잘 가라고 인사하는 사람으로 살아갈 수 있겠지.

〈다시 핑야오에서 만나자〉가 인상적이었던 또 하나는 공유하고자 하는 정신을 보여 준다는 점이다. 입장료가 싼 것도 그렇지만 더욱 놀라운 것은 관객들이 공연을 마음대로 촬영해도 된다는 점이다. 물론, 관람권에는 금지한다고 써 있기는 하지만, 사진은 말할 것도 없고, 동영상을 찍는 것도 상관없다. 극의 흐름을 방해하지 않는 한 배우들과 대화를 해도 되고 같이 사진을 찍어도 되고 바로 코앞에 가서 봐도 된다. 싸이의 공유 정신이 그곳에서 느껴졌다.

아무리 기억을 더듬어 봐도 최근에 아빠가 본 공연 중에 촬영을 할 수 있는 공연은 단 하나도 없었다. 사진조차 찍지 말라고 엄청난 협박에 시달린다. 한창 공연 중인데도 제작진이 들어와 제지하는 모습도 많이 봤다.

안다. 베끼거나 공연 내용이 새 나가면 수입이 준다는 걸. 그런데 문화라는 게 돈 없는 사람도, 안타깝게 그 자리에 오지 못한 사람도 누릴 수 있어야 하는 게 그 속성 아니더냐. '인상 시리즈'는 유사품이 이미 수천 개가 넘었다. 아마 지금도 중국 어디쯤에서는 그 유사품으로라도 하루의 피로와 한때의 시름을 달래고 연인과 사랑을 나누는 사람이 있을 것이다. 우리 학생들은 동영상으로 찍어 와 한국에 있는 가족에게도 보내고 카톡에도 올렸다.

'인상 시리즈'는 처음 예상과는 달리 대부분 엄청난 성공을 거두었다. 한류가 많은 중국인들에게 기쁨을 주었듯 언젠가 한국에서도 그들의 문화 정신을 만날 수 있었으면 좋겠다. 들리는 말로는 '인상 시리즈'가 제주도에 들어온다고 하더구나. 부디, 제대로 수입되었으면 좋겠다. 껍데기만 말고 정신까지. 소비만 말고 공동체적 재생산 구조까지.

그날 나는 다시 20대로 돌아가고 싶어졌다. 내 고향 산청이나 제주도 일출봉 자락에서 다시 태어나 저런 공동체에 몸담고 살고 싶어졌다. 저것이 힐트만이 운주사에서 보았던, 종교와 삶과 예술이 공존하는 마을이 아닐까. 운주사의 그것은 박제되어 버렸지만 핑야오에서 그것은 새롭게 살아 꿈틀거리고 있었다.

행복이 뭐 별것이던가. 아름다운 자연이 있는 내 고장에서 사랑하는 사람들과 따뜻한 국수 한 그릇 마음껏 나눌 수 있는 것 아닌가. 〈다시 펑야오에서 만나자〉는 이런 믿음을 퍼뜨리고 있었다. 중국은 이렇게 우리에게 그들도 평화롭게 잘 사는 것을 꿈꾸는 사람들임을 보여 주고 있다.

한반도에 사는 우리는 이제 어떤 꿈을 꾸어야 할까. 이건 아빠가 말한 대로 우리 가치관에 달린 일이다. 나 혼자만 잘 먹고 잘사는 게 최우선인가. 아니면 좀 적게 먹고 검소하게 살더라도 평화롭고 사이좋게 사는 게 중요한가. 아빠는 후자를 지지한다. 결국 동북아시아가 평화로워지려면 내 손에 쥔 것을 조금 놓게 되더라도 공생이라는 가치를 선택하는 사람들이 전자보다 더 힘이 세어질 때 가능한 일이다.

아빠는 15년 전 쯤 어떤 학회에서 '만들어 가는 한중 관계'라는 세미나를 꾸린 적이 있다. 봄아. 다시 말하지만 역사는 만들어 가는 것이다. 한중 관계 또한 마찬가지이다. 내가 어떻게 하느냐에 따라 상대의 대응이 달라진다. 모든 역사는 나비효과처럼 얽히고설켜 이루어진다. 우리가 쓰고 버리는 물건처럼 조선족을 대한 결과가 쌓여 페스카마호 조선족 선상 반란 사건으로 이어졌다. 한국에 온 중국인들을 못마땅하게 쳐다보는 눈빛들이 되돌아와 베이징 올림픽 때 무조건 한국과 겨루는 팀을 응원하는 중국인들을 낳았다. 만들어 가는 한중 관계는 국가가 아니라 나부터 시작해야 한다.

봄아. 너 한 사람이 어떤 삶을 선택하느냐가 어떻게 세상을 바꿀 수 있을까 의심스러울 수도 있겠다. 하지만 결국 큰 구조라는 것은 한 사람 한 사람의 선택이 모여 다른 가치를 신봉하는 자들의 힘을 누를 때에만 뒤엎을 수 있는 것이다. 프랑스혁명도, 신해혁명도, 한국의 민주 정부 10년도 모두 반혁명적 보수 반동의 시대가 뒤따랐다. 윗물만 갈아 치운 혁명이나 선거로 말미암은 변혁으로는 제도적 변화는 만들어 낼 수 있을지언정 큰 틀에서 구조를 바꿔 낼 수는 없다. 결국 다수가 변해야 역사가 변한다.

우리가 지속 가능한 민주주의와 동북아시아의 평화, 더불어 잘 사는 세상을 바란다면 그런 세계관을 가진 사람들이 다수가 되어야 한다. 기꺼이 C코스로 들어서는 사람들이 늘어나야 한다. 설사, A코스나 B코스를 택했다 하더라도 생존권이야말로 누구에게나 가장 중요한 문제라는 것을 잊지 않는 사람들이 늘어나야 한다. 민주주의와 평화가 다른 누군가가 아니라, 바로 자신의 생명 줄임을 깨달아야 한다. 그런 사람들이 다수가 되어야 결국 세계는 바뀐다.

모든 혁명적 변화는 한 사람의 변화와 선택에서부터 시작되는 거란다. 심지어 국가와 국가 간의 관계조차 한 사람 한 사람의 힘이 모여 결정된다. 그것이 근대의 특질이다.

봄아. 이제 네 차례이다. 너는 너에게 물어야 한다.

어떤 꿈을 꿀 것이냐.

지금 여기서 무엇을 할 것이냐.

중국과 어떤 관계를 맺으며 살 것이냐.

세계는 어디로 가야 할 것이냐.

오늘 북한은 한미 연합 군사훈련에 반대하며 미사일을 쐈다. 여전히 깜깜한 밤이다. 루쉰의 글귀 하나를 마지막 인사로 보낸다.

"희망, 희망, 이 희망이란 방패로, 나는 공허한 가운데 어두운 밤의 습격을 막아 보았다. 여전히 어두운 밤이 도사리고 있을지라도."

참고 문헌

글을 쓰며 큰 틀에서 도움을 받은 책은 대부분 간단한 정보를 본문에 직접 언급했다. 독자들이 쉽게 찾을 수 있는 정보나 신문 기사 들의 출처는 생략했다. 이 책에서 다른 이의 글을 직접 인용하거나 중요하게 다룬 부분은 아래와 같이 자세한 출처를 밝힌다.

강석경, 《세상의 별은 다, 라사에 뜬다》, 살림, 1996.

개번 맥코맥, '작은 섬, 큰 문제', 〈창작과 비평〉 2011년 봄.

김용옥, 《달라이라마와 도올의 만남 3》, 통나무, 2002.

데이비드 페퍼, '생태 사회주의의 현주소', 〈창작과 비평〉 2013년 가을.

롤랑 바르트, 《현대의 신화》, 이화여자대학교 기호학연구소 옮김, 동문선, 1997.

　　　　　；《기호의 제국》, 김주환·한은경 옮김, 웅진씽크빅, 2008.

박완서, 《모독》, 학고재, 1997.

박인성, 《호텔 티베트》, 삼우반, 2006.

박장배, '근대 캄(Khams) 지역의 변화를 통해서 본 중국과 티베트의 관계', 〈근대중국연구〉 1집, 2000년 4월.

박장배, '한국인들의 티베트 인식의 역사적 특징', 〈만주연구〉 7호, 2007.

　　　；'趙爾豊의 改土歸流大', 〈근대중국연구〉 2집, 2001년 4월.

서영표, '사회주의, 생태주의 그리고 민주주의: 삶의 정치로부터 사회주의적 정치로', 〈진보평론〉 51호, 2012.

알렉산드라 다비드 넬, 김은주 옮김, 《영혼의 도시 라싸로 가는 길》, 다빈치, 2003.

유장근, '현대 중국의 샹그릴라 만들기와 그 의미', 〈중국근현대사연구〉 49호, 2011.

윤여일, '텍스트로서의 장소, 샹그릴라', 〈인물과 사상〉 140호, 2009.

최지영, '티베트 망명정부의 정치적 노선 갈등과 중국의 정책', 〈중소연구〉 34권, 1호, 2010.

한비야, 《걸어서 지구 세 바퀴 반 4》, 푸른 숲, 2007.

王青等, 《西藏歷史地位辨》, 民族出版社, 1995.

Marco Pallis, *Peaks and Lamas*, London, Woburn P., 2004. (로페즈 주니어, 《샹그릴라의 포로들》, 창비, 2013 에서 재인용).

Michael C. van Walt van Praag, *The status of Tibet: History, Rights, and Prospects in Internal Law*, Westview P., Colorodo, 1987.

Sam Van Schaik, *Tibet: A History, New Haven and London*, Yale Univ. P., 2011.

이 책에 담긴 몇몇 글은 글쓴이가 그동안 발표한 논문을 참고·인용했다. 자세한 출처는 아래와 같다.

1. '미국의 중국 위협론과 한반도 평화', 〈실천문학〉 2002년 5월.
2. '위기의 한반도와 중국 위협론 너머의 중국 보기', 〈실천문학〉 2003년 5월.
3. '한국의 동아시아론과 상상된 중국', 〈역사비평〉 2000년 겨울.
4. '한국의 비판적 중국 담론, 그 실종의 역사', 〈역사비평〉 2001년 겨울.
5. '한국 학계의 신식민주의 — 중국 담론을 중심으로', 〈역사비평〉 2003년 여름.
6. '중국의 '동북공정'과 한국 민족주의의 진로', 〈역사비평〉 2004년 봄.
7. '한국 언론의 동북공정 보도 비판', 〈역사비평〉 2004년 겨울.
8. '중국 애국주의의 실체 : 신중화주의, 중화 패권주의, 민족주의', 〈역사비평〉 2006년 여름.
  ; 역사비평 편집위원회 엮음, 《역사 용어 바로 쓰기》, 역사비평사, 2006, 314쪽~321쪽.
9. 〈역사비평〉과 한국의 중국 담론의 진로', 〈역사비평〉 2013년 여름.
10. '티베트와 한국의 다문화주의', 〈역사와 문화〉 7호, 2003.
11. '신화의 제국 티베트, 그리고 역사화', 〈역사와 문화〉 26호, 2013.

이 책을 쓰며 다 밝히기도 힘들 만큼 많은 선배, 동료들의 연구와 글의 도움을 받았다. 모두에게 깊이 감사드린다

안녕? 중국!

2014년 5월 30일 1판 1쇄 펴냄 | 2019년 1월 2일 1판 7쇄 펴냄

글 | 김희교
그림 | 김봄

편집 | 서혜영, 김성재, 김소영, 김용란
디자인 | 끄레 어소시에이츠

제작 | 심준엽
영업·홍보 | 안명선, 양병희, 이옥한, 정영지, 조병범, 조서연, 최민용
경영 지원 | 임혜정, 전범준, 한선희

인쇄와 제본 | (주)상지사 P&B

펴낸이 | 유문숙
펴낸 곳 | (주)도서출판 보리
출판 등록 | 1991년 8월 6일 제 9-279호
주소 | 경기도 파주시 직지길 492, 우편번호 10881
전화 | (031)955-3535, 전송 | (031)950-9501
누리집 | www.boribook.com 전자우편 | bori@boribook.com

값 13,000원

보리는 나무 한 그루를 베어 낼 가치가 있는지 생각하며 책을 만듭니다.

ISBN 978-89-8428-847-8 44910
ISBN 978-89-8428-846-1 (세트)

이 책은 2012년도 광운대학교 교내 학술연구비 지원에 의해 연구되었습니다.

이 책의 국립중앙도서관 출판시도서목록(CIP)은 e-CIP 홈페이지(http://nl.go.kr/ecip)와 국가자료공동
목록시스템(http://nl.go.kr/kolisnet)에서 이용할 수 있습니다. (CIP 제어번호 : CIP2014014905)